# Reprint Publishing

Für Menschen, Die Auf Originale Stehen.

www.reprintpublishing.com

**Heath's Modern Language Series**

# Andersen's Märchen

EDITED WITH NOTES AND VOCABULARY

BY

O. B. SUPER, Ph.D.
PROFESSOR OF MODERN LANGUAGES IN DICKINSON COLLEGE

BOSTON, U.S.A.
D. C. HEATH & CO., PUBLISHERS

C.
*Copyright, 1893,*
BY O. B. SUPER.

---

CARL H. HEINTZEMANN, Printer, 234-36 Congress Street, Boston, Mass.

# PREFACE.

THIS book has been prepared with the hope that it may prove useful to two classes of students: (1) Those who are beginners in the language and therefore need numerous aids, and (2) those who are already somewhat advanced in the study but need easy texts for rapid reading or for sight translation. To meet the wants of the first class, the vocabulary has been made so full that a student needs but the merest outlines of German accidence before beginning to read these stories.

Andersen's tales are especially well suited for school purposes because they are easy and generally interesting, both of which qualities are essential to the best results in the class-room. Every beginner in a language is obliged to contend with three difficulties, viz.: *vocabulary*, *style* and *thought*, all of which may be considerably alleviated by a judicious choice of texts, since words will be more readily remembered if the learner can connect them with ideas and objects with which he is constantly associated. What a pupil should master first, so far as possible, is the vocabulary, and in order that more attention may be devoted to this point, the other two difficulties should, to a great extent, be removed from texts intended for beginners.

Now, any pupil who has made himself familiar with the vocabulary of these stories, will rarely have any trouble with the thought or style, since nearly all of them are of the simplest kind, dealing only with things with which every one is familiar. Most pupils, moreover, have already made the acquaintance of some of these tales in an English dress before meeting them here, which is also an advantage.

Copious reading is indispensable to rapid progress in the acquisition of a new language, and in order that as large an amount as possible may be read, beginners, especially young beginners, should have only the easiest texts, care being taken that they be, at the same time, interesting. After the pupil has had considerable practice in reading easy texts, thus familiarizing himself almost unconsciously with foreign modes of expression, difficulties of style will disappear almost of themselves, whereas if masterpieces of thought and style were chosen at first, indifference or discouragement would almost certainly result. Should this book serve, even in a small degree, to smooth away the difficulties that beset the path leading to a comprehension and appreciation of one of the noblest literatures of the world, its purpose will have been accomplished.

O. B. SUPER.

DICKINSON COLLEGE,
    January, 1893.

# BIOGRAPHICAL SKETCH.

HANS CHRISTIAN ANDERSEN, the most popular of Danish authors, was born in Odense, April 2, 1805. He belonged to a good family, but one which had, through various misfortunes, been reduced to extreme poverty. As soon as he was old enough to earn a few cents he was put to work in a factory. At odd hours he attended school and learned to read and write. A neighbor who took a fancy to him, loaned him some books which he read with avidity. being specially fond of comedy and biography. His reading aroused in him a desire to become something more than an ordinary mechanic.

When he was twelve years old, his father died, and, although he continued patiently at work, he did not give up the idea of achieving fame. Possessing an exceptionally good voice and some natural talent as an actor, he resolved to go to Copenhagen to try his fortunes. To this his mother was bitterly opposed, but freely gave her consent after having consulted a fortune-teller who predicted that the city would one day be illuminated in honor of her son.

In the age of fourteen, he found himself in the capital of Denmark, without money and without friends. He applied to the manager of a theatre for employment, but was refused on account of his defective education. After a precarious existence of several years, often suffering from cold and hunger, he made the acquaintance of some influential men, who sent him to school and afterwards to the university, where he made satisfactory progress. At this time also, his poems began to attract attention and in 1833 the king granted him a pension, thus elevating him above the fear of want and supplying him with the means of further development.

Andersen's first book, a volume of poems, was published in 1830, and from this time his works appeared in rapid succession, comprising poems, novels, dramas, travels and tales, although most readers know him only by the last. Most of them have a basis of fact, and even some of the most fantastic have a background of actual experience, which, doubtless, largely accounts for their hold on the popular mind.

Andersen died in Copenhagen, Aug. 6, 1875.

# CONTENTS.

|  |  | PAGE |
|---|---|---|
| I. | Das Schneeglöckchen | 1 |
| II. | Der silberne Schilling | 7 |
| III. | Eine Rose vom Grabe Homers | 13 |
| IV. | Zwei Brüder | 16 |
| V. | Das Gänseblümchen | 19 |
| VI. | Der Schneemann | 26 |
| VII. | Das alte Haus | 34 |
| VIII. | Der Tannenbaum | 45 |
| IX. | Das häßliche junge Entlein | 56 |
| X. | Die Nachtigall | 69 |
| XI. | Die Glocke | 82 |
| XII. | Die alte Turmglocke | 90 |
| XIII. | Der Schnellläufer | 97 |
| XIV. | Wie's der Alte macht, ist's immer recht | 102 |
| XV. | Feder und Tintenfaß | 110 |
| XVI. | Der Garten des Paradieses | 114 |
| XVII. | Der Reisekamerad | 136 |
|  | Notes | 167 |
|  | Vocabulary | 181 |

# I.
## Das Schneeglöckchen.

Es war Winter, die Luft kalt, der Wind scharf, aber hinter Thür und Riegel[1] war es warm und gemütlich, hinter Thür und Riegel lag die Blume, sie lag in ihrer Zwiebel unter Erde und Schnee.

Eines Tages[2] fiel Regen; die Tropfen gingen durch die Schneedecke in die Erde hinab, berührten die Zwiebel der Blume, sprachen von der lichten Welt oben; bald drang der Sonnenstrahl durch den Schnee zu der Zwiebel und es[3] regte sich etwas in ihr.

„Herein!"[4] sagte die Blume.

„Ich kann nicht!" sagte der Sonnenstrahl, „ich bin nicht stark genug um aufzuschließen. Wenn es Sommer wird, werde ich stark werden."

„Wann ist es Sommer?" fragte die Blume und wiederholte diese Frage jedesmal, wenn ein neuer Sonnenstrahl hinabdrang. Aber es war weit von der Sommerzeit entfernt; der Schnee lag noch, es fror Eis auf dem Wasser jede Nacht.

„Wie lange das dauert! wie lange das dauert!" sagte die Blume. „Es regt sich etwas in mir, ich muß mich strecken, ich muß aufschließen, ich muß hinaus,[5] muß dem Sommer „Guten Morgen" zunicken, das wird eine glückliche Zeit werden."

Und die Blume streckte sich gegen die dünne Schale, die das Wasser von außen erweicht, Schnee und Erde erwärmt, der Sonnenstrahl aufgeweckt hatte;[1] sie schoß hervor unter dem Schnee, mit weißgrüner Knospe auf grünem Stengel mit schmalen, dicken Blättern, die sie schützten. Der Schnee war kalt, aber das Licht drang dadurch, daher war es sehr leicht, hindurch zu brechen, und nun kam der Sonnenstrahl mit größerer Kraft als bisher.

„Willkommen! willkommen!" sang jeder Strahl und die Blume hob sich über den Schnee hinaus in das Licht. Die Sonnenstrahlen streichelten und küßten sie, daß sie sich ganz öffnete, weiß wie der Schnee und geschmückt mit grünen Streifen. Sie beugte ihren Kopf in Freude und Demut.

„Wunderschöne Blume!" sangen die Sonnenstrahlen. „Wie bist du frisch und zart! Du bist die erste! Du bist die einzige. Du bist unsere Liebe[2]! Du läutest Sommer, schönen Sommer über Land und Stadt. All der Schnee wird schmelzen! Die kalten Winde werden weggejagt! Wir werden herrschen! Alles wird grün werden! Und dann wirst du die Gesellschaft anderer Blumen haben; aber du bist die erste, so fein, so zart!"

Das war ein großes Vergnügen. Es war, als ob die Luft singe und klinge, als ob die Strahlen des Lichts in die Blätter und den Stengel der Blume drängen; da stand sie so fein und so leicht zu brechen und doch so kräftig in junger Schönheit; sie stand in weißem Kleide mit grünen Bändern da, sie machte Sommer. Aber es war noch weit bis zur Sommerzeit, Wolken bedeckten die Sonne, scharfe Winde bliesen.

## Das Schneeglöckchen.

„Du bist zu frühe gekommen!" sagten Wind und Wetter. „Wir haben noch die Gewalt, und du sollst sie empfinden und dich darein fügen[1]! Du hättest zu Hause bleiben, nicht herauskommen sollen; die Zeit dazu ist noch nicht da!"

Es war noch sehr kalt. Die Tage, die da kamen, brachten nicht einen Sonnenstrahl. Es war ein Wetter zum Erfrieren[2] für so eine kleine Blume. Aber sie hatte mehr Kraft als sie selbst wußte; sie war stark in ihrer Freude und in ihrem Glauben an den Sommer, der kommen mußte, der ihr in ihrem tiefen Sehnen verkündet und von dem warmen Sonnenstrahl bestätigt worden war, und so blieb sie mit Zuversicht in ihrem weißen Kleide im weißen Schnee stehen, ihren Kopf beugend, selbst während die Schneeflocken dicht und schwer herabfielen und die eisigen Winde über sie hinbliesen.

„Du wirst brechen und verwelken," sagten sie. „Was wolltest du draußen thun? Weshalb ließest du dich verlocken? Der Sonnenstrahl hat dich gefoppt. Jetzt hast du es, du Sommernärrin!"

„Sommernärrin!" riefen einige Kinder, die in den Garten kamen. „Da steht eine, wie schön, die erste, die einzige!"

Diese Worte thaten der Blume wohl[3]; es waren Worte wie warme Sonnenstrahlen. Die Blume empfand es in ihrer Freude nicht einmal, daß man sie brach; sie lag in der Hand eines Kindes, wurde von dem Munde eines Kindes geküßt, in die warme Stube getragen, von sanften Augen angesehen, in das Wasser gesteckt, wie stärkend, wie belebend! Die Blume glaubte, sie sei plötzlich tief in den Sommer hineingekommen.

Die Tochter vom Hause war ein schönes, kleines Mädchen, und sie hatte einen Freund, der auf der Universität studierte.

„Der soll mein Sommernarr sein," sagte sie und nahm die feine Blume, legte sie in ein Stückchen duftendes Papier, auf welches Verse geschrieben waren, Verse von der Blume, die mit Sommernarr begannen und mit Sommernarr endigten.

Die Verse wurden als Brief gefaltet und die Blume lag in dem Briefe. Es war finster darin, finster wie damals, als sie in der Zwiebel lag. Die Blume ging auf die Reise, lag in der Posttasche, wurde geklemmt und gedrückt, was gar nicht angenehm war; allein das hatte auch ein Ende.

Die Reise war vorüber, der Brief wurde geöffnet und gelesen von dem Freunde; er war sehr vergnügt, und die Blume, mit ihren Versen, wurde in einen Kasten gelegt, in welchem mehrere schöne Briefe, aber alle ohne Blume, lagen; sie war die erste, die Einzige, wie die Sonnenstrahlen sie genannt hatten, und darüber nachzudenken war ein Vergnügen.

Man ließ ihr auch Zeit darüber nachzudenken; sie dachte während der Sommer verging und der lange Winter verging, und es wurde wieder Sommer, als sie aufs neue[1] zum Vorschein kam. Aber nun war der junge Mann durchaus nicht vergnügt, er faßte die Briefe sehr unsanft an, warf den Vers hin, daß die Blume auf den Fußboden fiel. Flach und verwelkt war sie freilich, aber warum sollte er sie deshalb auf den Fußboden werfen? Hier lag sie jedoch besser als im Feuer, dort verbrannten die Verse und Briefe in den Flammen. Was war geschehen? Was so oft geschieht. Die Blume hatte ihn

## Das Schneeglöckchen.

gefoppt, das war ein Scherz; das Mädchen hatte ihn gefoppt, das war kein Scherz: sie hatte während des Sommers einen anderen Freund gefunden.

Am nächsten Tage schien die Morgensonne hinein auf das kleine, flache Schneeglöckchen, das so aussah, als ob es auf den Fußboden gemalt sei. Das Dienstmädchen, welches das Zimmer reinigte, hob es auf, legte es in eins der Bücher, die auf dem Tische lagen, in der Meinung, es müsse herausgefallen sein. Die Blume lag zwischen Versen, gedruckten Versen, und die sind vornehmer als die geschriebenen, wenigstens ist mehr Geld auf sie verwendet.

Dann vergingen Jahre, das Buch stand auf dem Bücherbrette; dann wurde es einmal in die Hand genommen, man öffnete es und las darin; es war ein gutes Buch: Verse und Lieder von dem alten dänischen Dichter Ambrosius Stub,[1] die zu lesen wert sind. Der Mann, der im Buche las, schlug ein Blatt um. „Da liegt ja eine Blume!" sagte er, „ein Schneeglöckchen. Das mag absichtlich hier hineingelegt worden sein." Armer Ambrosius Stub! Er war auch ein Sommernarr. Er kam seiner Zeit[2] zu früh, und deshalb mußte er auch die scharfen Winde kosten, als Gast bei den Abeligen umherwandern, wie die Blume im Glase, im gereimten Briefe; und doch war er der erste, der einzige dänische Dichter aus jener Zeit. „Ja, bleib du als Zeichen im Buche liegen, du kleines Schneeglöckchen; du bist absichtlich hineingelegt worden."

Und das Schneeglöckchen wurde wieder in das Buch gelegt, es fühlte sich geehrt zu wissen, daß es ein Zeichen war in dem prächtigen Buche und daß derjenige, der zuerst von ihm gesungen hatte, auch ein Schneeglöckchen, ein Sommernarr gewesen war, auch zur Winterzeit als Narr dagestanden hatte. Die Blume verstand das nun in ihrer Weise, wie wir auch alles in unserer Weise verstehen.

Das ist das Märchen vom Schneeglöckchen.

## II.

## Der silberne Schilling.

Es war einmal ein Schilling, blank ging er aus der Münze hervor, sprang und klang, "Hurrah! jetzt geht es¹ in die weite Welt hinaus!" Und er kam freilich in die weite Welt hinaus.

Das Kind hielt ihn mit warmen, der Geizige mit kalten Händen; die Alten wendeten ihn lange und oft, während die jungen Leute ihn gleich wieder rollen ließen. Der Schilling war von Silber, hatte sehr wenig Kupfer an sich und war bereits ein ganzes Jahr in der Welt, das heißt in dem Lande in welchem er gemünzt worden war.

Eines Tages aber ging er auf Reisen in das Ausland; er war die letzte Münze des Landes in dem Geldbeutel den sein Herr bei sich hatte, der Herr wußte selbst nicht daß er den Schilling noch hatte, bis er ihm unter die Finger kam. "Hier hab' ich ja² noch einen Schilling aus der Heimat," sagte er; "nun, der kann die Reise mitmachen;" und der Schilling sprang und klang vor Freude, als er ihn wieder in den Beutel steckte. Hier lag er nun bei fremden Kameraden, einer machte dem andern Platz, aber der Schilling aus der Heimat blieb immer im Beutel zurück.

Mehrere Wochen waren schon vergangen, und der Schilling war weit hinaus in die Welt gekommen, ohne daß er doch

gerade wußte wo er wäre; zwar erfuhr er von den andern
Münzen, daß sie französische und italienische seien. Eine sagte
sie seien in **dieser** Stadt, eine andere, sie seien in **jener**,
aber der Schilling konnte sich keine Vorstellung machen von
alledem; man sieht nichts von der Welt wenn man immer im
Sacke steckt, und das war ja¹ sein Los. Doch eines Tages, als
er so da lag, bemerkte er, daß der Geldbeutel nicht zugemacht
war, und so kroch er bis an die Öffnung hervor, um ein wenig
herauszuschauen: das hätte er aber nicht thun sollen; er war
aber neugierig, und das wird immer gestraft. Er glitt hinaus
in die Tasche, und als abends der Beutel herausgenommen
wurde, fiel der Schilling auf den Fußboden; niemand hörte
das, niemand sah das.

Am nächsten Morgen reiste der Herr weiter, aber der Schil=
ling blieb zurück; er wurde gefunden, sollte wieder Dienste thun,
und ging mit drei andern Münzen aus. „Es ist doch angenehm,
sich in der Welt umzusehen," dachte der Schilling, „und andere
Menschen, andere Sitten kennen zu lernen."²

„Was ist das für³ ein Schilling?" fragte jemand in dem=
selben Augenblicke. „Das ist keine Münze dieses Landes!
Der ist falsch! Der taugt nichts!"

Ja, nun beginnt die Geschichte des Schillings wie er sie
später selbst erzählte.

„Falsch! Taugt nichts! Dies fuhr mir durch und durch,"
sagte der Schilling. „Ich wußte ich habe einen guten Klang
und ein echtes Gepräge. Die Leute mußten sich irren, mich
konnten sie nicht meinen; aber sie meinten mich doch. Ich war

## Der silberne Schilling.

derjenige den sie falsch nannten, ich taugte nichts! 'Den muß ich im Dunkeln ausgeben,' sagte der Mann der mich erhalten hatte, und ich wurde im Dunkeln ausgegeben, und am hellen Tage sagten sie wieder, 'falsch! taugt nichts! wir müssen ihn bald wieder los werden.'"[1]

Der Schilling zitterte zwischen den Fingern der Leute jedesmal wenn er heimlich fortgeschafft werden und für Landesmünze gelten[2] sollte. "Ich elender Schilling! was hilft mir mein Silber, mein Wert, mein Gepräge? In den Augen der Welt ist man eben das was die Welt von einem denkt. Es muß schrecklich sein, ein böses Gewissen zu haben, auf bösen Wegen herumzuschleichen, wenn mir, der ich[3] doch ganz unschuldig bin, schon so zu Mute sein[4] kann, weil ich bloß das Ansehen habe. Jedesmal wenn man mich hervorbrachte, zitterte ich vor den Augen die mich ansehen würden, denn ich wußte, daß ich zurückgestoßen, auf den Tisch geworfen werden würde, als ob ich Lug und Trug[5] sei.

Einmal kam ich zu einer alten, armen Frau; sie hatte mich als Lohn für harte Arbeit erhalten, aber sie konnte mich nun gar nicht wieder los werden; niemand wollte mich annehmen; ich war der Frau ein wahres Unglück. "Ich bin wahrhaftig gezwungen, jemand mit dem Schillinge zu täuschen; der reiche Bäcker soll ihn haben, er kann es am besten vertragen, aber unrecht ist es doch daß ich es thue."

"Auch das Gewissen der Frau mußte ich noch belasten," seufzte der Schilling. "Bin ich in meinen alten Tagen wirklich so verändert?"

Die Frau ging zu dem reichen Bäcker, aber der kannte gar
zu gut die Schillinge als daß er mich hätte behalten sollen.[1]
Er warf mich der Frau gerade in das Gesicht, Brot bekam sie
für mich nicht, und ich fühlte mich von Herzen betrübt, daß ich
zu anderer Leute Unglück gemünzt sei, ich, der ich in meinen
jungen Tagen freudig und mir meines Wertes und echten Ge-
präges bewußt gewesen war.[2] Ich wurde so traurig wie es[3]
ein armer Schilling werden kann, wenn niemand ihn haben will.

Die Frau nahm mich aber wieder nach Hause, sie betrachtete
mich mit einem herzlichen, freundlichen Blicke und sagte, „Nein,
ich will niemand mit dir täuschen. Ich will ein Loch durch dich
schlagen, damit jedermann sehen kann daß du ein falsches Ding
bist; und doch, der Gedanke kommt mir so ganz von selbst daß ich
daran glauben mag, — du bist vielleicht ein Glücksschilling. Ich
werde ein Loch durch den Schilling schlagen und eine Schnur
durch das Loch ziehen und dem Kinde der Nachbarsfrau den
Schilling um den Hals hängen als Glücksschilling."

Und sie schlug ein Loch durch mich. Angenehm ist es freilich
nicht wenn ein Loch durch einen geschlagen wird, allein wenn
es in guter Absicht geschieht, kann man vieles ertragen. Eine
Schnur wurde auch durchgezogen, ich wurde eine Art Medaillon
zum Tragen, man hing mich um den Hals des kleinen Kindes,
und das Kind lächelte mich an, küßte mich, und ich ruhte eine
ganze Nacht an der warmen, unschuldigen Brust des Kindes.

Als es Morgen wurde, nahm die Mutter mich zwischen ihre
Finger, sah mich an und hatte ihre eigenen Gedanken dabei, das
fühlte ich bald. Sie nahm eine Schere und schnitt die Schnur

## Der silberne Schilling.

durch. „Glücksschilling!" sagte sie. „Ja, das werden wir jetzt sehen." Und sie legte mich in Essig, daß ich ganz grün wurde, dann kittete sie das Loch zu, rieb mich ein wenig und ging in der Abendstunde auf die Lotterie, um ein Los zu kaufen das Glück bringen sollte.

Wie war mir übel zu Mute[1]! Ich wußte daß ich falsch genannt und hingeworfen werden würde, und zwar gerade vor die Menge von Schillingen und Münzen, die mit Inschrift und Gesicht, auf welche sie stolz sein konnten, da lagen; aber ich entging der Schande[2]: bei dem Collecteur waren viele Menschen, er hatte sehr viel zu thun, und ich fiel klingend in den Kasten unter die andern Münzen.

Ob später das Los gewann, weiß ich nicht; das aber weiß ich, daß ich schon am nächsten Morgen als ein falscher Schilling erkannt, bei Seite gelegt und ausgesandt wurde um zu betrügen und immer zu betrügen.

Lange ging ich in solcher Weise von Hand zu Hand, immer ungern gesehen; niemand traute mir, und ich traute mir selbst, traute der Welt nicht: das war eine schwere Zeit. Da kam eines Tages ein Reisender, ein Fremder daher, dem wurde ich gegeben, und er war treuherzig genug, mich für eine gute Münze anzunehmen; aber nun wollte er mich wieder ausgeben und ich hörte wieder die Ausrufe, „taugt nichts! falsch!"

„Ich habe ihn für gut erhalten," sagte der Mann und betrachtete mich dabei ganz genau; plötzlich lächelte sein ganzes Gesicht, das geschah sonst mit keinem Gesichte wenn man mich ansah. „Nein," sagte er, „das ist ja eine unserer eigenen

Landesmünzen, ein guter, ehrlicher Schilling aus der Heimat, durch den man ein Loch geschlagen, den man falsch nennt. Das ist in der That kurios! Dich werde ich aufheben und mit nach Hause nehmen."

Ich zitterte vor Freude, man hieß mich einen guten, ehrlichen Schilling, und nach der Heimat sollte ich zurückreisen, wo jedermann mich kennen und wissen würde, daß ich aus gutem Silber sei und echtes Gepräge habe.

Ich wurde in ein feines, weißes Papier eingewickelt, damit ich nicht mit den andern Münzen verwechselt werden und verloren gehen[1] möchte, und bei festlichen Gelegenheiten, wenn Landsleute einander begegneten, wurde ich gezeigt, und es wurde sehr gut von mir gesprochen; sie sagten ich sei interessant. Es ist freilich merkwürdig daß man interessant sein kann ohne ein Wort zu sprechen.[2]

Endlich kam ich wieder in der Heimat an. Alle meine Not hatte ein Ende, die Freude kehrte wieder bei mir ein, denn ich wußte daß ich von gutem Silber sei und echtes Gepräge habe. Von nun an hatte ich nichts Unangenehmes mehr zu leiden, obgleich man das Loch durch mich geschlagen hatte als falsch, doch das thut nichts, wenn man es[3] nur nicht ist. Man muß nur warten. Alles kommt mit der Zeit zu seinem Rechte. Das ist mein Glaube," sagte der Schilling.

## III.

## Eine Rose vom Grabe Homers.

Die morgenländische Poesie ist voll von dem Lob und Preis der Nachtigall und der Rose; in jeder schönen, schweigenden Sternennacht bringt die geflügelte Sängerin noch jetzt der Königin der Blumen ihre schönen Serenaden.

Nicht weit von Smyrna,[1] wo unter den hohen Platanen der griechische Handelsmann seine schwerbeladenen Kamele vor sich hertreibt, die den langen Hals stolz in die Höhe heben und mit plumpen Füßen auf einen Boden treten, welcher heilig ist, sah ich einen blühenden Rosenbusch; wilde Tauben flogen zwischen den Zweigen der hohen Bäume hin und her, und ihre Flügel schimmerten, so oft ein Sonnenstrahl darüber hinglitt, wie wenn sie von Perlmutter wären.

Der Rosenbusch trug eine Blume, die unter[2] allen die schönste war, und dieser sang daher auch die Nachtigall ihr süßes Liebesweh; jedoch die Rose schwieg, kein Tautropfen lag als Thräne des Mitleids auf ihren Blättern; sie bog sich mit dem Zweig, an dem sie blühte, nur still auf einige große, graue Steine hinab.

„Hier ruht der größte Sänger, der jemals auf Erden gelebt hat," sagte die Rose; „auf sein Grab will ich meine Blätter streuen, wenn der Sturm mich abreißt und auf den Weg hin-

wirfst! — Es ist die Asche Homers, die Asche von Trojas[1] gött=
lichem Sänger, woraus ich gewachsen bin! — Ich, die Rose
vom Grabe Homers, bin zu heilig, um für die arme Nachtigall
da zu blühen!" — Und die Nachtigall sang sich zu Tode!

5 Der Kameltreiber kam mit seinen beladenen Kamelen und
seinen schwarzen Sklaven; sein kleiner Knabe fand den toten
Vogel im Grase und begrub die kleine Sängerin in dem Grab
des großen Homer; und die Rose bebte im Winde.

Am Abend faltete dann die Rose müde und schläfrig ihre
10 zarten Blätter zusammen und träumte, und im Traum schien es
ihr, wie wenn gerade ein wunderschöner, sonniger Tag wäre;
eine Schar von fremden Reisenden nahte, sie hatten eine Pil=
gerfahrt nach dem Grabe Homers gemacht. Unter den Fremden
war auch ein Sänger aus dem Norden, aus der Heimat des
15 Nebels und des Nordlichts; der pflückte sich[2] die Rose ab,
preßte sie fest in ein Buch hinein, und nahm sie so mit sich nach
einem andern Weltteil, nach seinem fernen Vaterland.

Die Rose verwelkte aus Kummer und lag in dem engen
Buch, das er in seiner Heimat öffnete und sagte: „Da ist eine
20 Rose vom Grabe Homers!"

Das war der Traum der Rose, und sie erwachte und zitterte
im Winde; ein Tautropfen glitt still von ihr herab und fiel
auf das Grab des unsterblichen Sängers. — Der Morgen kam
wieder, und schöner als jemals erwachte und blühte die Rose;
25 es war ein heißer Julitag, sie war in ihrem milden, warmen
Asien. Da wurden Fußtritte gehört, es[3] kamen Fremdlinge,
gerade wie die Rose sie im Traum gesehen,[4] und unter den

## Eine Rose vom Grabe Homers.

Fremden war auch ein Dichter aus dem Norden; er pflückte die Rose, drückte einen Kuß auf ihre frischen Lippen und nahm sie mit nach der Heimat des Nebels und des Nordlichts.

Gleich einer Mumie ruht nun die schöne, tote Blume daheim in seiner griechischen Ilias,[1] und wie im Traum hört sie ihn dann und wann das Buch öffnen und sagen: „Das ist eine Rose vom Grabe Homers."

## IV.

# Zwei Brüder.

Auf einer der dänischen Inseln, wo große Bäume sich in den Buchenwäldern erheben, liegt ein kleines Städtchen, dessen niedrige Häuser mit roten Ziegeln gedeckt sind. In einem dieser Häuser wurden über glühenden Kohlen auf dem offenen Herde wunderliche Dinge gemacht[1]; es wurde in Gläsern gekocht,[2] wurde gemischt und bestilliert, und Kräuter gehackt und in Mörsern gestoßen; ein älterer[3] Mann stand dem allen vor.[4]

„Man muß nur das Rechte thun," sprach er. „Die Wahrheit in jedem Teile muß man kennen und sich an dieselbe halten."

In der Stube bei der Hausfrau saßen ihre zwei Söhne, noch klein, aber mit großen Gedanken. Auch die Mutter hatte ihnen stets von Recht und Gerechtigkeit gesprochen, sie ermahnt die Wahrheit festzuhalten, sie sei das Antlitz Gottes in dieser Welt.

Der älteste der Knaben sah schelmisch und unternehmend aus; seine Lust war von den Naturkräften, von Sonne und Sternen zu lesen; das liebte er mehr als das schönste Märchen. O wie schön müßte es sein auf Reisen zu gehen um Entdeckungen zu machen, oder auszufinden wie man die Flügel der Vögel nachmachen und dann fliegen könnte; ja, das auszu-

## Zwei Brüder.

finden sei das Rechte. Vater hatte Recht und Mutter hatte Recht: die Wahrheit hält die Welt zusammen.

Der jüngere Bruder war stiller und studierte immer in den Büchern. Wenn er von Jakob las, der sich in Felle kleidete, um Esau zu ähneln und dadurch das Geburtsrecht zu erlangen, so ballte sich seine kleine Faust im Zorn gegen den Betrüger; wenn er von Tyrannen las, oder von dem Unrechte und der Bosheit der Welt, so standen ihm Thränen in den Augen[1]; der Gedanke von dem Rechte, von der Wahrheit die siegen sollte, erfüllte ihn ganz.

Eines Abends, als er schon im Bette lag, aber die Vorhänge waren noch nicht um dasselbe zusammengezogen, das Licht strahlte noch zu ihm hinein, er hatte sein Buch mit in das Bett genommen, wollte er durchaus die Geschichte von Solon[2] zu Ende lesen.

Die Gedanken hoben und trugen ihn wunderbar weit. Es war ihm[3] als wäre das Bett ein Schiff das mit vollen Segeln dahinjagte. Träumte er, oder was ging mit ihm vor[4]? Er glitt dahin über das rollende Wasser, die große See der Zeit, er hörte die Stimme Solons; sie war ihm verständlich und doch in fremder Zunge, und er vernahm den Spruch: „Mit Gesetz regiert man das Land."

Der Genius des Menschengeschlechts stand in der ärmlichen Stube, beugte sich über das Bett und drückte dem Knaben einen Kuß auf die Stirn: „Werde stark in Ruhm und stark im Kampfe des Lebens. Mit der Wahrheit im Busen fliege dem Lande der Wahrheit entgegen."

Der ältere Bruder war noch nicht im Bette; er stand am Fenster, schaute auf die Nebel hinaus, die sich von den Wiesen erhoben. Er dachte bei[1] sich selbst es seien nicht die Elfen, die dort tanzten, wie die alte Kinderfrau ihm gesagt hatte, sondern
5 er wisse es besser: es seien Dämpfe, wärmer als die Luft und deshalb stiegen sie. Eine Sternschnuppe leuchtete, und die Gedanken des Knaben waren in demselben Augenblick von den Nebeln der Erde oben bei dem leuchtenden Meteor. Die Sterne des Himmels blitzten, es war als ob lange, goldene Fäden von
10 ihnen herabhingen bis zur Erde.

„Fliege mit mir," klang es in dem Herzen des Knaben, und der mächtige Genius des Menschengeschlechts, schneller als der Vogel, schneller als der Pfeil, schneller als alles was irdischen Ursprungs ist, trug ihn hinaus in den Raum wo der Strahl
15 von Stern zu Stern die Himmelskörper an einander band; unsere Erde schwebte in der dünnen Luft; eine Stadt schien ganz in der Nähe der andern zu liegen. Durch die Sphären klang es: „Was ist nah, was ist fern, wenn der mächtige Genius dich erhebt?"

20 Und wieder stand der Knabe am Fenster und schaute hinaus; der jüngere Bruder lag in seinem Bette; die Mutter rief sie bei Namen: „Anders Sandöe," und „Hans Christian!"

Dänemark kennt sie, die Welt kennt sie; es waren die beiden Brüder O e r s t e d.[2]

## V.

## Das Gänseblümchen.

Jetzt will ich dir einmal eine kleine Geschichte erzählen!

Vor der Stadt draußen, dicht am Wege, stand ein Landhaus; du hast es gewiß selbst gesehen. Vor demselben ist ein kleiner Garten mit Blumen und einem eisernen Geländer; dicht daneben am Graben, mitten im schönsten grünen Grase, wuchs eine kleine Gänseblume; die Sonne schien auf sie gerade so warm und schön als auf die großen, schönen Blumen im Garten, und darum wuchs sie auch von Stunde zu Stunde. Eines Morgens stand sie mit ihren zarten, glänzend weißen Blättern, die wie Strahlen den kleinen gelben Stern, den sie hat, umgeben, vollkommen aufgeblüht da. Sie dachte gar nicht daran, daß kein Mensch sie da im Grase sah, und daß sie so eine arme, kleine Blume war; nein, sie war so vergnügt, sie wandte ihr Haupt der warmen, freundlichen Sonne entgegen, sah zu ihr auf und horchte auf die Lerche, die hoch in der Luft droben sang und jubelte.

Die kleine Gänseblume fühlte sich so wohl und glücklich, wie wenn es gerade ein großer Feiertag wäre, und es war doch nur ein Montag. Die Kinder waren in der Schule; während die auf ihren Bänken saßen und lernten, saß sie auf ihrem kleinen, grünen Stengel und lernte auch von der lieben warmen Sonne und von allem übrigen rings umher, wie gut Gott ist; und es war ihr sehr recht, daß die kleine Lerche all das Glück, welches sie still im Herzen fühlte, so deutlich und schön heraussang. Und die Gänseblume blickte mit einer Art Ehrfurcht zu dem glücklichen Vogel empor, der singen und fliegen konnte, war aber gar nicht betrübt, daß sie es selbst n i c h t konnte. „Ich sehe und höre es ja!"¹ dachte sie; „die Sonne scheint auf mich und die warme Luft küßt mich! O wie bin ich doch² so glücklich!" — Im Garten nebenan waren steife und vornehme Blumen; je weniger Duft sie hatten, desto mehr prahlten sie. Die Pfingstrosen bliesen sich auf, um größer als die andern Rosen zu erscheinen; aber auf die Größe kommt es nicht an!³ Die Tulpen hatten die prächtigsten Farben von der Welt, und das wußten sie auch recht wohl, und hielten sich gerade, damit man sie besser sehen möchte. Sie blickten die kleine Gänseblume da draußen kaum an, desto mehr sah die Letztere auf sie hin und dachte: „Wie sind die doch⁴ so reich und schön! Ja, zu denen fliegt sicher der prächtige Vogel hernieder und besucht sie!" „Quivit⁵!" da kam die Lerche geflogen; doch nicht zu den Pfingstrosen und Tulpen herunter — nein, herunter ins Gras kam sie zu der armen Gänseblume! — Die erschrack vor lauter Freude so, daß sie nicht wußte, was sie denken sollte.

Der kleine Vogel tanzte rings um sie her und sang: „O wie ist doch das Gras da so schön und grün! Und schau einmal, was darin für⁶ eine liebliche kleine Blume steht mit Gold im Herzen und Silber am Kleide!" — Der gelbe Punkt sah aus wie Gold, und die kleinen Blätter rings umher glänzten wie Silber.

## Das Gänseblümchen.

Wie glücklich die kleine Gänseblume war, — nein, das kann man gar nicht begreifen! Der Vogel küßte sie mit seinem Schnabel, sang ihr ein Lied und flog dann wieder in die blaue Luft hinauf. Es vergingen gewiß zehn Minuten, ehe die kleine Blume wieder zu sich kam. Halb und halb verschämt und doch wieder glücklich im Herzen sah sie nach den andern Blumen im Garten hinüber; denn sie mußten das Glück und die Ehre, die ihr zu teil geworden war,[1] auch gesehen haben! — Sie mußten es begreifen, welche Freude es für sie war. Allein die Tulpen standen noch stolzer und gerader als vorher da, und dann waren sie so rot im Gesicht, denn sie waren rot vor Ärger. Die Pfingstrosen sahen dickköpfig aus, und es war nur gut, daß sie nicht sprechen konnten, denn sonst wäre es der armen Gänseblume schlecht gegangen! Die arme kleine Blume sah wohl, daß sie nicht bei guter Laune waren, und das that ihr herzlich wehe. — Während sie so still dastand, kam eine Magd mit einem großen, scharfen und glänzenden Messer in der Hand zur Gartenthür herein; sie schritt gerade durch die Tulpen hin und schnitt eine nach der andern ab. „Uh!“ seufzte die kleine Gänseblume, „das ist ja schrecklich! Jetzt ist es aus[2] mit den herrlichen Blumen!“ — Dann ging die Person mit den Tulpen wieder weg. Das Gänseblümchen dankte jetzt Gott dafür, daß es so draußen im Grase stand und eine kleine, arme Blume war; es fühlte sich glücklich und zufrieden, und als die Sonne unterging, faltete es seine zarten Blätter zusammen, schlief ein, und träumte die ganze Nacht von dem schönen, sonnigen Frühling und von dem kleinen Vogel.

Am nächsten Morgen, als die Blume wieder all ihre weißen Blätter gerade wie kleine Arme gegen Luft und Licht ausstreckte, vernahm sie plötzlich des lieben Vogels Stimme; doch klang es so traurig, was er heute sang. — Ach, und die arme Lerche hatte freilich auch Grund genug dazu; sie war gefangen worden und saß nun in einem Käfig, dicht neben dem offenen Fenster. Voll Kummer und Sehnsucht sang sie von dem freien, glücklichen Umherfliegen draußen, sang von dem jungen, grünen Korn auf dem Felde und von den herrlichen Reisen, die sie noch gestern mit freien Flügeln hoch durch die Lüfte gemacht. Der arme Vogel war nicht bei guter Laune: — gefangen saß er in seinem Käfig da.

Das kleine Gänseblümchen hätte ihm so gerne geholfen, aber wie hätte es das anfangen sollen? Ja, das war in der That schwer. — Die gute Blume dachte gar nicht mehr daran, wie schön alles rings umher stand, wie warm die Sonne schien und wie prachtvoll ihre kleinen weißen Blätter glänzten. Ach, sie dachte nur an den gefangenen Vogel, für den sie durchaus nichts zu thun im stande war.

Da kamen zwei kleine Knaben zur Gartenthür heraus; der Eine davon trug ein Messer in der Hand, welches gerade so groß und scharf war wie das, womit die Magd gestern die Tulpen im Garten abschnitt. Sie gingen gerade auf die kleine Gänseblume zu,[1] die gar nicht begriff, was sie wollten.

"So, da können wir uns ein prächtiges Stück Rasen herausschneiden für die Lerche!" sagte der eine Knabe und begann gerade um unsere Blume herum ein Stück Rasen im Viereck auszuschneiden, so daß die Letztere mitten darin stand.

## Das Gänseblümchen.

„Reiß die Blume da ab!" sagte der andere Knabe, und das Gänseblümchen zitterte schon vor Angst, denn abgepflückt zu werden, das war soviel wie das Leben verlieren; und nun wünschte es so sehr noch länger zu leben, da es mit dem Rasenstück zu der gefangenen Lerche in den Käfig kommen sollte.

„Nein, laß sie nur stehen!" sagte der andere Knabe; „sie ist so schön im Grünen!" — Und so blieb sie stehen und kam mit in den Käfig hinein, in welchem der arme Vogel war. Doch der klagte laut und schmerzlich um seine verlorene Freiheit und schlug mit den Flügeln gegen den Draht des Käfigs; die kleine Gänseblume konnte nicht sprechen und war nicht im stande ihm ein tröstendes Wort zu sagen, so sehr sie es auch[1] wünschte. So verging der Vormittag.

„Ich habe kein Wasser!" sagte die gefangene Lerche. „Sie sind ausgegangen, und haben vergessen, mir zu trinken zu geben! Mein Hals ist trocken und brennt. Es ist Feuer und Eis in mir, und die Luft ist so schwül und so schwer! Ach, ich muß sterben, wegsterben vom warmen Sonnenschein, vom frischen Grün und von all der Herrlichkeit, die Gott geschaffen hat!" Und damit bohrte sie ihren Schnabel ins kühle Gras hinein, um sich dadurch ein wenig zu erfrischen. Da fielen ihre Augen auch auf das Gänseblümchen, und der Vogel nickte ihm freundlich zu, küßte es mit dem Schnabel und sagte: „Du mußt auch verwelken da im Käfig, du arme kleine Blume! Dich und den kleinen Fleck grünen Grases da hat man mir für die herrliche Welt gegeben, die ich draußen im Freien gehabt habe! Jeder Grashalm soll mir ein grüner Baum, jedes deiner kleinen

Blätter soll mir eine duftende Blume sein! Ach, ihr erzählt mir nur, wie viel ich verloren habe!"

„Wenn ich ihn doch[1] trösten könnte, den armen Vogel!" dachte die Gänseblume; sie selbst war aber nicht im stande,
5 ein Blatt zu bewegen; doch der Duft, der den feinen Blättern entströmte, war viel stärker als er sonst bei dieser Blume zu finden ist; — das bemerkte der Vogel auch, und obgleich er vor Durst verschmachtete und in seinem Schmerze die grünen Grashalme abriß, berührte er doch nicht die Blume.

10 Es war schon spät Abends, und noch kam niemand, dem armen Vogel einen Tropfen Wasser zum Trinken zu bringen; da streckte er seine kleinen Flügel aus, schlug krampfhaft damit und gab ein schmerzliches Pip=pip von sich; — das kleine Haupt senkte sich gegen die Blume hinab, und des armen Vogels Herz
15 brach vor Durst und Sehnsucht. Da konnte die Blume nicht, wie am vorhergehenden Abend, ihre kleinen Blätter zusammenfalten und schlafen; krank und traurig hing sie zur Erde nieder.

Erst[2] am nächsten Morgen kamen die Knaben, und als sie den armen Vogel nun tot im Käfig liegen sahen, da fingen sie bit=
20 terlich an zu weinen; schmerzliche Thränen weinten sie über ihn, und gruben ihm ein niedliches Grab, welches sie mit Blumenblättern bestreuten. Ihn selbst legten sie dann in eine schöne rote Schachtel hinein, denn königlich sollte er begraben werden, der arme Vogel! Als er lebte und sang, vergaßen sie
25 ihn und ließen ihn in seinem Käfig Hunger und Durst leiden; und jetzt, da er tot war, begruben sie ihn mit Pracht und weinten die schmerzlichsten Thränen über ihn.

## Das Gänseblümchen.

Das Rasenstück aber mit dem kleinen Gänseblümchen warfen sie einfach in den Staub der Landstraße hinaus, und niemand dachte mehr an die kleine Blume. Und doch war sie die einzige gewesen, die mit dem armen Vögelchen glücklich war und mit ihm litt in seinem Unglück, und die sich unglücklich darüber fühlte, daß sie nicht im stande war, es zu trösten und ihm zu helfen! —

## VI.

# Der Schneemann.

„Es ist eine so prachtvolle Kälte, daß mir der ganze Körper knackt!" sagte der Schneemann. „Der Wind kann einem wahrlich Leben einblasen. Und wie mich die Glühende dort anstarrt!" — er meinte die Sonne, die eben untergehen wollte.[1]
5 „Sie soll mich nicht zum Blinzeln bringen, ich werde meine Stücke festhalten."

Er hatte nämlich statt der Augen zwei dreieckige Ziegel= stückchen; sein Mund bestand aus einem alten Rechen, so daß er auch Zähne hatte. Geboren war er unter dem Jubelgeschrei
10 der Knaben, begrüßt vom Schellengeläute und Peitschengeknalle der Schlitten.

Die Sonne ging unter und der Vollmond ging auf, rund, groß, klar und schön in der blauen Luft.

„Da ist sie wieder von einer andern Seite!" sagte der
15 Schneemann. Damit wollte er sagen, die Sonne wäre wieder da. „Ich habe ihr doch das Starren abgewöhnt[2]! Mag sie dort hangen und scheinen, damit ich mich selbst sehen kann. Wüßte ich nur, wie man es anfängt, um von der Stelle zu kommen! — Ich möchte mich sehr gern bewegen! — Wenn ich
20 es könnte,[3] würde ich jetzt dort unten auf dem Eise hingleiten,

## Der Schneemann.

wie es die Knaben den ganzen Tag thun; allein ich kann es nicht, und weiß auch nicht wie man läuft."

„Weg! weg!" bellte der alte Kettenhund; er war etwas heiser, seitdem er nicht mehr Stubenhund war und unter dem Ofen lag. „Die Sonne wird dich schon laufen lehren! Das habe ich im vorigen Winter an deinem Vorgänger und noch früher an seinem Vorgänger gesehen. Weg! weg! und weg sind sie alle!"

„Ich verstehe dich nicht, Kamerad," sagte der Schneemann. „Die dort oben soll mich laufen lehren?" Er meinte den Mond. „Sie lief vorhin vor mir, als ich sie fest ansah, jetzt kommt sie wieder von einer andern Seite heran!"

„Du weißt gar nichts!" erwiderte der Kettenhund; „du bist aber auch eben erst[1] aufgebaut worden. Der, welchen du da siehst, ist der Mond; die, welche vorhin weg ging, war die Sonne; die kommt morgen wieder, sie wird dich schon laufen lehren. Wir bekommen bald anderes Wetter; ich fühle das schon in meinem linken Hinterbeine, es schmerzt darin, — das Wetter wird sich ändern!"

„Ich verstehe ihn nicht," sagte der Schneemann, „aber mir scheint, daß er etwas Unangenehmes spricht. Sie, die mich so anstarrte und sich dann davon machte, die Sonne, wie er sie nennt, ist auch nicht mein Freund — das merke ich wohl!"

„Weg! weg!" bellte der Kettenhund, ging dreimal im Kreise um sich selbst herum[2] und kroch dann in seine Hütte, um zu schlafen.

Das Wetter änderte sich wirklich. Am Morgen lag dicker

Nebel über der ganzen Gegend; später kam ein eisiger Wind, aber als die Sonne aufging, welche Pracht! Bäume und Gebüsche waren mit Reif überzogen, die Gegend glich einem Walde von Korallen, alle Zweige schienen mit blendend weißen Blüten über und über bedeckt. Die feinen Zweige, die während der Sommerzeit durch die Blüten verdeckt sind, kamen jetzt alle zum Vorschein. Es war wie ein glänzendweißes Spitzengewebe. Die Birke bewegte sich im Winde; es[1] war ein Leben in ihr wie in den Bäumen im Sommer, es war wunderbar schön! Und als die Sonne schien, wie funkelte das Ganze, als läge Diamantstaub darauf und als flimmerten große Diamanten auf dem Schneeteppich der Erde, oder man konnte sich auch denken, daß unzählige kleine Lichter leuchteten, weißer selbst als der weiße Schnee.

„Das ist wunderbar!" sagte ein junges Mädchen, welches mit einem jungen Manne in den Garten trat. Beide blieben nahe bei dem Schneemanne stehen und betrachteten die flimmernden Bäume. „Einen schöneren Anblick hat der Sommer nicht!" sprach sie, und ihre Augen strahlten.

„Und so einen Kerl, wie dieser hier, hat man im Sommer auch nicht," erwiderte der junge Mann, und zeigte auf den Schneemann. „Er ist ausgezeichnet!"

Das junge Mädchen lachte, nickte dem Schneemanne zu und lief darauf mit ihrem Freunde über den Schnee dahin.

„Wer waren die beiden?" fragte der Schneemann den Kettenhund; „du bist länger hier als ich, kennst du sie?"

„Ob ich sie kenne!" antwortete der Kettenhund. „Sie hat

mich gestreichelt und er hat mir einen Knochen zugeworfen.
Die beiden beiße ich nicht!"

„Sind denn die beiden auch solche Wesen wie du und ich?"
fragte der Schneemann.

„Sie gehören ja zur Herrschaft!" antwortete der Kettenhund;
„freilich weiß man sehr wenig, wenn man erst am Tage vorher
auf die Welt gekommen ist. Ich merke es an dir! Ich habe
das Alter und die Kenntnisse; ich kenne alle hier im Hause,
und auch einer Zeit erinnere ich mich, wo ich nicht hier in der
Kälte und an der Kette lag. Weg! weg!"

„Die Kälte ist prächtig," sprach der Schneemann. „Erzähle,
erzähle! Aber du darfst nicht mit der Kette lärmen; es knackt
allemal in mir, wenn du das thust."

„Weg! weg!" bellte der Kettenhund. „In meiner Jugend
sei ich sehr klein und niedlich gewesen, sagten sie; damals lag
ich in einem Stuhle oben im Herrenhause oder im Schoße der
Herrschaft, mir wurde die Schnauze geküßt und die Pfoten
wurden mir mit einem gestickten Taschentuch abgewischt; ich
hieß Ami![1] lieber, süßer Ami! Aber dann wurde ich ihnen
zu groß und sie schenkten mich der Haushälterin. Ich kam in
die Kellerwohnung. Du kannst in sie und in die Kammer sehen,
wo ich Herrschaft gewesen bin, denn das war ich bei der Haus=
hälterin. Es war zwar ein schlechterer Ort als oben, aber er
war gemütlicher, ich wurde nicht immer von Kindern angefaßt
und gezerrt wie oben. Ich bekam ebenso gutes Futter wie
früher, ja noch besseres! Ich hatte mein eigenes Kissen, und
ein Ofen war da, der ist um diese Zeit das schönste auf der

Welt! Ich konnte ganz unter den Ofen kriechen. Ach, von dem Ofen träumt mir¹ noch. Weg! weg!"

„Sieht denn ein Ofen so schön aus?" fragte der Schneemann. „Hat er Ähnlichkeit mit mir?"

„Der ist gerade das Gegenteil von dir! Rabenschwarz ist er und hat einen langen Hals. Er frißt Holz, daß ihm das Feuer aus dem Munde steht. Man muß sich an seiner Seite halten, und ganz unter ihm ist es sehr angenehm. Durch das Fenster wirst du ihn sehen können."

Und der Schneemann sah hin und erblickte einen blank polierten Gegenstand mit einem langen Halse; das Feuer leuchtete daraus von unten her. Dem Schneemanne wurde ganz wunderlich zu Mute,²es überkam ihn ein Gefühl, von dem er sich keine Rechenschaft geben konnte, aber alle Menschen, welche nicht Schneemänner sind, kennen es.

„Warum verließest du sie?" fragte der Schneemann. Der Ofen kam ihm wie ein weibliches Wesen vor. „Wie konntest du einen solchen Ort verlassen?"

„Ich mußte wohl," sagte der Kettenhund. „Man legte mich hier an die Kette. Ich hatte den kleinsten Knaben ins Bein gebissen, weil er mir den Knochen wegstieß, an dem ich nagte. ‚Bein für Bein,'³ so heißt es bei mir. Aber das nahm man mir sehr übel, und seitdem bin ich an die Kette gelegt und habe meine Stimme verloren; hörst du nicht, daß ich heiser bin? Weg! weg! Das war das Ende vom Liede."

Der Schneemann hörte ihm aber nicht mehr zu; er sah immerfort in die Stube der Haushälterin, wo der Ofen stand und fast ebenso groß war wie der Schneemann.

## Der Schneemann.

„Wie das eigentümlich in mir knackt!" sagte er. „Werde ich nie dort hineinkommen? Es ist doch ein unschuldiger Wunsch, und unschuldige Wünsche gehen gewiß in Erfüllung. Ich muß dort hinein, ich muß mich an sie anlehnen, und wenn ich auch das Fenster einbrechen sollte!"

„Dort hinein wirst du nie gelangen," sagte der Kettenhund „und kommst du hin, so vergehst du. Weg! weg!"

„Ich bin schon so gut wie weg," erwiderte der Schneemann, „ich breche zusammen,[1] glaube ich."

Den ganzen Tag schaute der Schneemann durchs Fenster; in der Dämmerstunde wurde die Stube noch einladender: vom Ofen her leuchtete es mild, nicht wie der Mond, nicht wie die Sonne; nein, wie nur der Ofen leuchten kann, wenn er gut brennt. Wenn die Stubenthüre aufging, stand ihm die Flamme zum Munde heraus, es flammte dann ganz rot auf um das weiße Gesicht des Schneemannes und seine ganze Brust leuchtete in rötlichem Schimmer.

„Ich halte es nicht mehr aus!" sagte er. „Wie schön ist sie, wenn sie die Zunge so herausstreckt!"

Die Nacht war lang; dem Schneemann wurde sie aber nicht lang, er stand da in süße Gedanken vertieft, und die froren, daß es knackte.

Am Morgen waren die Fensterscheiben der Kellerwohnung mit Eis bedeckt; sie trugen die schönsten Eisblumen, die ein Schneemann wünschen konnte, allein sie verbargen den Ofen. Die Fensterscheiben wollten nicht auftauen; er konnte den Ofen nicht sehen, den er sich als ein liebliches weibliches Wesen dachte. Es knackte in ihm und rings um ihn her; es war ein Frostwetter an dem ein Schneemann seine Freude haben muß. Er aber freute sich nicht — wie hätte er sich auch freuen können! Er litt an der Ofenkrankheit.

„Das ist eine böse Krankheit für einen Schneemann," sagte der Kettenhund; „ich habe auch an dieser Krankheit gelitten, aber ich habe sie überstanden. Weg! weg!" bellte er. — „Wir bekommen anderes Wetter," setzte er hinzu.

Das Wetter änderte sich wirklich; es wurde Tauwetter.

Dieses nahm zu; der Schneemann nahm ab. Er sagte nichts, er klagte nicht. Eines Morgens stürzte er zusammen. Und siehe, es ragte etwas wie ein Besenstiel, da wo er gestanden hatte, empor; um diesen herum hatten die Knaben ihn aufgebaut.

„Ja, jetzt verstehe ich es, daß er diese große Sehnsucht nach dem Ofen hatte!" sagte der Kettenhund. „Da ist ja ein Eisen zum Ofenreinigen an dem Stocke, — der Schneemann hat einen Ofenkratzer im Leibe gehabt! Das ist es, was sich in ihm geregt hat; nun, jetzt hat er's überstanden: Weg! weg!"

Und bald darauf war auch der Winter vorbei.

„Weg! weg!" bellte der heisere Kettenhund; aber die Mädchen aus dem Hause sangen:

## Der Schneemann.

„Blühet, ihr Blümlein, im Thal und auf Höhn (Höhen),
Schmücke dich, Weide, schmücke dich schön!
Lerche und Kuckuck! fingt fröhlich darein, —
Frühling kam wieder mit Sonnenschein!
Ich singe mit: Kuckuck! Quivit!
Komm, liebe Sonne, säum' nit (nicht) — quivit!"

Und jetzt denkt niemand mehr an den Schneemann.

## VII.
# Das alte Haus.

Unten in der Straße stand ein altes, altes Haus. Es war schon fast dreihundert Jahre alt. So konnte man auf dem Balken lesen, auf welchem inmitten schöner Blumen und Ranken die Jahreszahl eingeschnitzt war. Schöne Verse und
5 Sprüche in der alten Schreibart waren am Hause und über den Fenstern waren kuriose geschnitzte Köpfe zu sehen,[1] die allerlei Grimassen machten. Das eine Stockwerk ragte weit über das andere hervor, und dicht unter dem Dach war eine Rinne mit Drachenköpfen. Das Regenwasser sollte[2] aus dem Rachen
10 herauslaufen, es lief aber aus dem Bauch heraus, denn die Rinne hatte ein Loch.

Alle die andern Häuser in der Straße waren neu und hübsch, mit großen Fensterscheiben und glatten Wänden. Man sah es ihnen deutlich an, daß sie nichts mit dem alten Hause zu thun
15 haben wollten. Sie mochten wohl denken: „Wie lange soll das alte Haus noch zum allgemeinen Skandal hier in der Straße stehen? Es steht so weit hervor, daß niemand aus unsern Fenstern sehen kann, was auf der andern Seite vorgeht! Die Treppe ist so breit, wie eine Schloßtreppe, und so hoch, als
20 führe sie auf einen Kirchturm. Das eiserne Geländer sieht ja aus, wie die Thüre zu einer Gruft, und messingene Knöpfe sind darauf — es ist wirklich zu albern!"

## Das alte Haus.

Gegenüber standen auch neue Häuser, und die dachten gerade
wie die andern. Aber am Fenster saß hier ein kleiner Knabe
mit frischen, roten Wangen, und dem gefiel das alte Haus ganz
besonders gut. Und wenn er nach der Mauer hinüberblickte,
wo der Kalk abgefallen war, dann konnte er sich die wunderbarsten Bilder ausdenken, wie die Straße wohl früher ausgesehen hatte, mit hohen Treppen und spitzen Giebeln; er konnte
Soldaten sehen mit Hellebarden, und Dachrinnen, die wie
Drachen umherliefen. — Das war so recht¹ ein Haus zum Anschauen, und da drüben wohnte ein alter Mann, der lederne
Kniehosen und einen Rock mit großen Messingknöpfen und eine
Perücke trug, der man es wohl ansah, daß sie eine wirkliche
Perücke war. Jeden Morgen kam ein alter Mann zu ihm, der
bei ihm die Stuben rein machte und Gänge besorgte. Sonst
war der Alte in den Kniehosen ganz allein in dem alten Hause.
Zuweilen sah er zum Fenster hinaus, und der kleine Knabe
nickte ihm zu, und der alte Mann nickte wieder, und so wurden
sie Freunde, obgleich sie niemals mit einander gesprochen
hatten.

Der kleine Knabe hörte seine Eltern sagen: „Der alte Mann
da drüben hat es sehr gut; aber er ist immer allein!"

Am nächsten Sonntage wickelte der kleine Knabe etwas in
ein Stück Papier, ging damit vor die Hausthür und sagte zu
dem, der die Gänge für den Alten besorgte: „Höre! Willst du
dem alten Manne dieses von mir bringen? Ich habe zwei
Zinnsoldaten, dieses ist der eine, er soll ihn haben, weil er immer
so allein ist."

Und der alte Mann nickte freundlich und trug den Zinnsoldaten in das alte Haus. Bald nachher ward herübergeschickt,[1] ob der kleine Knabe nicht einen Besuch drüben machen wollte. Dazu gaben ihm seine Eltern Erlaubnis, und so kam
5 er nach dem alten Hause. Die Messingknöpfe auf dem Treppengeländer glänzten mehr als sonst; man hätte glauben sollen,[2] daß sie wegen des Besuchs geputzt worden wären. Und es war ganz so, als ob die ausgeschnitzten Trompeter an der Thüre aus Leibeskräften bliesen; ihre Backen sahen dicker aus, als sonst.
10 Ja, sie bliesen: „Schnetterengbeng![3] Der kleine Knabe kommt! Schnetterengbeng!" — Und dann ging die Thüre auf. Die Hausflur war mit alten Gemälden behangen, mit Rittern in Harnischen und Frauen in seidenen Kleidern. Dann kam eine Treppe, die ging ein großes Stück hinauf und ein kleines
15 Stück hinunter, und dann war man auf einem Altan. Der ganze Altan, der Hof und die Mauer waren mit so vielem Grün bewachsen, daß es aussah, wie ein Garten; aber es war nur ein Altan. Hier standen alte Blumentöpfe, die auch Gesichter und Eselsohren hatten; die Blumen wuchsen aber ganz so wie es
20 ihnen beliebte.

Dann ging es in ein Zimmer, wo die Wände mit Schweinsleder überzogen waren, und auf dem Schweinsleder waren Goldblumen gepreßt.

„Vergoldung vergeht,
25 Schweinsleder besteht!"

sagten die Wände.

Und da standen Lehnstühle mit hohen Rücken und mit Armen

## Das alte Haus.

an beiden Seiten! "Setzen Sie sich!" sagten sie. "Uh! Wie es in mir knackt! Nun werde ich gewiß auch Gicht bekommen, wie der alte Schrank! Uh!"

Endlich kam der kleine Knabe in die Stube, wo der alte Mann saß.

"Dank für den Zinnsoldaten, mein lieber Freund!" sagte der alte Mann, "und Dank dafür, daß du zu mir gekommen bist!"

"Dank! Dank!" oder "Knick! Knack!" sagten alle Möbel. Es waren ihrer[1] so viel, daß sie beinahe einander im Wege standen, um den kleinen Knaben zu sehen.

An der Wand hing ein Gemälde, eine schöne, junge Dame, aber ganz so gekleidet, wie in alten Tagen; mit Puder im Haar und mit steifen Kleidern. Die sah mit ihren milden Augen auf den kleinen Knaben herab, der sogleich den alten Mann fragte: "Wo hast du die bekommen?"

"Da drüben vom Trödler," sagte der alte Mann. "Dort hängen so viele Bilder! Niemand kennt sie oder bekümmert sich um sie, denn sie sind alle begraben. Aber vor vielen Jahren habe ich diese gekannt, und nun ist sie schon lange tot."

Und unter dem Bilde hing, hinter Glas, ein Strauß verwelkter Blumen, die waren gewiß auch ein halbes Jahrhundert alt. Und der Perpendikel der großen Uhr ging hin und her, und die Zeiger drehten sich, und alles in der Stube alterte mehr und mehr, aber die Zeit verfloß, ohne daß sie es merkten.

"Sie sagen zu Hause," begann der kleine Knabe wieder, "daß du immer so allein bist!"

"O," sagte er, "die alten Gedanken besuchen mich, und nun kommst du ja auch! — Es geht mir sehr gut!"

Und dann nahm er vom Bücherbrett ein Bilderbuch. Was hatte das merkwürdige Bilder! Da waren ganze lange Aufzüge, die seltsamsten Kutschen, wie man sie jetzt gar nicht mehr sieht; Soldaten und Bürger mit wehenden Fahnen. Die Schneider hatten eine Fahne mit einer Schere, von zwei Löwen gehalten, und die Schuhmacher eine Fahne, aber nicht etwa mit einem Stiefel, sondern mit einem Adler, der zwei Köpfe hatte, denn bei den Schuhmachern muß alles so sein, daß sie sagen können: Das ist ein Paar! — Ah, das war ein Bilderbuch!

Und der alte Mann ging in die andre Stube, um Äpfel und Nüsse zu holen. Es war ganz herrlich in dem alten Hause für einen kleinen Knaben.

„Ich kann es nicht aushalten!" sagte da plötzlich der Zinnsoldat, der auf dem Tische stand. „Hier ist es so einsam! Nein, wenn man das Familienleben kennen gelernt hat, kann man sich hier nicht gewöhnen! Ich kann es nicht aushalten! Hier ist es gar nicht so, wie drüben bei dir, wo dein Vater und deine Mutter so vergnügt sprachen, und wo ihr Kinder einen so prächtigen Lärm machtet. Nein, wie traurig es bei dem alten Manne ist! Glaubst du, daß er von irgend jemand geküßt wird? Glaubst du, daß er freundliche Blicke oder einen Weihnachtsbaum bekommt? — Er bekommt nichts, als mit der Zeit ein Grab! — Ich kann es da nicht aushalten!"

„Du mußt es nicht so traurig ansehen!" sagte der kleine Knabe. „Mir kommt hier alles so schön vor, und alle die alten Gedanken kommen hier ja zum Besuch!"

„Ja, aber die sehe ich nicht!" sagte der Zinnsoldat. „Ich kann es nicht aushalten!"

## Das alte Haus.

„Du mußt aber!" sagte der kleine Knabe.

Und der alte Mann kam mit dem fröhlichsten Gesichte und mit den herrlichsten Früchten und Äpfeln und Nüssen; und da dachte der Kleine nicht mehr an den Zinnsolbaten.

Vergnügt kam der Knabe nach Hause, und es vergingen Tage und es vergingen Wochen, und es ward nach dem alten Hause hin und von dem alten Hause her genickt,[1] und dann kam der kleine Knabe wieder hinüber.

Und die ausgeschnitzten Trompeter bliesen wieder: „Schnetterengdeng! Da ist der kleine Knabe! Schnetterengdeng!" Und die Schwerter und Rüstungen auf den alten Ritterbildern rasselten, und die seidenen Kleider rauschten, und das Schweinsleder erzählte, und die alten Stühle hatten Gicht im Rücken: „Au!" Das war genau ebenso, wie das erste Mal, denn da drüben verging ein Tag und eine Stunde ganz wie die andere.

„Ich kann es nicht aushalten!" sagte wieder der Zinnsoldat. „Ich habe Zinn geweint! Hier ist es mir zu traurig! Laß mich lieber in den Krieg ziehen und Arme und Beine verlieren! Das wäre doch eine Veränderung. Ich kann es nicht aushalten! Nun weiß ich, was es heißt,[2] Besuch von seinen alten Gedanken zu bekommen! Ich habe Besuch von den meinigen gehabt, und du kannst glauben, das ist auch[3] kein Vergnügen. Ich war zuletzt nahe daran, vom Tische herunterzuspringen. Euch alle da drüben im Hause sah ich ganz deutlich. Es war wieder der Sonntag Morgen, wo ihr Kinder alle den Psalm sanget, den ihr alle Morgen singt. Ihr standet andächtig mit gefalteten Händen, und Vater und Mutter waren eben so feierlich, und da

ging die Thür auf, und die kleine Schwester Marie, die noch nicht zwei Jahre alt ist, und die immer tanzt, wenn sie Musik oder Gesang hört, ward hereingebracht. — Man verbot es ihr zwar, aber sie fing doch an, zu tanzen, sie konnte aber nicht recht
5 in Takt kommen, weil die einzelnen Töne des Liedes so lange ausgehalten wurden, und so stand sie erst auf dem einen Beine und hielt den Kopf ganz nach vorn, dann auf dem andern Beine, und hielt den Kopf wieder ganz nach vorn; aber es ging doch nicht recht zusammen. Ihr standet alle sehr ernsthaft, ob=
10 gleich es euch schwer war, aber ich lachte innerlich, und des= wegen fiel ich vom Tisch herunter und bekam eine Beule; denn es war nicht recht von mir, daß ich lachte. Aber dies alles, und was ich sonst noch erlebt habe, geht mir jetzt wieder in mei= nem Innern vorüber, und das sind wohl die alten Gedanken.
15 Sage mir, ob ihr noch des Sonntags singt? Erzähle mir etwas von der kleinen Marie! Und wie geht es dem andern Zinnsoldaten? Ja, der ist freilich recht glücklich! Ich kann es wahrlich nicht mehr aushalten!"

„Du bist weggeschenkt worden und mußt bleiben," sagte der
20 kleine Knabe. „Kannst du das nicht einsehen?"

Und der alte Mann kam mit einem Kasten, in dem manches zu sehen[1] war, geschnitzte Häuschen und alte Karten, so groß und so vergoldet, wie man sie jetzt gar nicht mehr zu sehen be= kommt. Und es wurden mehrere Kasten geöffnet, und das
25 Klavier ward aufgemacht. Da waren inwendig auf dem Deckel Landschaften gemalt, und es war sehr heiser, als der alte Mann darauf spielte, und dann summte er ein Liedchen.

## Das alte Haus.

„Ja, das konnte sie singen!" sagte er; und dann nickte er dem Bilde der schönen Dame zu, und des Mannes Augen leuchteten dabei hell und klar.

„Ich will in den Krieg!" schrie der Zinnsoldat und stürzte sich auf den Fußboden herab.

Ja, wo war er denn hingekommen? Der alte Mann suchte, der kleine Knabe suchte, fort war er und fort blieb er. „Ich werde ihn schon noch finden,"[1] sagte der alte Mann; aber er fand ihn nicht mehr. Der Fußboden hatte zu viele Spalten und Risse. Der Zinnsoldat war in eine solche Spalte gefallen, und da lag er nun wie in einem Grabe.

Und der Tag verging, und der kleine Knabe kam nach Hause, und die Woche verging, und es vergingen mehrere Wochen. Die Fenster waren fest zugefroren, und der kleine Knabe mußte auf die Scheibe hauchen, um ein Guckloch nach dem alten Hause zu machen. Aber da bedeckte Schnee die ganze Treppe, gerade als ob niemand zu Hause sei. Und es war auch niemand zu Hause: der alte Mann war gestorben!

Am Abend hielt ein Wagen vor der Thür und darauf setzte man ihn in seinem Sarge; er sollte draußen auf dem Lande in seiner Familiengruft ruhen. Da fuhr er hin; aber niemand folgte, denn alle seine Freunde waren tot. Nur der kleine Knabe warf dem Sarge Handküsse nach.

Einige Tage darauf ward alles in dem alten Hause verkauft, und der kleine Knabe sah, wie man die alten Ritter und die alten Damen, die Blumentöpfe, die alten Stühle und die alten Schränke wegtrug. Ihr Bild, das beim Trödler gefunden worden war, kam wieder hin zum Tröbler, und da blieb es, denn niemand bekümmerte sich um das alte Bild.

Im Frühjahr riß man das Haus selbst nieder. Man konnte von der Straße gerade hinein in die Stube mit der schweins-
lebernen Tapete sehen, welche auch abgerissen ward; und das Grün des Altans hing ganz verwildert um die Balken herum. — Und dann ward gründlich mit dem alten Hause aufgeräumt.[1]

„So ist's recht!" sagten die Nachbarhäuser.

Es wurde dann an demselben Platze ein prächtiges Haus gebaut mit großen Fenstern und glatten Mauern; aber vorn, wo eigentlich das alte Haus gestanden hatte, wurde ein kleiner Garten angelegt, und an der Mauer des Nachbars wuchsen wilde Ranken empor; vor den Garten kam ein großes eisernes Gitter; das sah stattlich aus. Die Leute blieben davor stehen und guckten hindurch. Und die Sperlinge setzten sich zu Dutzenden auf die Ranken und schwatzten, so laut sie konnten; aber nicht von dem alten Hause, denn dessen konnten sie sich nicht erinnern. Es waren so viele Jahre vergangen, daß der kleine Knabe zu einem tüchtigen Mann herangewachsen war, an dem seine Eltern Freude hatten. Er hatte eben geheiratet und war mit seiner kleinen Frau in das Haus gezogen, vor dem sich der Garten befand; und hier stand er neben ihr, während sie eine Feldblume pflanzte und eben die Erde mit ihren Fingern fest andrückte. — Au! Was war das? Aus der Erde ragte etwas Spitzes hervor. Das war — ja, denkt einmal! — das war der Zinnsoldat, derselbe, der oben bei dem alten Manne

## Das alte Haus.

verloren gegangen, allmählich durch Balken und Schutt hinuntergefallen war und nun schon viele Jahre in der Erde lag.

Die junge Frau reinigte den Soldaten erst mit einem grünen Blatte und dann mit ihrem feinen Taschentuch. Es war dem Zinnsoldaten gerade so zu Mute, als ob er aus einer Ohnmacht erwache.

„Laß mich ihn sehen!" sagte der junge Mann, lächelte und schüttelte dann mit dem Kopfe: „Ja, der kann es wohl nicht sein; aber er erinnert mich an eine Geschichte von einem Zinnsoldaten, den ich hatte, als ich ein kleiner Knabe war." Und dann erzählte er seiner Frau von dem alten Hause und dem alten Mann, und von dem Zinnsoldaten, den er ihm hinübergeschickt hatte, weil er so allein war, so daß der jungen Frau Thränen in die Augen traten über das alte Haus und den alten Mann.

„Es wäre doch möglich, daß dies derselbe Zinnsoldat ist!" sagte sie; „ich will ihn aufheben und will an das denken, was du mir erzählt hast; aber das Grab des alten Mannes mußt du mir zeigen."

„Ja, ich weiß nicht, wo das ist," antwortete er, „und das weiß niemand. Alle seine Freunde waren tot; keiner pflegte dasselbe, und ich war damals ein kleiner Knabe!"

„Ach, wie entsetzlich allein der gewesen sein mag!" sagte sie.

„Ja, entsetzlich einsam!" sagte der Zinnsoldat; „aber es ist herrlich, nicht vergessen zu werden!"

„Herrlich!" rief eine Stimme dicht neben ihnen, aber niemand außer dem Zinnsoldaten sah, daß diese von einem Stückchen der schweinsledernen Tapete kam, das alle seine Vergoldung verloren hatte und aussah wie nasse Erde; aber seine Ansicht hatte es doch beibehalten und sprach sie auch aus, nämlich die:

"Vergoldung vergeht,
Aber Schweinsleder besteht!"

Allein der Zinnsoldat glaubte das nicht.

## VIII.

## Der Tannenbaum.

Draußen im Walde stand ein niedlicher kleiner Tannenbaum. Er hatte einen guten, luftigen Platz, war freundlich von der Sonne beschienen und rings umher wuchsen viele größere Kameraden, Tannen und Fichten. Der kleine Tannenbaum wünschte aber so sehnlich, größer zu werden! Er achtete nicht der warmen Sonne und der frischen Luft, er kümmerte sich nicht um die Bauernkinder, die in den Wald kamen, um Erdbeeren und Himbeeren zu sammeln. Oftmals kamen sie mit einem ganzen Topf voll und hatten Erdbeeren an einen Strohhalm gereiht; dann setzten sie sich neben den kleinen Tannenbaum und sagten: „Wie niedlich klein ist der!" Das mochte der Baum aber nicht hören.[1]

Im folgenden Jahre war er schon um ein gutes Stück[2] größer, und das Jahr darauf wieder; denn an den Tannenbäumen kann man an den Ansätzen, die sie haben, sehen, wie viele Jahre sie alt sind.

„O, wäre ich doch ein großer Baum," seufzte er, „dann könnte ich meine Zweige weit umher ausbreiten und mit dem Gipfel in die weite Welt hinaus blicken! Die Vögel würden dann ihre Nester in meinen Zweigen bauen, und wenn der Wind wehte, könnte ich ebenso vornehm nicken, wie die andern!"

Er hatte keine Freude am Sonnenschein, an den Vögeln und an den rötlichen Wolken, die Morgens und Abends über ihn hinsegelten.

5 War es dann Winter und der Schnee lag blendend weiß rings umher, so kam zuweilen ein Hase gesprungen und sprang gerade über den kleinen Baum — o, wie er sich darüber ärgerte! — Aber zwei Winter vergingen, und im dritten war das Bäumchen schon so groß, daß der Hase um dasselbe herumlaufen mußte. O! wachsen, wachsen, groß und alt werden,
10 das ist doch das einzig Schöne¹ in dieser Welt! dachte der Baum.

Im Herbste kamen Holzhauer und fällten einige der größten Bäume; das geschah alle Jahre, und der junge Tannenbaum schauderte dabei, denn die großen Bäume fielen mit Prasseln und
15 Krachen zur Erde, die Zweige wurden ihnen abgehauen, so daß die Bäume ganz nackt aussahen; sie waren fast nicht mehr zu erkennen. Aber dann wurden sie auf Wagen gelegt, und Pferde zogen sie davon. Wo kamen sie hin?

Im Frühjahr, als die Schwalbe und der Storch geflogen
20 kamen, fragte sie der Baum: „Wißt ihr nicht, wohin sie geführt wurden? Seid ihr ihnen nicht begegnet?"

Die Schwalbe wußte nichts; aber der Storch sah sehr nachdenklich aus, nickte mit dem Kopfe und sagte: „Ja, ich glaube fast! Mir begegneten viele neue Schiffe, als ich aus Ägypten
25 flog; auf den Schiffen waren prächtige Mastbäume; ich glaube, daß sie es waren; sie hatten Tannengeruch; ich kann dich vielmals von ihnen grüßen; sie sahen stolz und prächtig aus und überragten alles."

## Der Tannenbaum.

„O, wäre ich doch auch groß genug, um so über das Meer hinfahren zu können! Wie sieht denn eigentlich das Meer aus?"

„Ja, das zu erklären, ist zu weitläufig," sagte der Storch und ging fort.

„Freue dich deiner Jugend!" sagten die Sonnenstrahlen; „freue dich des jungen Lebens, das in dir ist."

Und der Wind küßte den Baum, und der Tau weinte Thränen über ihn; aber das alles verstand der Tannenbaum nicht.

Gegen Weihnachten wurden ganz junge Bäume gefällt, die oft nicht so groß wie dieser Tannenbaum waren, der weder Ruhe noch Rast hatte, sondern immer weggehen wollte. Diese jungen Bäume — es waren gerade die allerschönsten — behielten immer alle ihre Zweige; sie wurden auf Wagen gelegt, und Pferde zogen sie fort.

„Wohin sollen[1] die?" fragte der Tannenbaum. „Sie sind nicht größer als ich, ja einer war sogar noch kleiner! Weshalb behielten sie alle ihre Zweige? Wohin fahren sie?"

„Das wissen wir! das wissen wir!" zwitscherten die Sperlinge. „In der Stadt haben wir in die Fenster gesehen! Wir wissen, wohin sie fahren! O, sie gelangen zur größten Pracht und Herrlichkeit! Wir haben gesehen, daß sie mitten in der warmen Stube aufgepflanzt und mit vergoldeten Äpfeln, Honigkuchen, Spielzeug und vielen Hunderten von Lichtern geschmückt werden."

„Und dann?" fragte der Tannenbaum und bebte an allen Zweigen. „Und dann? Was geschieht dann?"

„Ja, mehr haben wir nicht gesehen!"

„Ob ich wohl auch bestimmt bin, diesen strahlenden Weg zu betreten?" dachte der Tannenbaum. „Das ist noch schöner, als über das Meer zu ziehen! Wäre es doch Weihnachten! Nun bin ich groß, wie die andern, die im vorigen Jahre weggeführt wurden! — O, wäre ich doch auf dem Wagen! Wäre ich doch erst[1] in der warmen Stube mit aller Pracht und Herrlichkeit! Und dann —? Ja, dann kommt noch etwas weit Schöneres, weshalb würden sie uns sonst so schmücken! Es muß noch etwas Herrlicheres kommen —! Aber was? O, ich sehne mich, ich weiß selbst nicht, wie mir zu Mute ist!"

„Freue dich," sagten die Luft und das Sonnenlicht, „deiner frischen Jugend im Freien!"

Aber er freute sich gar nicht und wuchs und wuchs; Winter und Sommer stand er grün; die Leute, die ihn sahen, sagten: „Das ist ein hübscher Baum!" Und zu Weihnachten wurde er vor allen zuerst gefällt. Die Axt hieb tief ein, der Baum fiel mit einem Seufzer zu Boden; er fühlte einen Schmerz, eine Art Ohnmacht, er konnte gar nicht an das kommende Glück denken, er war betrübt, von der Heimat scheiden zu müssen; er wußte ja, daß er die lieben alten Kameraden, die kleinen Büsche und Blumen ringsum nie mehr erblicken würde, ja vielleicht nicht einmal die Vögel. Die Abreise war gar nicht angenehm.

Der Baum kam erst[2] in einem Hofe in der Stadt wieder ganz zu sich, als er einen Mann sagen hörte: „Dieser hier ist prächtig! Wir brauchen nur diesen!"

Nun kamen zwei Diener und trugen den Tannenbaum in

## Der Tannenbaum.

einen großen, schönen Saal. An den Wänden hingen Bilder, und neben dem Ofen standen große, chinesische Vasen. Da gab es Schaukelstühle, seidene Sofas, große Tische voller[1] Bilderbücher und Spielzeug. Der Tannenbaum wurde in ein großes mit Sand gefülltes Faß gestellt; aber niemand konnte sehen, daß es ein Faß war, denn es wurde mit grünem Tuch behängt und stand auf einem großen bunten Teppich. O, wie der Baum vor Erwartung bebte! Was wird nun wohl vorgehen? Zuerst kamen Diener und Fräulein und schmückten ihn. An seine Zweige hängten sie kleine Netze aus farbigem Papier; jedes Netz war mit Zuckerwerk gefüllt; vergoldete Äpfel und Nüsse hingen herab, und über hundert rote, blaue und weiße kleine Lichter wurden in die Zweige gesteckt. Puppen, die wie Menschen aussahen, schwebten im Grünen, und oben auf der Spitze wurde ein Stern von Flittergold befestigt. Das war prächtig, ganz unvergleichlich prächtig!

„Heute Abend," sagten alle, „heute Abend wird er strahlen!"

„O!" dachte der Baum, „wäre es doch Abend! Würden nur die Lichter bald angezündet! Und was dann wohl geschieht? Ob[2] da wohl Bäume aus dem Walde kommen, um mich anzuschauen? Ob die Sperlinge gegen die Fensterscheiben fliegen? Ob ich hier festwachse und Winter und Sommer geschmückt dastehen werde?"

Er hatte ordentlich Borkenschmerzen vor lauter Sehnsucht, und Borkenschmerzen ist für einen Baum ebenso schlimm, wie Kopfschmerzen für uns andere.

Nun wurden die Lichter angezündet. Welcher Glanz! Welche

Pracht! Der Baum bebte babei in allen Zweigen so, daß eins der Lichter das Grüne anzündete.

„Gott bewahre uns!" schrieen die Fräulein und löschten es schnell aus.

Jetzt durfte der Baum nicht einmal¹ mehr beben. Ihm war so bange,² etwas von seinem Schmuck zu verlieren; er war ganz geblendet von all dem Glanze. Und nun gingen die Zimmerthüren auf, und eine Menge Kinder stürzten herein, als wollten sie den Baum umwerfen; die älteren Leute kamen langsam nach. Die Kleinen standen ganz stumm, aber nur einen Augenblick, dann jubelten sie wieder, tanzten um den Baum herum, und ein Geschenk nach dem andern wurde abgepflückt.

„Was machen sie denn?" dachte der Baum. Und die Lichter brannten bis an die Zweige herunter, und je nachdem³ eins niederbrannte, wurde es ausgelöscht, und dann erhielten die Kinder Erlaubnis, den Baum zu plündern. O, sie stürzten auf ihn ein, daß er in allen Zweigen knackte; wäre er nicht mit der Spitze an der Decke befestigt gewesen, so hätten sie ihn sicher umgeworfen.

Die Kinder tanzten dann mit ihrem prächtigen Spielzeuge herum. Niemand sah nach dem Baume, als die alte Kinderfrau, welche zwischen die Zweige blickte, aber nur, um zu sehen, ob nicht noch eine Feige oder ein Apfel vergessen worden sei.

„Eine Geschichte! Eine Geschichte!" riefen die Kinder und zogen einen kleinen, dicken Mann gegen den Baum hin; und er setzte sich gerade unter denselben, „denn da sind wir im Grünen," sagte er, „und der Baum kann Nutzen davon haben, wenn er

## Der Tannenbaum.

aufmerksam zuhört! Aber ich erzähle nur e i n e Geschichte. Wollt ihr die von J v e d e - A v e d e oder die von K l u m p e - D u m p e hören, der die Treppe herunterfiel und doch die Prinzessin erhielt?"

„J v e d e - A v e d e!" schrieen einige, „K l u m p e - D u m p e!" schrieen andere; das war ein Rufen und Schreien! Nur der Tannenbaum schwieg und dachte: „Komme ich gar nicht mit, werde ich nichts dabei zu thun haben?"

Und der Mann erzählte von K l u m p e - D u m p e, welcher die Treppe herunterfiel und doch die Prinzessin erhielt. Und die Kinder klatschten in die Hände und riefen: „Erzähle! erzähle!" Sie wollten auch die Geschichte von J v e d e - A v e d e hören, aber sie mußten sich mit der von K l u m p e - D u m p e begnügen. Der Tannenbaum stand ganz nachdenklich und still, nie hatten die Vögel im Walde dergleichen erzählt. „K l u m p e - D u m p e fiel die Treppe herunter und bekam doch die Prinzessin! Ja, ja, so geht es in der Welt!" dachte der Tannenbaum und glaubte, daß es wahr sei. „Ja, ja! wer kann es wissen! Vielleicht falle ich auch die Treppe hinunter und bekomme eine Prinzessin." Und er freute sich darauf, den nächsten Tag wieder mit Lichtern, Spielzeug, Gold und Früchten geputzt zu werden.

„Morgen werde ich nicht zittern!" dachte er. „Ich will mich recht meiner Herrlichkeit freuen. Morgen werde ich wieder die Geschichte von K l u m p e - D u m p e oder auch die von J v e d e - A v e d e hören." Und der Baum stand die ganze Nacht still und träumte.

Am andern Morgen kamen die Diener und das Mädchen herein.

„Nun beginnt das Schmücken aufs neue¹!" dachte der Baum. Aber sie schleppten ihn die Treppe hinauf auf den Boden, und stellten ihn in einen dunkeln Winkel. „Was soll das bedeuten?" dachte der Baum. „Was werde ich hier wohl² hören sollen?" Und er lehnte sich an die Mauer und dachte und dachte. Wahrlich er hatte Zeit genug; denn es vergingen Tage und Nächte, aber niemand kam herauf. Als endlich jemand kam, so geschah es nur, um einige große Kasten in den Winkel zu stellen. Nun stand der Baum so versteckt, als ob er ganz und gar³ vergessen wäre.

„Jetzt ist es Winter draußen!" dachte der Baum. „Die Erde ist gefroren und mit Schnee bedeckt, die Menschen können mich jetzt nicht pflanzen, deshalb soll ich wohl bis zum Frühjahr hier im Hause stehen! Wie die Menschen doch⁴ so gut sind! Wäre es nur nicht so dunkel hier und so schrecklich einsam! Nicht einmal ein kleiner Hase kommt zu mir! Das war doch⁵ so hübsch da draußen im Walde, wenn der Schnee lag und der Hase vorbeilief, ja, selbst als er über mich hinsprang; aber damals konnte ich es nicht leiden. Hier ist es doch schrecklich einsam!"

„Pip, pip!" sagte da eine kleine Maus und kroch hervor und dann kam noch eine. Sie besahen den Tannenbaum und schlüpften zwischen seine Zweige.

„Es ist eine furchtbare Kälte!" sagten die kleinen Mäuse. „Sonst ist es hier ganz angenehm! Nicht wahr, du alter Tannenbaum?"

## Der Tannenbaum.

„Ich bin gar nicht alt!" sagte der Tannenbaum, „es gibt viel ältere, als ich bin!"

„Woher kommst du?" fragten die Mäuse, „und was weißt du?" Sie waren sehr neugierig. „Erzähle uns doch.¹ Bist du schon an dem herrlichsten Orte auf Erden, in der Speise= kammer gewesen, wo die Käse liegen und die Schinken hängen, wo man auf Talglichtern tanzt, mager hinein und fett heraus= kommt?"

„Das kenne ich nicht!" sagte der Baum. „Aber den Wald kenne ich, wo die Sonne scheint, und wo die Vögel singen!" Und dann erzählte er alles aus seiner Jugend, und die kleinen Mäuse horchten und sagten: „Nun, wie viel du gesehen hast! Wie glücklich du gewesen bist!"

„Ich?" sagte der Tannenbaum und dachte über das, was er selbst erzählte, nach. „Ja, es waren wirklich recht fröhliche Zeiten!" — Aber dann erzählte er vom Weihnachtsabend, wo er mit Zuckerwerk und Lichtern geschmückt war.

„O!" sagten die kleinen Mäuse, „wie glücklich du gewesen bist, du alter Tannenbaum!"

„Ich bin gar nicht alt!" sagte der Baum, „erst diesen Winter bin ich vom Walde gekommen! Ich bin nur sehr rasch ge= wachsen!"

„Wie schön du erzählst!" sagten die kleinen Mäuse. Und in der nächsten Nacht kamen sie mit vier andern Mäuschen, die den Baum erzählen hören sollten,² und je mehr er erzählte, desto deutlicher erinnerte er sich selbst an alles und dachte: „Es waren doch fröhliche Zeiten! Aber sie können wiederkehren! Klumpe=

Dumpe fiel die Treppe hinunter und erhielt doch die Prinzessin; vielleicht bekomme ich auch eine Prinzessin!" Und dann dachte der Tannenbaum an eine niedliche Birke draußen im Walde; das war für ihn eine wirkliche Prinzessin.

„Wer ist Klumpe=Dumpe?" fragten die Mäuschen. Dann erzählte der Tannenbaum das Märchen; er konnte sich jedes Wortes erinnern, und die Mäuse wollten vor lauter Freude bis an die Spitze des Baumes springen. In der folgenden Nacht kamen noch mehr Mäuse, und am Sonntage sogar zwei Ratten. Aber die meinten, die Geschichte sei nicht hübsch, und das betrübte die kleinen Mäuse, denn nun gefiel sie ihnen auch nicht mehr recht.

„Wissen Sie nur die eine Geschichte?" fragten die Ratten.

„Nur die eine!" sagte der Baum; „die hörte ich an meinem glücklichsten Abend. Damals dachte ich nicht daran, wie glücklich ich war!"

„Das ist eine langweilige, schlechte Geschichte! Wissen Sie keine von Speck oder Talglicht? Keine Speisekammer=Geschichte?"

„Nein!" sagte der Baum.

„Dann danken[1] wir dafür!" erwiderten die Ratten und gingen fort.

Die kleinen Mäuse blieben zuletzt auch weg, und da seufzte der Baum: „Es war doch ganz hübsch, als sie um mich herumsaßen und zuhörten, wie ich erzählte! Nun ist auch das vorbei! Aber ich werde daran denken, mich zu freuen, wenn ich wieder hervorgebracht werde." Das dauerte aber recht lange.

## Der Tannenbaum.

Endlich eines Morgens kamen Leute und räumten auf dem Boden auf; die Kasten wurden weggesetzt und der Baum hervorgezogen; sie warfen ihn freilich ziemlich hart hin, aber ein Diener schleppte ihn sogleich nach der Treppe, wo es hell war.

„Nun beginnt das Leben wieder!" dachte der Baum; er fühlte die frische Luft, die ersten Sonnenstrahlen, und nun war er draußen im Hofe. Alles ging sehr rasch; der Baum vergaß ganz, sich selbst zu betrachten. Der Hof war neben einem Garten, und alles blühte darin; die Rosen hingen frisch und duftend über das niedere Gitter hinaus, die Lindenbäume blühten, und die Schwalben flogen umher und zwitscherten: „Quirrevirre-vit, mein Mann ist gekommen!" Aber es war nicht der Tannenbaum, den sie meinten.

## IX.
## Das häßliche junge Entlein.

Es war herrlich draußen auf dem Lande, denn es war Sommer. Das Korn stand gelb, der Hafer grün, das Heu war unten auf den Wiesen in Schobern aufgesetzt, und der Storch marschierte auf seinen langen, roten Beinen einher und plapperte
5 ägyptisch, denn diese Sprache hatte er von seiner Mutter gelernt. Rings um die Äcker und die Wiesen waren große Wälder und in den Wäldern tiefe Seen. Ja, es war wirklich herrlich da draußen auf dem Lande! Mitten im Sonnenscheine lag dort ein altes Landgut, von tiefen Kanälen umgeben, und
10 von der Mauer bis zum Wasser herunter wuchsen große Kletten. Hier saß auf ihrem Neste eine Ente, welche ihre Jungen ausbrüten mußte; aber es wurde ihr fast zu langweilig, bis die Jungen kamen; auch erhielt sie selten Besuch; die andern Enten schwammen lieber in den Kanälen umher, als daß sie hinauf=
15 liefen, um sich unter ein Klettenblatt zu setzen und mit ihr zu plaudern.

Endlich platzte ein Ei nach dem andern. „Piep! piep!" er= tönte es, und alle Eidotter waren lebendig geworden und steckten den Kopf heraus.

20 „Rapp! rapp!" sagte die Ente, und so machten es alle, und sahen nach allen Seiten[1] unter den grünen Blättern; und die

## Das häßliche junge Entlein.

Mutter ließ sie sehen, so viel sie wollten, denn das Grüne ist gut für die Augen.

„Wie groß ist doch die Welt!" sagten alle Jungen; denn nun hatten sie freilich viel mehr Platz, als wo sie im Ei lagen.

„Glaubt ihr, daß dies die ganze Welt sei?" sagte die Mutter. „Die erstreckt sich noch weit über die andre Seite des Gartens hinaus bis hinein in des Pfarrers Feld, aber da bin ich noch nie gewesen!" — „Ihr seid doch alle beisammen?" fuhr sie fort und stand auf. „Nein, ich habe nicht alle; das größte Ei liegt noch da; wie lange soll denn das dauern! Jetzt habe ich die Geschichte bald satt,[1]" und damit setzte sie sich wieder.

„Nun, wie geht es?" sagte eine alte Ente, welche ihr einen Besuch machte.

„Es dauert so lange mit dem einen Ei!" sagte die Ente, welche da saß, „es will nicht platzen; doch schaue nur die andern an; sind sie nicht die niedlichsten Entlein, die man je gesehen? Sie gleichen sämtlich ihrem Vater; der Bösewicht kommt nicht einmal, mich zu besuchen!"

„Laß mich das Ei sehen, welches nicht platzen will!" sagte die Alte. „Glaube mir, es ist ein Kalikutenei! Ich bin auch einmal so angeführt worden und hatte meine große Sorge und Not mit den Jungen, denn ihnen ist bange[2] vor dem Wasser! Ich konnte sie nicht hineinbringen; ich that mein Bestes aber es half nichts. Laß mich das Ei sehen! Ja, das ist ein Kalikutenei! Laß das liegen und lehre lieber die andern Kinder schwimmen!"

„Ich will doch noch ein bißchen darauf sitzen," sagte die Ente; „habe ich nun so lange gesessen, so kann ich auch noch ein paar Tage sitzen."

„Wie es dir gefällt," sagte die alte Ente und ging fort.

Endlich platzte das große Ei. „Piep! piep!" sagte das Junge und kroch heraus. Es war größer als die andern und recht häßlich! Die Ente betrachtete es.

„Es ist doch ein gewaltig großes Entlein," sagte sie, „keins von den andern sieht so aus; sollte es wohl ein kalikutisches Küchlein sein? Nun wir wollen das bald sehen; in das Wasser muß es, wenn ich es auch selbst hineinstoßen sollte."

Am andern Tage war schönes Wetter; die Sonne schien auf alle grünen Kletten. Die Entenmutter ging mit ihrer ganzen Familie zu dem Kanale hinunter. Platsch! sprang sie in das Wasser. „Rapp! rapp!" sagte sie und ein Entlein nach dem andern plumpste hinein; das Wasser schlug ihnen über dem Kopfe zusammen, aber sie kamen gleich wieder empor und schwammen ganz vortrefflich, die Beine gingen von selbst, und alle waren im Wasser; selbst das häßliche, große Junge schwamm mit.

„Nein, es ist kein Kalikut," sagte sie; „sieh, wie herrlich es die Beine gebraucht, wie gerade es sich hält; es ist mein eigenes Kind. In der That ist es doch hübsch, wenn man es nur recht besieht. Rapp! rapp! Kommt nur mit mir, ich will euch im Entenhofe vorstellen, aber haltet euch immer nahe bei mir, damit niemand euch trete und nehmt euch vor den Katzen in acht!"

Und so kamen sie in den Entenhof. Dort war ein schrecklicher Lärm, denn da waren zwei Familien, die sich um einen Fischkopf stritten, und am Ende bekam ihn doch die Katze.

## Das häßliche junge Entlein.

„Seht, so geht es in der Welt!" sagte die Entenmutter und wetzte ihren Schnabel, denn sie wollte auch den Fischkopf haben. „Braucht nun die Beine!" sagte sie, „seht zu, daß ihr euch ein wenig beeilt, und verbeugt euch vor der alten Ente dort; die ist die vornehmste von allen hier; sie ist aus spanischem Blute, deswegen ist sie so dick, und seht ihr, sie hat einen roten Lappen um das Bein; das ist die größte Auszeichnung, die einer Ente zu Teil werden[1] kann; das bedeutet so viel, daß man sie nicht verlieren will und daß sie von allen erkannt werden soll! Nun schnell! setzt die Füße nicht einwärts, sondern auswärts; seht: so! Nun verbeugt euch und sagt: Rapp!"

Und das thaten sie; aber die andern Enten sagten ganz laut: „Siehe da! Nun sollen wir auch noch jene alle haben; als ob wir nicht schon so genug wären! Und Pfui! wie das eine Entlein aussieht, das wollen wir nicht dulden!" — Und sofort flog eine Ente hin und biß es in den Nacken.

„Laß es in Ruhe!" sagte die Mutter; „es thut ja niemandem etwas."

„Ja, aber es ist so groß und sonderbar," sagte die Ente die es gebissen hatte, „und deshalb muß es gebissen werden."

„Es sind hübsche Kinder," sagte die alte Ente mit dem Lappen um das Bein, „alle schön, bis auf das eine; ich möchte wün=schen, daß sie es umbrütete."[2]

„Das geht nicht, Ihro Gnaden,[3]" sagte die Entenmutter; „es ist nicht hübsch, aber es hat ein sehr gutes Gemüt und schwimmt so herrlich wie die andern, ja noch etwas besser; ich denke, es wird hübsch heranwachsen und mit der Zeit etwas kleiner werden; es hat zu lange in dem Ei gelegen und daher nicht die rechte Gestalt bekommen!" Damit glättete sie ihm das Gefieder. „Es ist überdies ein Enterich," sagte sie, „und da macht es nicht so viel aus.' Ich denke, er wird kräftig werden und sich schon' durchschlagen."

„Die andern Entlein sind nieblich," sagte die Alte; „thut nun, als ob ihr zu Hause wäret, und wenn ihr einen Fischkopf findet, so könnt ihr mir ihn bringen."

Und so waren sie wie zu Hause.

Aber das arme Entlein, welches zuletzt aus dem Ei gekrochen war, wurde gebissen und gestoßen, und das sowohl von den Enten, wie von den Hühnern. „Es ist zu groß!" sagten sie, und der kalikutische Hahn, welcher mit Sporen auf die Welt gekommen war und daher glaubte, daß er Kaiser sei, blies sich auf wie ein Schiff mit vollen Segeln, ging gerade auf dasselbe los und wurde rot am Kopfe. Das arme Entlein wußte gar nicht, wo es stehen und gehen sollte; es war traurig, weil es vom ganzen Entenhofe verspottet wurde.

So ging es den ersten Tag, und später wurde es immer schlimmer. Das arme Entlein wurde von allen gejagt, selbst seine Schwestern waren sehr böse gegen dasselbe und sagten immer: „Wenn dich nur die Katze fangen möchte, du häßliches Geschöpf!" Und die Mutter sagte: „Wenn du nur weit fort wärest!" Und die Enten bissen es, und die Hühner schlugen es, und das Mädchen, welches die Tiere fütterte, stieß gar mit den Füßen nach ihm.

Da flog es über den Zaun und die kleinen Vögel in den

## Das häßliche junge Entlein.

Büschen flogen erschrocken auf. „Das geschieht, weil ich so häßlich bin," dachte das Entlein und lief immer weiter, bis es hinauskam zu dem großen Meer, wo die wilden Enten wohnten. Hier lag es die ganze Nacht, denn es war müde und kummervoll.

Am Morgen flogen die wilden Enten auf und besahen den neuen Kameraden. „Was bist du für Einer?" fragten sie, und das Entlein grüßte nach allen Seiten, so gut es konnte.

„Du bist über die Maßen¹ häßlich!" sagten die wilden Enten; „doch das ist uns gleich,² wenn du nur nicht in unsere Familie hinein heiratest." — Das Arme dachte wahrlich nicht daran, sich zu verheiraten, wenn es nur die Erlaubnis erhielt, im Schilfe zu liegen und etwas Moorwasser zu trinken.

So lag es zwei ganze Tage. Da kamen zwei wilde Gänse dorthin. Es war noch nicht lange her, daß sie aus dem Ei gekrochen waren; deshalb waren sie etwas vorwitzig. „Höre, Kamerad!" sagten sie, „du bist so häßlich, daß wir dich gut leiden können; willst du mit uns ziehen? Hier nahebei in einem andern Moor giebt es liebliche, wilde Gänse, die alle ‚Rapp!' sagen können. Du kannst dein Glück dort machen, so häßlich du auch bist!"

„Piff! Paff!" ertönte es eben, und beide Gänse fielen tot in das Schilf nieder. „Piff! Paff!" ertönte es wieder, und ganze Schwärme wilder Gänse flogen aus dem Schilfe auf. Dann knallte es abermals. Es war große Jagd; die Jäger lagen rings um das Moor herum, ja, einige saßen sogar oben in den Bäumen am Rande des Moores. Der blaue Dampf zog wie

Wolken weit über das Wasser hin; zum Moor kamen die Jagd=
hunde: Platsch, Platsch! Das Schilf neigte sich nach allen
Seiten. Das war ein Schreck für das arme Entlein! Es
wendete den Kopf, um ihn unter den Flügel zu stecken, aber in
demselben Augenblicke stand ein fürchterlich großer Hund dicht
bei ihm; die Zunge hing ihm lang aus dem Halse heraus, und
die Augen funkelten gräßlich und er streckte seine Schnauze dem
Entlein entgegen, zeigte ihm die scharfen Zähne und — platsch,
platsch! ging er weiter, ohne es zu packen.

„O, Gott¹ sei Dank!" seufzte das Entlein; „ich bin so häßlich,
daß mich selbst der Hund nicht beißen mag!"

So lag es still, während Schuß auf Schuß knallte.

Erst spät am Tage ward es ruhig, aber das arme Entlein
wagte noch nicht, sich zu erheben; es wartete noch mehrere
Stunden und dann eilte es fort aus dem Moore, so schnell es
konnte. Es lief über Feld und Wiese, aber da tobte ein solcher
Sturm, daß es ihm schwer ward, von der Stelle zu kommen.

Am Abend erreichte es eine kleine Bauernhütte, die so bau=
fällig war, daß sie selbst nicht wußte, nach welcher Seite sie
fallen sollte, und darum blieb sie stehen. Der Sturm umsauste
das Entlein so, daß es sich niedersetzen mußte, um sich gegen
ihn zu halten. Da bemerkte es, wie die Thüre der Hütte so
schief hing, daß es durch eine Ritze in die Stube hineinschlüpfen
konnte, und das that es.

Hier wohnte eine Frau mit ihrer Katze und ihrer Henne.
Und die Katze, welche sie Söhnchen nannte, konnte einen Buckel
machen und schnurren; sie sprühte sogar Funken, aber dann

## Das häßliche junge Entlein.

mußte man sie gegen das Haar streicheln. Die Henne hatte ganz kleine Beine, und deshalb wurde sie Kurzbein genannt; sie legte gute Eier, und die Frau liebte sie wie ihr eigenes Kind.

Am Morgen bemerkte man das fremde Entlein, und die Katze fing an zu schnurren und die Henne zu glucken.

"Was ist das?" sagte die Frau und sah sich ringsum; aber sie sah nicht gut, und daher glaubte sie, das Entlein sei eine fette Ente, die sich verirrt habe. "Das ist ja ein prächtiger Fang!" sagte sie. "Nun kann ich Enteneier bekommen. Wenn es nur kein Enterich ist! Das müssen wir sehen." Und so wurde das Entlein für drei Wochen auf Probe angenommen; aber es kamen keine Eier. Und die Katze war Herr im Hause, und die Henne war die Dame, und immer sagten sie: "Wir und die Welt!" Denn sie glaubten, daß sie die Hälfte seien, und zwar die allerbeste Hälfte. Das Entlein glaubte, daß man auch eine andere Meinung haben könne; aber das litt die Henne nicht.

"Kannst du Eier legen?" fragte sie.

"Nein!"

"Nun, da wirst du die Güte haben zu schweigen!"

Und die Katze sagte: "Kannst du einen krummen Buckel machen, schnurren und Funken sprühen?"

"Nein!"

"So darfst du auch keine Meinung haben, wenn vernünftige Leute sprechen!"

Und das Entlein saß im Winkel und war schlechter Laune[1]; da kam die frische Luft und der Sonnenschein herein und es bekam eine sonderbare Lust, auf dem Wasser zu schwimmen, daß es nicht unterlassen konnte, dies der Henne zu sagen. "Was fällt dir ein?" sagte die. "Du hast nichts zu thun, deswegen bekommst du solche Grillen! Lege Eier oder schnurre, so gehen sie vorüber."

"Aber es ist so schön, auf dem Wasser zu schwimmen!" sagte das Entlein, "so herrlich, es über dem Kopfe zusammenschlagen zu lassen und hinunter zu tauchen!"

"Nun, das ist ein rechtes[1] Vergnügen!" sagte die Henne. "Du bist wohl verrückt geworden! Frage die Katze darnach, die ist das klügste Geschöpf, das ich kenne, ob sie es liebt, auf dem Wasser zu schwimmen oder unterzutauchen? Von mir will ich gar nicht reden. Frage selbst die alte Frau; klüger als sie ist niemand auf der Welt! Glaubst du, daß sie Lust hat, zu schwimmen und das Wasser über dem Kopfe zusammenschlagen zu lassen?"

"Ihr versteht mich nicht!" sagte das Entlein.

"Wir verstehen dich nicht? Wer kann dich denn verstehen? Du wirst doch wohl nicht klüger sein wollen,[2] als die Katze und die Frau; von mir will ich gar nicht reden! Bilde dir nichts ein[3], Kind, und danke dem Schöpfer für all das Gute, was man dir erwiesen! Bist du nicht in eine warme Stube gekommen und hast du nicht eine Gesellschaft, von der du etwas lernen kannst? Aber du bist ein Schwätzer und es ist nicht angenehm, mit dir umzugehen! Mir kannst du glauben, ich meine es gut mit dir. Ich sage dir Unannehmlichkeiten, aber daran kann man seine wahren Freunde erkennen! Sieh nur zu, daß du Eier legst oder schnurren und Funken sprühen lernst!"

## Das häßliche junge Entlein.

„Ich glaube, ich gehe hinaus in die weite Welt!" sagte das Entlein.

„Ja, thue das!" sagte die Henne.

Und das Entlein ging; es schwamm auf dem Wasser, es tauchte unter, aber von allen Tieren wurde es wegen seiner Häßlichkeit verachtet.

Nun trat der Herbst ein; die Blätter im Walde wurden gelb und braun; der Wind faßte sie, so daß sie umherflogen und oben in der Luft war es sehr kalt; die Wolken hingen voll Hagel und Schneeflocken, und auf dem Zaune saß der Rabe und schrie: „Au! Au!" vor lauter Kälte; ja, es fror einen schon, wenn man nur daran dachte. Das arme Entlein hatte es wahrlich nicht gut! Eines Abends kam ein Schwarm herrlicher, großer Vögel aus dem Gebüsche hervor; das Entlein hatte niemals solche schöne Vögel gesehen, die waren blendend weiß, mit langen geschmeidigen Hälsen: es waren Schwäne. Sie ließen einen ganz eigentümlichen Ton hören,[1] breiteten ihre prächtigen Flügel aus und flogen fort nach wärmeren Ländern, nach offenen Seen. Sie flogen hoch in die Luft, und dem häßlichen, jungen Entlein wurde gar seltsam zu Mute[2]. Es drehte sich im Wasser rund herum, streckte den Hals hoch in die Luft und stieß einen so sonderbaren Schrei aus, daß es sich selbst davor fürchtete. O, es konnte die schönen Vögel nicht vergessen, und sobald es sie nicht mehr sah, tauchte es unter, und als es wieder heraufkam, war es wie außer sich[3]. Es wußte nicht, wie die Vögel hießen, auch nicht, wohin sie flogen; aber doch war es ihnen gut,[4] wie es nie einem Geschöpfe gut gewesen.

Es beneidete sie nicht. Wie hätte es ihm auch einfallen können, sich solche Schönheit zu wünschen! Es wäre schon froh gewesen, wenn die Enten es nur unter sich gedulbet hätten!

Der Winter wurde so kalt, so kalt! Das Entlein mußte beständig im Wasser umherschwimmen, um das Zufrieren desselben zu verhindern; aber in jeder Nacht wurde das Loch, in dem es schwamm, kleiner. Das Entlein mußte fortwährend die Beine gebrauchen, damit das Loch sich nicht schloß. Zuletzt wurde es matt, lag ganz still und fror auf dem Eise fest.

Des Morgens früh kam ein Bauer und da er den armen Vogel sah, schlug er das Eis in Stücke und trug das Entlein heim zu seiner Frau. Da wurde es wieder lebendig.

Die Kinder wollten mit demselben spielen; aber das Entlein glaubte, sie wollten ihm weh thun, und flog in der Angst gerade in den Milchnapf hinein, so daß die Milch in die Stube spritzte. Die Frau schlug die Hände zusammen, worauf es in das Mehlfaß und wieder heraus flog. Wie sah es da aus! Die Frau schlug mit der Feuerzange danach; die Kinder rannten über einander, um das Entlein zu fangen; sie lachten und schrieen! Gut war es, daß die Thür offen war und es in das Gebüsch und in den frisch gefallenen Schnee schlüpfen konnte; da lag es nun ganz ermattet.

Aber all die Not, welche das Entlein in dem harten Winter dulden mußte, zu erzählen, würde zu traurig sein. Es lag im Moore zwischen dem Schilfe, als die Sonne wieder warm zu scheinen begann. Die Lerchen sangen; es war herrlicher Frühling.

## Das häßliche junge Entlein.

Da konnte das Entlein auf einmal seine Flügel schwingen; sie brausten stärker, als früher und trugen es kräftig davon; und ehe es recht wußte wie, befand es sich in einem großen Garten, wo die Apfelbäume blühten, wo der Flieder duftete und seine langen Zweige bis zu den Kanälen hinunter neigte. O, hier war es so schön und frisch! Und gerade vorn aus dem Gebüsche kamen drei prächtige, weiße Schwäne; die brausten mit den Federn und schwammen leicht auf dem Wasser. Das Entlein kannte die prächtigen Tiere und wurde von einer eigentümlichen Traurigkeit erfaßt.

„Ich will zu ihnen hinfliegen! Zwar werden sie mich totschlagen, weil ich so häßlich bin. Aber das ist mir gleich! Besser, von i h n e n getötet, als von den Enten gebissen, von den Hühnern geschlagen, von dem Mädchen, welches den Hühnerhof hütet, getreten zu werden und im Winter Mangel zu leiden!" Und es flog hinaus in das Wasser und schwamm den prächtigen Schwänen entgegen; diese schossen mit brausenden Federn auf dasselbe los. „Tötet mich nur!" sagte das arme Tier und neigte seinen Kopf und erwartete so den Tod. Aber was erblickte es in dem klaren Wasser? Es sah sein eigenes Bild unter sich, doch das war kein häßlicher Vogel mehr, es war selbst ein Schwan.

Nun freute es sich über all den Kummer, welchen es erduldet hatte. Nun konnte es erst[1] recht sein Glück und die Herrlichkeit begreifen, die es begrüßten. Und die großen Schwäne umschwammen es und streichelten es mit den Schnäbeln.

Da kamen in den Garten einige kleine Kinder, die warfen Brot und Korn in das Wasser, und das kleinste rief: „Da ist ein neuer!" Und die andern Kinder jubelten mit: „Ja, da ist ein neuer angekommen!" Und sie klatschten in die Hände und liefen zu dem Vater und der Mutter, und es wurde Brot und Kuchen in das Wasser geworfen, und alle sagten: „Der neue ist der schönste! So jung und so stattlich!" Und die alten Schwäne neigten sich vor ihm.

Da fühlte er sich ganz beschämt und steckte den Kopf unter seine Flügel; er wußte selbst nicht, was er anfangen sollte; er war zu glücklich, aber durchaus nicht stolz! Er dachte daran, wie er verfolgt und verhöhnt worden war, und hörte nun alle sagen, daß er der schönste aller schönen Vögel sei. Selbst der Flieder bog sich mit seinen Zweigen zu ihm ins Wasser hinunter, und die Sonne schien so warm und mild! Da brausten seine Federn, der schlanke Hals hob sich empor und aus vollem Herzen jubelte er: „So viel Glück habe ich mir nicht träumen lassen,[1] als ich noch das häßliche junge Entlein war!"

## X.

## Die Nachtigall.

In China, das weißt du wohl, ist der Kaiser ein Chinese, und alle, die er um sich hat, sind auch Chinesen. Es sind nun schon viele Jahre her, daß sich dort die Geschichte ereignete, welche ich jetzt erzählen will. Des Kaisers Schloß war das prächtigste auf der Welt, ganz und gar von feinem Porzellan, aber so fein und spröde, daß man sich gar sehr in acht nehmen mußte, daran zu rühren. Im Garten sah man die wunderbarsten Blumen und an die prächtigsten waren Silberglocken gehängt, welche klangen, damit man nicht vorbeigehen möchte, ohne die Blumen zu bemerken. Ja, alles war in des Kaisers Garten aufs feinste[1] eingerichtet und er erstreckte sich so weit, daß der Gärtner selbst das Ende desselben nicht kannte. Ging man weiter, so kam man in den herrlichsten Wald mit hohen Bäumen und tiefen Seen. Der Wald ging bis zum Meere, welches blau und tief war; große Schiffe konnten unter den Zweigen der Bäume hinsegeln, und in diesen wohnte eine Nachtigall, welche so herrlich sang, daß selbst der arme Fischer, obwohl er viel zu schaffen hatte, still hielt und horchte, wenn er nachts ausgefahren war, um das Netz auszuwerfen. „Ach, wie ist das schön!" sagte er; aber er mußte auf sein Netz achtgeben und vergaß dabei den Vogel. Doch wenn dieser in der folgenden Nacht wieder sang und der Fischer dorthin kam, sagte er dasselbe: „Ach, wie ist das schön!"

Aus allen Ländern kamen Reisende nach der Stadt des Kaisers und bewunderten diese, das Schloß und den Garten. Doch wenn sie die Nachtigall hörten, sagten sie alle: „Das ist doch das beste!"

Die Reisenden erzählten davon und die Gelehrten schrieben viele Bücher über die Stadt, das Schloß und den Garten. Aber auch die Nachtigall vergaßen sie nicht, sondern stellten sie am höchsten, und die Dichter schrieben herrliche Gedichte über die Nachtigall im Walde bei dem tiefen See.

Von diesen Büchern kamen einige auch einmal zum Kaiser. Er saß in seinem goldenen Stuhle und las und las; jeden Augenblick nickte er mit dem Kopfe, denn er freute sich über die prächtigen Beschreibungen der Stadt, des Schlosses und des Gartens. „Aber die Nachtigall ist doch das allerbeste!" stand da geschrieben.

„Was ist das?" sagte der Kaiser. „Die Nachtigall kenne ich ja gar nicht! Ist ein solcher Vogel in meinem Kaiserreiche und sogar in meinem eigenen Garten? Das habe ich nie gehört! So etwas muß ich erst aus Büchern erfahren!" Und sogleich rief er seinen Hofmarschall. Der war so vornehm, daß, wenn jemand, der geringer als er war, mit ihm zu sprechen oder ihn nach etwas zu fragen wagte, er weiter nichts erwiderte, als „P!" und das hat nichts zu bedeuten[1].

„Hier soll[2] ja ein höchst merkwürdiger Vogel sein, welcher Nachtigall heißt!" sagte der Kaiser. „Man sagt, dies sei das

## Die Nachtigall.

allerbeste in meinem Reiche. Warum hat man mir nie etwas
davon gesagt?"

„Ich habe ihn nie nennen hören!" sagte der Hofmarschall.
„Er ist nie bei Hofe vorgestellt worden!"

„Ich will, daß er heute Abend komme und vor mir singe!"
sagte der Kaiser. „Die ganze Welt weiß, was ich habe, und ich
weiß es nicht!"

„Ich habe ihn wahrlich nie nennen hören!" sagte der Hof=
marschall. „Ich werde ihn suchen, ich werde ihn finden!" —

Ja, aber wo war er? Der Hofmarschall lief alle Treppen
auf und nieder, durch Säle und Gänge, aber keiner von allen
denen, die er traf, hatte von der Nachtigall gehört. Und
der Mann lief wieder zum Kaiser und sagte, daß die Geschichte
von der Nachtigall sicher eine Fabel sei, welche die Buchschreiber
erfunden hätten. „Dero[1] Kaiserliche Majestät können gar nicht
glauben, was für Lügen geschrieben werden!"

„Aber das Buch, in dem ich dieses gelesen habe," sagte der
Kaiser, „ist mir von dem großmächtigsten[2] Kaiser von Japan
gesandt, und es kann also keine Unwahrheit sein. Ich will die
Nachtigall hören! Sie muß heute Abend hier sein! Sie hat
meine höchste Gnade! Und kommt sie nicht, so soll dem ganzen
Hof auf den Leib getrampelt werden,[3] wenn er Abendbrot ge=
gessen hat!"

„Tsing pe[4]!" sagte der Hofmarschall und lief wieder alle
Treppen auf und nieder, durch alle Säle und Gänge; und der
halbe Hof lief mit, denn sie wollten nicht gern auf den Leib ge=
trampelt werden. Da gab es ein Fragen nach der Nachtigall,

welche die ganze Welt kannte, nur niemand bei Hofe! Endlich fanden sie ein kleines, armes Mädchen in der Küche. Die sagte: „O, die Nachtigall kenne ich gut; ja, wie kann die singen! Sie wohnt unten am Strande, und wenn ich am Abend nach Hause zu meiner armen, kranken Mutter gehe und müde bin und im Walde ausruhe, dann höre ich die Nachtigall singen! Es kommen mir dabei die Thränen in die Augen, und es ist, als ob meine Mutter mich küßte!"

„Kleines Mädchen!" sagte der Hofmarschall, „ich werde dir eine Anstellung in der Küche und die Erlaubnis verschaffen, den Kaiser speisen zu sehen, wenn du uns zur Nachtigall führst, denn sie ist heute Abend zum Hofe eingeladen." Und so zogen sie alle hinaus in den Wald, wo die Nachtigall zu singen pflegte. Auf dem Wege fing eine Kuh zu brüllen an.

„O!" sagten die Höflinge, „nun haben wir sie! Das ist doch eine merkwürdige Kraft in einem so kleinen Tiere! Die haben wir sicher schon früher gehört!"

„Nein, das sind Kühe, welche brüllen!" sagte das kleine Küchenmädchen. „Wir sind noch weit von dem Orte entfernt!"

Nun quackten die Frösche im Sumpfe.

„Herrlich!" sagte der chinesische Hofprediger. „Nun höre ich sie; es klingt gerade wie kleine Kirchenglocken."

„Nein, das sind Frösche!" sagte die kleine Köchin. „Aber nun werden wir sie bald hören!"

Da begann die Nachtigall zu singen.

„Das ist sie!" sagte das kleine Mädchen. „Hört! Hört! Da sitzt sie!" Und sie zeigte nach einem kleinen, grauen Vogel oben in den Zweigen.

## Die Nachtigall.

„Ist es möglich?" rief der Hofmarschall. „So hätte ich sie mir nimmer gedacht! Wie gewöhnlich sie aussieht! Sie hat gewiß ihre Farbe verloren, weil sie so viele vornehme Menschen um sich sieht!"

„Kleine Nachtigall!" rief die kleine Köchin laut, „unser gnädigster Kaiser wünscht, daß du vor ihm singst!"

„Mit dem größten Vergnügen!" sagte die Nachtigall und sang dann, daß es eine Lust war.

„Es klingt gerade wie Glasglocken!" sagte der Hofmann. „Es ist doch merkwürdig, daß wir sie früher nie gehört haben! Sie wird großes Aufsehen bei Hofe machen!"

„Soll ich noch einmal vor dem Kaiser singen?" fragte die Nachtigall, welche glaubte, der Kaiser sei auch da.

„Meine vortreffliche kleine Nachtigall!" sagte der Hofmarschall, „ich habe die Ehre, Sie zu einem Hoffeste heute Abend einzuladen, wo Sie Dero[1] hohe kaiserliche Gnaden mit Ihrem herrlichen Gesange bezaubern werden!"

„Der klingt am besten im Grünen!" sagte die Nachtigall; aber sie kam doch gern mit, als sie hörte, daß es der Kaiser wünschte.

In dem Schlosse glänzten die Wände und der Fußboden, welche von Porzellan waren, im Strahle vieler tausend Goldlampen; die prächtigsten Blumen, welche am hellsten klingen konnten, waren in den Gängen aufgestellt. Da war ein Laufen, und alle Glocken klingelten so, daß man sein eigenes Wort nicht hören konnte. Mitten in dem großen Saal, wo der Kaiser saß, war eine goldene Säule aufgestellt, auf diese sollte die Nachtigall sitzen. Der ganze Hof war da, und die kleine Köchin hatte die Erlaubnis erhalten, hinter der Thür zu stehen, da sie nun den Titel einer wirklichen Hofköchin bekommen hatte. Alle waren in ihrem größten Putz und sahen nach dem kleinen grauen Vogel.

Die Nachtigall sang so herrlich, daß dem Kaiser die Thränen über die Wangen herniederliefen; da sang die Nachtigall noch schöner, das ging recht zu Herzen. Der Kaiser war so entzückt, daß er sagte, die Nachtigall solle seinen goldenen Pantoffel als Dekoration um den Hals tragen. Aber die Nachtigall dankte, sie sei schon genug belohnt.

„Ich habe Thränen in des Kaisers Augen gesehen, das ist mir der reichste Schatz! Eines Kaisers Thränen haben eine besondere Kraft! Gott weiß es, ich bin genug belohnt!" Darauf sang sie wieder mit ihrer süßen, herrlichen Stimme.

„Das ist die angenehmste Art, sich beliebt zu machen!" sagten die Damen rings umher, und dann nahmen sie Wasser in den Mund, um zu glucksen, wenn jemand mit ihnen spräche. Sie glaubten, dann auch Nachtigallen zu sein. Ja, die Diener und Kammermädchen ließen ihre höchste Zufriedenheit aussprechen[1] und das will viel sagen,[2] denn diese sind am schwersten zu befriedigen. Kurz, die Nachtigall machte wirklich Glück. Sie sollte nun bei Hofe bleiben, ihren eigenen Käfig bekommen, aber dabei die Erlaubnis haben, zweimal des Tages und einmal des Nachts auszugehen. Sie bekam dann immer zwölf Diener mit, welche ein Seidenband um ihr Bein geschlungen hatten, an welchem sie dieselbe festhielten. Es war durchaus kein Vergnügen bei einem solchen Ausfluge.

## Die Nachtigall.

Die ganze Stadt sprach von dem merkwürdigen Vogel. Ja, elf arme Kinder wurden nach ihr genannt; aber nicht eins von ihnen hatte einen Ton in der Kehle.

Eines Tages erhielt der Kaiser ein großes Paket mit der Aufschrift: „Die Nachtigall."

„Das ist gewiß ein neues Buch über unsern Vogel!" sagte der Kaiser. Aber es war kein Buch, sondern ein kleines Kunstwerk, welches in einer Schachtel lag, eine künstliche Nachtigall, die der lebenden gleichen sollte, allein überall mit Edelsteinen besetzt war. Sobald man den Kunstvogel aufzog, konnte er eins der Stücke, welche der wirkliche Vogel sang, singen; und dann bewegte sich der Schweif auf und nieder, und glänzte von Silber und Gold. Um den Hals hing ein kleines Band mit der Inschrift: „Des Kaisers von Japan Nachtigall ist arm gegen die des Kaisers von China."

„Das ist herrlich!" sagten alle, und der, welcher den Kunstvogel gebracht hatte, erhielt sogleich den Titel: Kaiserlicher Nachtigallbringer.

„Nun müssen sie zusammen singen, was wird das für ein Duett werden!" Und so sangen sie zusammen; aber es wollte nicht recht passen, denn die Nachtigall sang auf ihre Weise und der Kunstvogel ging auf Walzen. „Der hat keine Schuld," sagte der Spielmeister; „der ist taktfest!" Nun sollte der Kunstvogel allein singen. Er machte ebensoviel Glück, als der wirkliche, und dann war er ja viel niedlicher; er glänzte wie Armbänder und Busennadeln. Dreiunddreißigmal sang er dasselbe Stück, und war doch nicht müde. Die Leute hätten es gern noch einmal gehört, aber der Kaiser meinte, daß nun auch die lebendige Nachtigall etwas singen solle. Aber die war aus dem offenen Fenster zu ihren grünen Wäldern fortgeflogen.

„Was ist denn das!" sagte der Kaiser. Und alle Hofleute schalten und meinten, daß die Nachtigall ein sehr undankbares Tier sei. „Den besten Vogel haben wir ja aber noch!" sagten sie; und so mußte denn der Kunstvogel wieder singen, und das war das vierunddreißigste Mal, daß sie dasselbe Stück zu hören bekamen. Trotzdem konnten sie es doch nicht auswendig; es war gar zu schwer. Und der Spielmeister lobte den Vogel außerordentlich; ja, er versicherte, daß er besser als eine Nachtigall sei.

„Denn sehen Sie, Euer kaiserliche Gnaden! bei der wirklichen Nachtigall kann man nie berechnen, was da kommen wird; aber bei dem Kunstvogel ist alles bestimmt! Man kann es erklären, wie die Walzen liegen, wie sie gehen, und wie das eine aus dem andern folgt!"

„So denken auch wir!" sagten alle, und der Spielmeister erhielt die Erlaubnis, am nächsten Sonntage den Vogel dem Volke zu zeigen. Es sollte ihn auch singen hören, befahl der Kaiser. Und es hörte ihn; und es wurde so vergnügt, als ob es sich in Thee berauscht hätte. Das kommt nämlich bei den Chinesen öfters vor. Da sagten alle: „Oh!" und hielten den Zeigefinger in die Höhe und nickten dazu. Die armen Fischer jedoch, welche die wirkliche Nachtigall gehört hatten, sagten: „Das klingt hübsch genug, die Melodieen gleichen sich auch; aber es fehlt noch etwas!"

## Die Nachtigall.

Die wirkliche Nachtigall wurde aus dem Reiche verwiesen. Der Kunstvogel hatte seinen Platz auf einem Seidenkissen dicht bei des Kaisers Bette; alle die Geschenke, welche er erhalten, lagen rings um ihn her, und im Titel war er zu einem „Hoch= kaiserlichen Nachttisch=Sänger"[1] gestiegen, im Range bis Nummer Eins zur linken Seite. Denn der Kaiser hielt die Seite für die vornehmste, auf der das Herz saß. Und der Spielmeister schrieb ein Werk von fünfundzwanzig Bänden über den Kunstvogel; das war so gelehrt und so lang, daß alle Leute sagten, sie hätten es gelesen; denn sonst wären sie ja[2] dumm gewesen und auf den Leib getrampelt worden.

So ging es ein ganzes Jahr. Der Kaiser, der Hof und alle andern Chinesen konnten[3] jeden Ton in des Kunstvogels Gesange auswendig. Aber gerade deshalb gefiel er ihnen jetzt am besten; sie konnten selbst mitsingen und das gefiel ihnen. Die Straßen= buben sangen: „Zizizi! Gluckgluckgluck!" und der Kaiser sang es ebenfalls.

Aber eines Abends, als der Kunstvogel am besten sang, und der Kaiser im Bette lag und zuhörte, knarrte es inwendig im Vogel „Schwupp." Da sprang etwas! „Schnurrrr!" Alle Räder liefen herum, und dann stand die Musik still.

Der Kaiser ließ gleich seinen Leibarzt rufen; aber was konnte der helfen! Dann ließen sie den Uhrmacher holen, und er brachte nach vielem Nachsehen den Vogel wieder etwas in Ord= nung; aber er sagte, daß er geschont werden müsse, denn die Zapfen seien abgenutzt, und es sei unmöglich, neue einzusetzen. Nun war eine große Trauer! Nur einmal des Jahres durfte man den Kunstvogel singen lassen, und das war schon fast zu viel. Aber dann hielt der Spielmeister eine Rede und bewies, daß es eben so gut sei, wie früher, was die Leute dann auch wirklich glaubten.

Jetzt waren fünf Jahre vergangen, und das Land bekam große Trauer. Der Kaiser war krank und konnte, wie man sagte, nicht lange mehr leben. Schon war ein neuer Kaiser gewählt, und das Volk stand draußen auf der Straße und fragte den Hofmarschall, wie es ihrem alten Kaiser gehe.

„P!" sagte er und schüttelte mit dem Kopfe.

Kalt und bleich lag der Kaiser in seinem prächtigen Bette; der ganze Hof glaubte ihn tot, und ein jeder lief hin, den neuen Kaiser zu begrüßen. Die Kammerdiener liefen hinaus, um darüber zu schwatzen, und die Kammermädchen hielten große Theegesellschaft. Rings umher in allen Sälen und Gängen war Tuch gelegt, damit man keinen Fußtritt vernehme, und deshalb war es da ganz still! Aber der Kaiser war noch nicht tot; steif und bleich lag er in dem prächtigen Bette; hoch oben stand ein Fenster offen, und der Mond schien herein auf den Kaiser und den Kunstvogel. Der arme Kaiser konnte kaum atmen; es war, als ob etwas auf seiner Brust säße; er schlug die Augen auf und sah, daß es der Tod sei, der auf seiner Brust saß und sich seine goldene Krone aufgesetzt hatte und in der einen Hand des Kaisers goldenen Säbel, in der andern seine prächtige Fahne hielt. Rings umher aus den Falten der großen Bettvorhänge sahen wunderbare Köpfe hervor, einige häßlich, andere lieblich und mild. Das waren des Kaisers böse

## Die Nachtigall.

und gute Thaten, welche ihn anblickten, jetzt da der Tod auf seinem Herzen saß.

„Entsinnest du dich dieses?" flüsterte einer nach dem andern. „Erinnerst du dich dessen?" Und dann erzählten sie ihm so viel, daß ihm ganz angst und bange wurde.

„Das habe ich nicht gewußt!" stöhnte der Kaiser. „Musik! Musik! die große chinesische Trommel!" rief er, „damit ich nicht alles höre, was sie sagen!"

Aber sie fuhren fort, und der Tod nickte zu allem, was gesagt wurde.

„Musik! Musik!" schrie der Kaiser. „Du herrlicher Goldvogel! Singe doch, singe! Ich habe dir ja Gold und Kostbarkeiten gegeben; ich habe dir selbst meinen goldenen Pantoffel um den Hals gehängt, singe doch, singe!"

Der Vogel aber stand still, denn es war niemand da, ihn aufzuziehen, aber der Tod fuhr fort, den Kaiser mit seinen hohlen Augen anzustarren, und es war schrecklich still!

Da ertönte auf einmal am Fenster der herrlichste Gesang; es war die lebendige Nachtigall, welche auf dem Fenstergesimse saß. Sie hatte von der Not des Kaisers gehört und war gekommen, ihm Trost und Hoffnung zu singen. Und wie sie sang, wurden die Gespenster immer bleicher; das Blut kam immer rascher in des Kaisers Gliedern in Bewegung, und selbst der Tod horchte und sagte: „Fahre fort, kleine Nachtigall! fahre fort!"

„Ja, willst du mir den prächtigen goldenen Säbel geben? Willst du mir die reiche Fahne geben? Willst du mir des Kaisers Krone geben?"

Der Tod gab jedes Kleinod für einen Gesang, und die Nachtigall fuhr fort zu singen; sie sang von dem stillen Friedhof, wo die weißen Rosen wachsen und wo der Flieder duftet, und wo das frische Gras von den Thränen der Überlebenden befeuchtet wird. Da bekam der Tod Sehnsucht nach seinem Garten und eilte wie ein kalter weißer Nebel fort.

„Dank, Dank!" sagte der Kaiser. „Du himmlischer Vogel! Ich kenne dich wohl! Dich habe ich aus meinem Reiche gejagt! Und doch hast du die bösen Geister weggesungen und den Tod von meinem Herzen weggeschafft! Wie kann ich dir danken?"

„Du hast mich schon belohnt!" sagte die Nachtigall. „Ich habe deinen Augen Thränen entlockt, als ich das erste Mal sang; das vergesse ich nie! Das sind Juwelen, die einem Sängerherzen wohlthun! — Aber schlafe nun und werde wieder frisch und stark! Ich will dir etwas vorsingen!" Und sie begann wieder zu singen und der Kaiser fiel in einen süßen Schlummer. Ach! wie wohlthuend war der Schlaf!

Die Sonne schien zu ihm herein, als er gestärkt und gesund erwachte. Keiner von seinen Dienern war zurückgekehrt, denn sie glaubten, er sei tot; nur die Nachtigall saß noch bei ihm und sang. — „Immer mußt du bei mir bleiben!" sagte der Kaiser. „Du sollst nur singen, wenn du selbst willst, und den Kunstvogel schlage ich in tausend Stücke."

„Thue das nicht!" sagte die Nachtigall. „Der hat ja Gutes gethan, so lange er konnte! Behalte ihn nur! Ich aber kann im Schlosse nicht wohnen, laß mich daher kommen, wenn ich selbst Lust habe, da will ich des Abends auf diesem Zweige

## Die Nachtigall.

sitzen und dir etwas vorsingen, damit du froh werden kannst! Ich komme weit herum, zu Armen und Reichen, zu Glücklichen und Unglücklichen und werde dir von vielem singen können, was in deinem Reiche passiert und dir verborgen bleibt. Aber eins[1] mußt du mir versprechen." — „Alles!" sagte der Kaiser und stand da in seiner kaiserlichen Tracht, die er selbst angelegt hatte, und drückte den goldenen Säbel an sein Herz.

„Um eins bitte ich dich! Erzähle niemandem, daß du einen kleinen Vogel hast, der dir alles sagt; dann wird es noch besser gehen!"

Da flog die Nachtigall fort und die Diener kamen, um nach dem toten Kaiser zu sehen — ha, da standen sie und machten große Augen und der Kaiser sagte: „Guten Morgen!"

## XI.

## Die Glocke.

Des Abends in den schmalen Straßen der großen Stadt, wenn die Sonne unterging und die Wolken oben wie Gold zwischen den Schornsteinen glänzten, hörte häufig bald¹ der Eine bald¹ der andere einen sonderbaren Laut, gerade wie den
5 Klang einer Kirchenglocke, aber man hörte es nur einen Augenblick, denn da war ein solches Rasseln von Wagen und solches Rufen, und das stört. „Nun läutet die Abendglocke!" sagte man, „nun geht die Sonne unter!"

Die, welche außerhalb der Stadt gingen, wo die Häuser
10 weiter von einander entfernt lagen, mit Gärten und kleinen Feldern dazwischen, die sahen den Abendhimmel noch prächtiger und hörten den Klang der Glocke weit stärker, es war, als käme der Ton von einer Kirche tief aus dem stillen, duftenden Walde, und die Leute blickten dorthin und wurden ganz an-
15 dächtig.

Nun verging längere² Zeit, der Eine sagte zum andern: „Ob³ wohl eine Kirche da draußen im Walde ist? Die Glocke hat doch einen eigentümlich herrlichen Klang; wollen wir nicht hinaus und sie näher betrachten?" Und die reichen Leute
20 fuhren und die Armen gingen,⁴ aber der Weg wurde ihnen so erstaunlich lang, und als sie zu einer Menge Weidenbäume

## Die Glocke.

kamen, die am Rande des Waldes wuchsen, da legten sie sich
dort ins Gras und blickten zu den Zweigen hinauf und glaubten,
daß sie nun recht im Grünen seien; der Conditor aus der Stadt
kam hinaus und schlug sein Zelt auf, und dann kam noch ein
Conditor und er hing eine Glocke gerade über seinem Zelte auf,
und zwar eine Glocke, die geteert war, um den Regen aus=
halten zu können, und der Knebel fehlte. Wenn dann die Leute
wieder nach Hause gingen sagten sie, daß es so romantisch ge=
wesen sei, und das bedeutet etwas Anderes, als ein Thee.
Drei Personen versicherten, daß sie in den Wald hinein=
gegangen seien bis dahin, wo er ende, und sie hätten immer den
sonderbaren Glockenklang gehört, aber es war ihnen[1] dort
gerade, als wenn er aus der Stadt käme; der Eine schrieb ein
ganzes Lied davon und sagte, daß die Glocke wie die Stimme
einer Mutter zu einem lieben klugen Kinde klänge, keine Melodie
sei herrlicher, als der Klang der Glocke.

Der Kaiser des Landes wurde auch aufmerksam darauf und
versprach, daß der, welcher ausfinden konnte, woher der Schall
komme, den Titel eines „Welt=Glöckners" haben solle, und das
selbst, wenn es auch keine Glocke sei.

Nun gingen viele der guten Anstellung halber nach dem
Walde, aber da war nur einer, der mit einer Art Erklärung
zurückkehrte. Keiner war tief genug eingedrungen, und er denn
auch nicht; aber er sagte doch, daß der Glockenton von einer
sehr großen Eule in einem hohlen Baume herkomme, das wäre
so eine Weisheitseule, die ihren Kopf fortwährend gegen den
Baum schlüge, aber ob der Ton von ihrem Kopfe oder von dem

hohlen Stamme käme, das könnte er noch nicht mit Bestimmt=
heit sagen, und dann wurde er als Welt=Glöckner angestellt und
schrieb jedes Jahr eine kleine Abhandlung über die Eule; man
war darum ebenso klug als vorher.

5 Nun war es gerade ein Confirmationstag; der Prediger hatte
so schön und innig gesprochen, die Confirmanden waren so be=
wegt gewesen, es war ein wichtiger Tag für sie, sie wurden aus
Kindern mit einem Male¹ zu erwachsenen Menschen, die
Kinderseele sollte nun gleichsam in eine verständigere Person
10 hinüberfliegen. Es war der herrlichste Sonnenschein, die Con=
firmanden gingen zur Stadt hinaus, und vom Walde klang die
große unbekannte Glocke besonders stark. Sie bekamen sogleich
Lust, dahin zu gelangen, und zwar Alle bis auf² drei; die eine
von ihnen wollte nach Hause und ihr Ballkleid anprobiren, denn
15 es war gerade das Kleid und der Ball, welche Schuld daran
waren, daß sie dieses Mal confirmiert worden war, denn sonst
wäre sie nicht mitgekommen; der zweite war ein armer Knabe,
welcher seinen Confirmationsrock und die Stiefeln vom Sohne
des Wirtes geliehen hatte, und die mußte er zur bestimmten
20 Zeit zurückgeben; der dritte sagte, daß er nie nach fremden
Orten ginge, wenn seine Eltern nicht mit wären, und daß er
immer ein artiges Kind gewesen und das wolle er auch bleiben,
selbst als Confirmand, und darüber soll man sich nicht lustig
machen! — aber das thaten sie.

25 Drei von ihnen gingen also nicht mit, die andern trabten
davon; die Sonne schien und die Vögel sangen, und die Con=
firmanden sangen mit und hielten einander bei den Händen, denn

## Die Glocke.

sie hatten ja¹ noch keine Ämter erhalten und waren alle Con=
firmanden.

Aber bald ermüdeten zwei der kleinsten und dann kehrten sie
um und gingen wieder zur Stadt; zwei kleine Mädchen setzten
sich und banden Kränze; sie kamen auch nicht mit. Als die an=
dern die Weidenbäume erreichten, wo der Conditor wohnte, da
sagten sie: „Sieh, nun sind wir hier draußen, die Glocke
existiert ja¹ doch² eigentlich nicht, sie ist nur etwas, was man sich
einbildet!"

Da ertönte plötzlich tief im Walde die Glocke so schön und
feierlich, daß vier oder fünf sich bestimmten, doch weiter in den
Wald hinein zu gehen. Der war so dicht, so belaubt, es war
außerordentlich schwer vorzudringen, die Waldlilien wuchsen
fast zu hoch, blühende Brombeerranken hingen in langen Guir=
landen von Baum zu Baum, wo die Nachtigallen sangen und
die Sonnenstrahlen spielten. Das war herrlich, aber für
Mädchen war es kein gangbarer Weg, sie würden sich die
Kleider zerrissen haben. Da lagen große Felsstücke mit Moos
von allen Farben bewachsen, das frische Quellwasser quoll
hervor und wunderbar tönte es, wie „kluck, kluck!"

„Das ist doch wohl³ nicht die Glocke!" sagte einer der
Confirmanden, und legte sich nieder und horchte. „Das
muß man genau studieren!" da blieb er und ließ die andern
gehen.

Sie kamen zu einem Hause von Borke und Zweigen; ein
großer Baum mit wilden Äpfeln lehnte sich darüber hin, als
wolle er seinen ganzen Segen über das Dach ausschütten,

welches blühende Rosen trug; die langen Zweige lagen gerade um den Giebel herum und an diesem hing eine kleine Glocke. Sollte es diese sein, die man gehört hatte? Ja, darin stimmten alle überein bis auf[1] einen, der sagte, daß die Glocke zu klein und fein sei, als daß sie in solcher Entfernung gehört werden könne, wie sie sie gehört hätten, und daß es ganz andere Töne wären, die ein Menschenherz so rührten; der, welcher sprach, war ein Königssohn, und da sagten die andern: „so einer wolle immer klüger sein."

Dann ließen sie ihn allein gehen, und wie er ging, wurde seine Brust mehr und mehr von der Einsamkeit des Waldes erfüllt; aber noch hörte er die kleine Glocke, über die sich die andern so erfreuten, und mitunter, wenn der Wind die Töne vom Conditor herübertrug, konnte er auch hören, wie da gesungen wurde[2]; aber die tiefen Glockenschläge tönten doch stärker, bald war es gerade so, als spielte die Orgel dazu, der Schall kam von der linken Seite, auf der das Herz sitzt.

Nun rasselte es im Busche und da stand ein kleiner Knabe vor dem Königssohn, ein Knabe in Holzschuhen und mit einer so kurzen Jacke, daß man recht sehen konnte, wie lange Handgelenke er hatte. Sie kannten einander, der Knabe war gerade derjenige von den Confirmanden, der nicht hatte mitkommen können, weil er nach Hause mußte, um Rock und Stiefel dem Sohne des Wirtes zurückzugeben; das hatte er gethan und war nun in Holzschuhen und den ärmlichen Kleidern allein davon gegangen, denn die Glocke klang so stark, so tief, er mußte hinaus.

## Die Glocke.

„Dann können wir ja zusammen gehen!" sagte der Königs=
sohn. Aber der arme Confirmand mit den Holzschuhen war
ganz verschämt, er zupfte an den Ärmeln der Jacke und sagte:
er fürchte, er könne so rasch nicht mitkommen, außerdem meine
er, daß die Glocke zur Rechten gesucht werden müsse, denn
der¹ Platz habe ja alles Große und Herrliche.

„Ja, dann begegnen wir uns² gar nicht!" sagte der Königs=
sohn und nickte dem armen Knaben zu, der in den tiefsten, dich=
testen Teil des Waldes hineinging, wo die Dornen seine ärm=
lichen Kleider entzwei, und Antlitz, Hände und Füße blutig
rissen. Der Königssohn erhielt auch einige tüchtige Risse, aber
die Sonne beschien doch seinen Weg, und er ist es, dem wir nun
folgen, denn es war ein flinker Bursche.

„Die Glocke will und muß ich finden!" sagte er, „wenn ich
auch bis ans Ende der Welt gehen muß."

Die häßlichen Affen saßen oben in den Bäumen und grinsten
mit allen ihren Zähnen. "Wollen wir ihn prügeln!" sagten
sie: „wollen wir ihn dreschen! er ist ein Königssohn!"

Aber er ging unverdrossen tiefer und tiefer in den Wald, wo
die wunderbarsten Blumen wuchsen, da standen weiße Lilien,
himmelblaue Tulpen, die im Winde funkelten, und Apfelbäume,
deren Äpfel ganz und gar wie große glänzende Seifenblasen
aussahen; denk' nur, wie die Bäume im Sonnenlichte strahlen
mußten. Ringsumher die schönsten grünen Wiesen, wo Hirsch
und Hindin im Grase spielten, wuchsen prächtige Eichen und
Buchen, und war einer der Bäume in der Borke gesprungen, so
wuchsen Gras und lange Ranken in den Spalten; da waren

auch große Waldstrecken mit stillen Landseen, worin weiße Schwäne schwammen und mit den Flügeln schlugen. Der Königssohn stand oft still und horchte, oft glaubte er, daß von einem dieser tiefen Seen die Glocke zu ihm herauf klänge, aber
5 dann merkte er wohl, daß es nicht daher käme, sondern daß die Glocke noch tiefer im Walde ertöne.

Nun ging die Sonne unter, die Luft glänzte rot wie Feuer, es wurde so still, so still im Walde, und er sank auf seine Kniee, sang seinen Abendpsalm und sagte: „Nie finde ich, was ich
10 suche! nun geht die Sonne unter, nun kommt die Nacht, die finstere Nacht; doch einmal kann ich die Sonne vielleicht noch sehen, bevor sie ganz hinter der Erde versinkt; ich will dort auf die Klippen hinaufsteigen, ihre Höhe erreicht die der höchsten Bäume!"

15 Und er ergriff nun Ranken und Wurzeln und kletterte an den nassen Steinen empor, wo die Wasserschlangen sich wanden, wo die Kröten ihn fast anbellten; — aber hinauf kam er, bevor die Sonne, von dieser Höhe gesehen, ganz untergegangen war. O, welche Pracht! Das Meer, das große herrliche Meer, wel=
20 ches seine langen Wogen gegen die Küste wälzte, streckte sich vor ihm aus, und die Sonne stand wie ein großer, glänzender Altar da draußen, wo Meer und Himmel sich begegneten, alles schmolz in glühenden Farben zusammen, der Wald sang und das Meer sang, und sein Herz sang mit; die ganze Natur war
25 eine große heilige Kirche, worin Bäume und schwebende Wolken die Pfeiler, Blumen und Gras die gewebte Sammetdecke, und der Himmel selbst die große Kuppel bildeten; dort oben erloschen

die roten Farben, indem die Sonne verschwand, aber Millionen
Sterne wurden angezündet, da glänzten Millionen Diamant=
lampen, und der Königssohn breitete seine Arme aus gegen
den Himmel, gegen das Meer und den Wald, und da kam plötz=
lich, von dem rechten Seitenwege, der arme Confirmand mit
den kurzen Ärmeln und den Holzschuhen; er war da eben so
zeitig angelangt, er war auf seinem Wege dahingekommen und
sie liefen einander entgegen und sie hielten einander an den
Händen in der großen Kirche der Natur und der Poesie; über
ihnen ertönte die unsichtbare heilige Glocke und selige Geister
umschwebten dieselbe im Tanze.

## XII.

## Die alte Turmglocke.

(Geschrieben für das Schilleralbum.)

In dem deutschen Lande Württemberg, wo die Akazien an der Landstraße blühen, wo die Apfel- und Birnbäume sich im Herbste zur Erde neigen unter dem Segen gereifter Früchte, liegt das Städtchen Marbach[1]; wenn dieses auch in die Zahl der kleinen Städte gehört, so liegt es doch reizend am Neckar, der dahin eilt an Dörfern, an alten Burgen und grünen Weinbergen vorüber, um seine Gewässer mit dem stolzen Rheine zu mischen.

Es war im Herbst, das Weinlaub hing zwar noch an der Rebe, aber die Blätter hatten sich schon rötlich gefärbt, Regengüsse zogen über die Gegend dahin, die kalten Herbstwinde nahmen an Kraft und Schärfe zu, — es war gar keine angenehme Zeit für arme Leute.

Die Tage wurden immer kürzer und trüber, und war es finster selbst draußen unter freiem Himmel, so war es noch finsterer drinnen in den kleinen, alten Häusern. Eins dieser Häuser kehrte seinen Giebel der Straße zu und stand da mit seinen kleinen, niedrigen Fenstern, ärmlich und gering; arm war auch die Familie, die in dem Häuschen wohnte, aber sie war brav und fleißig und trug einen Schatz von Gottesfurcht im innersten Herzen. Der liebe Gott hatte ihr eben ein Kind

## Die alte Turmglocke.

geschenkt. Da schallte vom Kirchturme herüber das tiefe, festliche Glockengeläute; es war eine feierliche Stunde, und der Sang der Glocke erfüllte die betende Mutter mit Andacht und Glauben; aus ihrem innersten Herzen schwangen sich die Gedanken zu Gott hinan; erfüllt war sie von unendlicher Freude, und die Glocke drüben im Turme läutete gleichsam ihre Freude über Stadt und Land hinaus. Zwei klare Kinderaugen blickten sie an, und das Haar des Kleinen glänzte wie golden. Das Kind wurde auf Erden an dem finsteren Novembertage mit Glockenklang empfangen; Mutter und Vater küßten es und in ihre Bibel schrieben sie: „Am zehnten November 1759 schenkte Gott uns einen Sohn;" später wurde noch hinzugefügt, daß er in der Taufe die Namen: J o h a n n  C h r i s t o p h  F r i e d r i c h erhalten habe.

Und was wurde nun aus[1] dem armen Knäblein aus dem kleinen Marbach? Ja, damals wußte das noch niemand, selbst die alte Turmglocke nicht, wie hoch sie auch[2] hing und zuerst über ihm gesungen und geklungen hatte, — über ihm, der einst[3] das schöne Lied von der „Glocke"[4] singen sollte. Nun, der Knabe wuchs heran, und die Welt wuchs mit ihm; die Eltern siedelten zwar später nach einer andern Stadt[5] über, aber liebe Freunde blieben in dem kleinen Marbach, und deshalb machten sich auch Mutter und Söhnchen eines schönen Tages auf, und fuhren hinüber nach Marbach zum Besuche. Der Knabe war erst[6] sechs Jahre alt, allein er wußte schon manches aus der Bibel, hatte schon manchen Abend, wenn er auf seinem kleinen Stuhle saß, dem Vater zugehört, wenn dieser aus Gellerts[1] Fabeln, oder aus Klopstocks[2] „Messias" vorlas; er und seine zwei Jahre ältere Schwester hatten heiße Thränen geweint über denjenigen, der für uns alle den Tod am Kreuze litt.

Bei diesem ersten Besuche in Marbach hatte sich das Städtchen nicht viel verändert; es war auch nicht lange her, daß sie es verlassen hatten; die Häuser standen dort, jetzt wie ehemals, mit ihren spitzen Giebeln, hervorspringenden Mauern, das eine Stockwerk über das andre hinaus, und ihren niedrigen Fenstern; nur auf dem Kirchhofe waren neue Gräber hinzugekommen, und dort unten im Grase, hart an der Mauer stand jetzt die alte Glocke, sie war von ihrer Höhe herabgestürzt, hatte einen Sprung erhalten und konnte nicht mehr läuten; auch war eine neue Glocke an ihre Stelle gekommen.

Mutter und Sohn waren in den Kirchhof eingetreten. Sie blieben vor der alten Glocke stehen, und die Mutter erzählte ihrem Knaben, wie gerade diese Glocke Jahrhunderte lang eine sehr nützliche Glocke gewesen sei, wie sie zur Kindtaufe, zur Hochzeit und zum Begräbnis geläutet habe; sie habe von Festen und Freuden und von den Schrecknissen des Feuers gesprochen, ja, ganze Menschenleben habe die Glocke ausgesungen. Und nimmer vergaß der Knabe, was die Mutter ihm erzählte, es klang und sang und hallte wieder in seiner Brust, bis er als Mann es heraussingen mußte. Auch das erzählte die Mutter ihm, daß die Glocke ihr Trost und Freude gesungen, daß sie gesungen und geklungen, als er, das Knäblein, ihr gegeben worden; und fast mit Andacht betrachtete der Knabe die große, alte Glocke, er neigte sich über sie und küßte sie, so alt, zer=

## Die alte Turmglocke.

sprungen und hingeworfen sie auch¹ da stand zwischen Gras und Nesseln.

In gutem Andenken blieb die alte Glocke bei dem Knaben, der in Armut heranwuchs, lang und hager mit rötlichem Haare und einem Gesichte voll Sommersprossen; ja, so sah er aus, aber dabei hatte er ein Paar Augen, so klar und tief, wie das tiefste Wasser. Und wie erging es ihm wohl? Gut erging es ihm, außerordentlich gut. Wir finden ihn in höchsten Gnaden in die Militärschule aufgenommen, sogar in die Abteilung wo die Söhne der feinen Welt saßen, und das war ja² Ehre, war ja³ Glück! Gamaschen trug er, steife Halsbinde und gepuderte Perücke; und Kenntnisse brachte man ihm bei, und zwar⁴ unter dem Commando von „Marsch! Halt!" Da konnte gewiß etwas herauskommen.

Die alte Turmglocke hatte man unterdessen fast vergessen; daß sie noch einmal in den Schmelzofen wandern müsse, war vorauszusehen, und was würde dann wohl⁵ aus ihr werden⁶? Ja, das könne man unmöglich vorhersagen, und gleich unmöglich war es auch zu sagen, was von der Glocke klingen würde, die in der Brust des Knaben von Marbach hallte; aber ein tönendes Erz war sie und sie klang, daß es in die weite Welt hinaustönen müsse, und je enger es hinter den Schulwänden wurde, und je betäubender das „Marsch! Halt!" klang, um so lauter klang es in der Brust des Jünglings, und er sang es aus im Kreise der Kameraden, und der Klang tönte über die Grenzen des Landes hinaus.

Doch nicht darum habe man ihm seinen Freiplatz in der Mi=

litärschule und Kleider und Nahrung gegeben; er sollte ja in das große Uhrwerk hineinkommen, in das wir alle um des Nutzens willen hineingehören. Wie wenig begreifen wir uns selbst! wie sollten denn die andern, selbst die besten, uns immer begreifen können? Aber gerade durch den Druck wird der Edelstein geschaffen. Der Druck war richtig hier, — ob wohl[1] die Welt einst den Edelstein erkennen werde?

In der Hauptstadt des Landesherrn fand ein großes Fest statt. Tausende von Lampen und Lichtern strahlten dort und Raketen stiegen gen Himmel. Jener Glanz lebt noch in der Erinnerung der Menschen, und zwar durch ihn, den Zögling der Militärschule, der damals in Thränen und in Schmerz den Versuch wagte, fremden Boden zu erreichen; er **mußte** sie verlassen, Vaterland, Mutter, seine Lieben, alle verlassen, oder in dem Strome der Allgemeinheit untergehen.

Die alte Turmglocke hatte es gut; die stand im Schutze der Kirchenmauer in Marbach, gut aufgehoben, fast vergessen. Der Wind brauste über sie dahin und hätte schon erzählen können von ihm, bei dessen Geburt die Glocke geklungen; erzählen, wie kalt er selbst über ihn dahingeweht im Walde des Vaterlandes, wo er, erschöpft von Müdigkeit, hingesunken war mit seinem ganzen Reichtume, seiner ganzen Hoffnung, die geschriebenen Blätter von „Fiesco"[2]; der Wind hätte von seinen einzigen Beschützern erzählen können, alle Künstler, die sich beim Vorlesen jener Blätter davonschlichen und sich beim Kegelspiele unterhielten; der Wind hätte von dem bloßen Flüchtlinge erzählen können, der Wochen, Monate lang in dem elenden Wirts-

## Die alte Turmglocke.

hause verlebte, wo der Wirt tobte und trank, wo rohe Belusti=
gung waltete, während er vom Ideale sang. — Schwere Tage,
finstere Tage. Das Herz muß selbst leiden und die Prüfungen
bestehen, die es aussingen soll.

Finstere Tage, kalte Nächte zogen über die alte Glocke dahin;
sie empfand sie nicht, aber die Glocke in des Menschen Brust, sie
empfindet ihre trübe Zeit. Wie erging es dem jungen Manne?
Wie erging es der alten Glocke? — Die Glocke wurde weit
fortgeschafft, weiter als man sie früher von ihrem hohen Turme
aus jemals hatte vernehmen können; und der junge Mann? —
Ja, die Glocke in seiner Brust tönte weiter als sein Fuß wan=
dern, sein Auge schauen sollte; sie läutete und läutet noch immer
über das Weltmeer hinaus, über die ganze Erde.

Bleiben wir aber zuerst bei der Turmglocke. Aus Marbach
kam auch sie fort; verkauft wurde sie als altes Kupfer und für
den Schmelzofen bestimmt. Wie und wann geschah das aber?
In Baierns Hauptstadt, viele Jahre nachdem sie vom Turme
gestürzt, wurde also gesagt, daß sie geschmolzen, mit zum Gusse
eines Ehrendenkmals, einer[1] der erhabenen Gestalten deutschen
Volkes und deutscher Lande verwendet werden sollte.

Und sieh! wie sich das nun fügte; sonderbar und herrlich
geht es zu in der Welt! In Dänemark, auf einer jener grünen
Inseln, wo die Buchenwälder rauschen, war ein ganz armer
Knabe[2] geboren; in Holzschuhen ging er, um seinem Vater,
der auf den Werften schnitzelte, das Mittagsbrot in einem alten,
verblichenen Tuche zu bringen. Dieses arme Kind war aber
der Stolz seines Landes geworden, aus Marmor verstand er

Herrlichkeiten auszuhauen, daß die ganze Welt erstaunte, und gerade dieser hatte den ehrenvollen Auftrag bekommen, aus dem Thone eine Gestalt der Erhabenheit, der Schönheit, für den Guß in Erz zu formen, das Standbild desjenigen zu formen, dessen Namen der Vater einst als Johann Christoph Friedrich in seine Bibel schrieb.

Das Erz floß glühend in die Form; die alte Turmglocke, an deren Heimat und verklungene Klänge niemand dachte, — die Glocke floß mit in die Form und bildete Kopf und Brust der Statue, wie sie jetzt dasteht in Stuttgart vor dem alten Schlosse, auf dem Platze, wo er, den sie vorstellt, einst lebendigen Leibes[1] einherging, im Kampf und Streben, gedrückt von der Welt, er, der Knabe aus Marbach, der Zögling der Karlsschule,[2] der Flüchtling, Deutschlands großer, unsterblicher Dichter, der von dem Befreier der Schweiz[3] und der begeisterten Jungfrau Frankreichs sang.

Es war ein schöner, sonniger Tag, Fahnen wehten von Türmen und Dächern in dem königlichen Stuttgart; die Turmglocken läuteten zu Festlichkeit und Freude; nur eine Glocke schwieg, aber sie leuchtetete dafür[4] im hellen Sonnenscheine, strahlte vom Antlitze und von der Brust der erhabenen Gestalt; es waren an diesem Tage gerade hundert Jahre vergangen seit jenem Tage, an welchem die Turmglocke zu Marbach der Mutter Trost und Freude geläutet, als sie das Kind gebar, arm in dem armen Hause, — später aber der reiche Mann, dessen Schätze die Welt segnet, ihn, den edlen Dichter, den Sänger des Erhabenen, des Herrlichen: Johann Christoph Friedrich Schiller.

## XIII.

# Der Schnellläufer.

Ein Preis, ja zwei Preise waren ausgesetzt, ein kleiner und ein großer, für die größte Schnelligkeit, nicht in einem Laufe, sondern für die größte Schnelligkeit das ganze Jahr hindurch.

"Ich bekam den ersten Preis," sprach der Hase; "Gerechtigkeit muß doch wenigstens da sein, wenn Verwandte und gute Freunde die Preise austeilen; — daß aber die Schnecke den zweiten Preis erhielt, finde ich fast beleidigend für mich!"

"Nein," sagte der Zaunpfahl, der Zeuge bei der Preisverteilung gewesen war," es muß auch Rücksicht auf Fleiß und guten Willen genommen werden, das sagten mehrere achtbare Leute, und das habe ich wohl begriffen. Die Schnecke hat freilich ein halbes Jahr gebraucht, um über die Thürschwelle zu kommen, allein sie hat sich Schaden gethan, hat sich das Schlüsselbein gebrochen bei der Eile, die es doch für sie war. Sie hat ganz und gar für ihren Lauf gelebt und sie lief mit dem Hause auf dem Rücken, und sie bekam deshalb auch den zweiten Preis!"

"Mich hätte man doch auch berücksichtigen können!" sagte die Schwalbe; "ich sollte meinen, daß niemand sich schneller im Fluge gezeigt habe als ich, und wie bin ich weit umher gewesen, weit, weit, weit!"

"Ja, das eben ist das Unglück!" sprach der Zaunpfahl; "Sie

sind zu flatterhaft! Immer müssen Sie auf die Fahrt gehen ins Ausland, wenn es hier zu frieren beginnt; Sie haben keine Vaterlandsliebe! Sie können nicht berücksichtigt werden!"

„Wenn ich aber den ganzen Winter hindurch in der Erde läge?" erwiderte die Schwalbe;" wenn ich die ganze Zeit schliefe, würde ich dann berücksichtigt werden?"

„Bringen Sie einen Beweis, daß Sie die Hälfte der Zeit im Vaterlande verschlafen haben, dann sollen Sie berücksichtigt werden."

„Ich hätte wohl[1] den ersten Preis und nicht den zweiten verdient," sagte die Schnecke. „So viel weiß ich wenigstens, daß der Hase nur aus Feigheit gelaufen ist, weil er jedesmal dachte, es sei Gefahr vorhanden; ich hingegen, habe mein Laufen zur Lebensaufgabe gemacht und bin im Dienste zum Krüppel geworden. Sollte überhaupt jemand den ersten Preis haben, so sollte ich ihn haben, aber ich verstehe das Aufschneiden nicht, ich verachte es vielmehr."

„Ich kann mit gutem Gewissen versichern, daß jeder Preis, wenigstens meine Stimme zu demselben, mit gerechter Berücksichtigung gegeben worden ist," sagte der alte Pfahl im Walde. „Ich gehe stets in gehöriger Ordnung und mit Überlegung vor. Siebenmal habe ich früher die Ehre gehabt bei der Preisverteilung zugezogen zu sein und mitzustimmen, aber erst heute habe ich meinen Willen durchgesetzt. Ich bin bei jeder Verteilung von etwas Bestimmtem ausgegangen. Wollen Sie mir Ihre Aufmerksamkeit schenken, so will ich Ihnen auseinander setzen,[2] wie man von vorn anfängt. Der achte Buchstaben von A ist

## Der Schnellläufer.

H, da haben wir den Hasen, und deshalb teilte ich dem Hasen den ersten Preis zu; der achte Buchstaben vom Ende ist S, und deshalb erhielt die Schnecke den zweiten Preis. Das nächste Mal wird J zum ersten Preise und R zum zweiten an der Reihe sein. Es muß bei allen Dingen die gehörige Ordnung sein. Man muß bestimmte Ansichten haben."

„Ich hätte freilich für mich selbst gestimmt, wenn ich nicht unter den Richtern gewesen wäre," sagte der Maulesel. „Man muß nicht allein die Schnelligkeit berücksichtigen, mit welcher man vorwärts kommt, sondern jede andere Eigenschaft, die vorhanden ist, zum Beispiel, wie viel man zu ziehen vermag; doch das wollte ich dieses Mal nicht hervorheben, auch nicht die Klugheit des Hasen auf der Flucht, oder die List, mit welcher er plötzlich einen Sprung seitwärts macht, um die Leute zu täuschen, daß sie nicht wissen, wo er sich versteckt hat; nein, es giebt noch etwas, auf welches viele großes Gewicht legen, und das man nicht außer Acht lassen darf, ich meine das, was man das Schöne nennt; auf das Schöne richteten sich natürlich meine Augen; ich schaute die schönen großen Ohren des Hasen an, es ist eine wahre Freude, zu sehen, wie lang sie sind; mir kam es vor, als sähe ich mich selbst in meiner Kindheit Tagen, und so stimmte ich für den Hasen."

„Pst!" sagte die Fliege, „ich will nicht reden, ich will nur etwas sagen, — will nur sagen, daß ich freilich mehr als einen Hasen eingeholt habe. Neulich zerschmetterte ich einem jungen die Hinterbeine. Ich saß auf der Locomotive vor dem Zuge — das thue ich oft, so kann man am besten seine eigene

Schnelligkeit beobachten. Ein junger Hase lief eine lange Zeit der Locomotive voran, er hatte keine Ahnung, daß ich dabei war; endlich aber mußte er halten und aus der Bahn weichen, und da zerschmetterte die Locomotive ihm die Hinterbeine, denn ich saß auf derselben. Der Hase blieb liegen, aber ich fuhr weiter, das heißt¹ wohl² ihn besiegen! Allein ich brauche den Preis nicht."

„Mir scheint es nun freilich," dachte die wilde Rose, aber sie sagte es nicht, denn es ist durchaus nicht ihre Natur, sich auszusprechen, obwohl es gut gewesen wäre, wenn sie es gethan hätte; „mir scheint es nun freilich, daß der Sonnenstrahl den ersten Preis und auch den zweiten hätte haben sollen. Der Sonnenstrahl fliegt in einem Augenblick den unermeßlichen Weg von der Sonne zu uns herab, und kommt mit einer Kraft an, daß die ganze Natur dabei erwacht; der besitzt eine Schönheit, daß wir Rosen alle dabei erröten und duften. Die hohen Richter scheinen dies gar nicht bemerkt zu haben. Wäre ich der Sonnenstrahl, ich gäbe einem jeden von ihnen einen Sonnenstich — allein der würde sie nur toll machen, und das können sie ohnehin werden. Ich sage nichts," dachte die wilde Rose, „Frieden herrscht im Walde! Herrlich ist's zu blühen, zu duften und zu leben, in Sang und in Sage zu leben! Der Sonnenstrahl überlebt uns doch alle!"

„Was ist der erste Preis?" fragte der Regenwurm," der die Zeit verschlafen hatte und nun erst hinkam.

„Der besteht im freien Zutritt zu einem Kohlgarten," antwortete der Maulesel;" ich habe diesen Preis vorgeschlagen.

## Der Schnellläufer.

Der Hase mußte und sollte ihn haben, und so nahm ich als denkendes und thätiges Mitglied vernünftige Rücksicht auf dessen Nutzen, der ihn haben sollte; jetzt ist der Hase versorgt. Die Schnecke darf auf dem Zaune sitzen und Moos und Sonnenschein lecken und ist ferner als einer der ersten Richter beim Schnelllaufen angestellt. Es ist sehr viel wert, einen vom Fache mitzuhaben in dem Dinge, was die Menschen ein Comité nennen. Ich muß sagen, ich erwarte viel von der Zukunft, wir haben schon einen recht guten Anfang gemacht."

## XIV.

# Wie's der Alte macht, ist's immer recht.

Eine Geschichte werde ich dir erzählen, die ich hörte, als ich noch ein Kind war; jedesmal wenn ich an die Geschichte dachte, kam es mir vor als ob sie immer schöner werde; denn es geht mit Geschichten wie mit vielen Menschen, sie werden mit zu=
5 nehmendem Alter schöner.

Auf dem Lande[1] bist du gewiß schon gewesen; du wirst wohl[2] auch so ein recht altes Bauernhaus mit einem Strohdach gesehen haben. Moos und Kräuter wachsen von selbst auf dem Dache; ein Storchnest befindet sich auch auf dem Gipfel des=
10 selben, der Storch ist unentbehrlich! Die Wände des Hauses sind schief; die Fenster niedrig und nur ein einziges Fenster ist so eingerichtet, daß es geöffnet werden kann; der Backofen ragt aus der Wand hervor; der Fliederbaum hängt über den Zaun hinaus und unter seinen Zweigen am Fuße des Zaunes ist ein
15 Teich, in welchem einige Enten liegen. Ein alter Hund, der alle und jeden anbellt, ist auch da.

Gerade so ein Bauernhaus stand draußen auf dem Lande und in diesem Hause wohnten ein Paar alte Leute, ein Bauer und seine Frau. Wie wenig sie auch[3] hatten, ein Stück war

## Wie's der Alte macht, ist's immer recht.

doch darunter, das entbehrlich war — ein Pferd, das sich von dem Grase nährte, welches es an der Landstraße fand. Der alte Bauer ritt zur Stadt auf diesem Pferde, oft liehen es auch seine Nachbarn von ihm und erwiesen den alten Leuten manchen andern Dienst dafür. Allein am vernünftigsten würde es wohl sein, wenn sie das Pferd verkauften, oder es gegen etwas anderes vertauschten was ihnen mehr nützen könnte. Aber was könnte das wohl sein?

„Das wirst du Alter am besten wissen," sagte ihm die Frau. „Heute ist gerade Jahrmarkt, reite zur Stadt, gieb das Pferd für Geld hin, oder mache einen guten Tausch; wie du es auch machst, mir ist's recht."

Sie knüpfte ihm sein Halstuch um, denn das verstand sie besser als er; sie knüpfte es ihm mit einer Doppelschleife um; das war sehr hübsch! Sie strich seinen Hut glatt mit ihrer flachen Hand und gab ihm dann einen Kuß zum Abschied. Darauf ritt er fort auf dem Pferde, welches verkauft oder vertauscht werden sollte.

Die Sonne brannte heiß, keine Wolke war am Himmel zu sehen. Auf dem Wege war es sehr staubig, viele Leute, die den Jahrmarkt besuchen wollten, fuhren, ritten oder gingen zu Fuß. Nirgends gab es Schatten gegen die Sonne.

Unter andern ging auch einer des Weges dahin, der eine Kuh zu Markte trieb. Die Kuh war so schön wie eine Kuh nur[1] sein kann. „Die giebt gewiß auch gute Milch," dachte der Bauer, „das wäre ein ganz guter Tausch, die Kuh für das Pferd."

„Heda, du da mit der Kuh!" sagte er, „weißt du was? Ein Pferd sollte ich meinen, kostet mehr als eine Kuh, aber mir ist das gleichgültig, ich habe mehr Nutzen von der Kuh; hast du Lust, so tauschen wir."

5 „Freilich will ich das," sagte der Mann mit der Kuh, und dann tauschten sie.

Das war also abgemacht und der Bauer hätte nun umkehren können, denn er hatte nun das gethan, was er thun sollte; allein da er sich einmal auf den Jahrmarkt bereitet hatte, so 10 wollte er auch hin, bloß um ihn anzusehen, und deshalb ging er mit seiner Kuh nach der Stadt.

Die Kuh führend schritt er rasch zu,[1] und nach kurzer Zeit waren sie einem Manne zur Seite, der ein Schaf trieb. Es war ein gutes Schaf, fett, und hatte gute Wolle.

15 „Das möchte ich haben," dachte unser Bauer, „es würde an unserem Zaune genug Gras finden und während des Winters könnten wir es bei uns in der Stube haben. Eigentlich wäre es angemessener, ein Schaf als eine Kuh zu besitzen."

„Wollen wir tauschen?" sprach er zu dem Manne mit dem 20 Schafe. Dazu war der Mann sogleich bereit und der Tausch fand statt. Unser Bauer ging nun mit dem Schafe auf der Landstraße weiter.

Bald sah er abermals einen Mann, der vom Felde auf die Landstraße trat und eine große Gans unter dem Arme trug.

25 „Das ist ein schweres Ding, das du da hast; es hat Federn und Fett, daß es eine Lust ist; die würde sich sehr gut ausnehmen, wenn sie bei uns daheim an einer Leine am Wasser ginge.

### Wie's der Alte macht, ist's immer recht.

Das wäre was¹ für meine Alte; wie oft hat sie nicht gesagt, ‚wenn wir nur eine Gans hätten.' Jetzt kann sie vielleicht eine bekommen — und geht's, soll sie sie haben. — Wollen wir tauschen? Ich gebe dir das Schaf für die Gans und schönen Dank dazu.²" Dagegen hatte der andere nichts einzuwenden und so tauschten sie und der Bauer bekam die Gans.

Jetzt war er schon nahe bei der Stadt; das Gedränge auf der Landstraße nahm immer zu; Menschen und Vieh drängten sich; sie gingen auf der Straße und längs der Zäune, ja, sie gingen sogar in eines Bauers Kartoffelfeld hinein, wo ein einziges Huhn an einer Schnur ging, damit es über das Gedränge nicht erschrecken und sich nicht verlaufen sollte. Das Huhn hatte einen kurzen Schwanz, es blinzelte mit einem Auge und sah sehr klug aus. „Kluck, kluck!" sagte das Huhn. Was es sich³ dabei dachte weiß ich nicht zu sagen, aber als unser Bauer es sah, dachte er sogleich: „Das ist das schönste Huhn, das ich je gesehen habe, es ist sogar schöner als des Pfarrers Henne. Das Huhn möchte ich haben! Ein Huhn findet immer Körner, es kann sich fast selbst ernähren; ich glaube, es würde ein guter Tausch sein, wenn ich es für die Gans bekommen könnte. — Wollen wir tauschen?" fragte er. „Tauschen?" fragte der andere; „Ja, das wäre gar nicht übel." Und so tauschten sie.

Das war sehr viel, was er auf der Reise zur Stadt abgemacht hatte; heiß war es auch und er war müde. Ein Trunk und etwas zum Essen thaten ihm Not⁴; bald befand er sich am Wirtshause. Er wollte eben hineingehen, als der Knecht heran=

kam und sie begegneten sich in der Thüre. Der Knecht trug einen gefüllten Sack.

„Was hast du in dem Sacke?" fragte der Bauer.

„Verkrüppelte Äpfel," antwortete der Knecht, „einen ganzen
5 Sack voll, genug für die Schweine."

„Das ist doch eine zu große Verschwendung. Wenn nur meine Alte daheim das sehen könnte. Voriges Jahr trug der alte Baum am Stall nur einen einzigen Apfel; der wurde aufgehoben und stand auf dem Schranke bis er ganz verdarb und
10 zerfiel. ‚Das ist doch immer Wohlstand,' sagte meine Alte, hier könnte sie aber erst¹ Wohlstand sehen, einen ganzen Sack voll! Welch eine Freude würde sie beim Anblick haben!"

„Was würdet Ihr für den Sack voll geben?" fragte der Knecht.

15 „Was ich gebe? Ich gebe mein Huhn in den Tausch," und er gab das Huhn in den Tausch, bekam die Äpfel und trat mit diesen in das Wirtshaus. Den Sack lehnte er behutsam an den Ofen, er selbst trat an einen Tisch. Der Ofen war aber heiß, daran hatte er nicht gedacht. Es waren viele Gäste an-
20 wesend; Pferdehändler, Ochsentreiber und zwei Engländer, die waren so reich, daß ihre Taschen von Goldstücken strotzten und fast platzten.

Ssss! ging es am Ofen; die Äpfel fingen an zu braten.

„Was ist denn das?" fragte einer.

25 „Ja, wissen Sie," sagte unser Bauer; — und nun erzählte er die ganze Geschichte von dem Pferde, das er gegen eine Kuh vertauscht und so weiter² herunter bis zu den Äpfeln.

### Wie's der Alte macht, ist's immer recht.

„Ja, da wird deine Alte dich tüchtig ausschelten, wenn du nach Hause kommst," sagten die Engländer.

„Was? Ausschelten?" sagte der Alte, „küssen wird sie mich und sagen: ‚Wie's der Alte macht, ist's immer recht.‘ "

„Wollen wir wetten?" sagten die Engländer. „Hundert Pfund oder eine Tonne gemünzten Goldes, wenn Sie wollen."

„Ein Scheffel genügt schon,¹" entgegnete der Bauer, „ich kann nur den Scheffel Äpfel dagegen setzen,² und mich selbst und meine alte Frau dazu; das, dächte ich, wäre doch auch gutes Maß."

„Gut! Angenommen!" sagten die Engländer und die Wette war gemacht.

Der Wagen des Wirts fuhr vor und die Engländer und der Bauer stiegen ein; vorwärts ging es und bald hielten sie vor dem Häuschen des Bauers an.

„Guten Abend, Alte."

„Guten Abend, Alter."

„Der Tausch ist schon gemacht."

„Ja, du verstehst deine Sache!" sagte die Frau ihn umarmend, und beachtete weder den Sack noch die fremden Gäste.

„Ich habe das Pferd gegen eine Kuh getauscht."

„Gott sei Dank! Die gute Milch die wir nun haben werden, und auch Butter und Käse auf dem Tische! Das war ein herrlicher Tausch!"

„Ja, aber die Kuh tauschte ich wieder gegen ein Schaf."

„Ach, das ist um so besser³!" erwiderte die Frau, „du denkst immer an alles; für ein Schaf haben wir Weide genug;

wollene Strümpfe und wollene Handschuhe! Das giebt die
Kuh nicht! Wie du doch¹ an alles denkst."

„Aber das Schaf habe ich wieder gegen eine Gans vertauscht."

„Also dieses Jahr werden wir wirklich Gänsebraten haben,
mein lieber Alter! Du denkst immer daran, mir eine Freude
zu machen. Wie herrlich ist das! Die Gans kann man an
einer Leine gehen und sie noch fetter werden lassen bevor wir
sie braten."

„Aber die Gans habe ich gegen ein Huhn vertauscht," sagte
der Mann.

„Ein Huhn! das war ein guter Tausch!" entgegnete die
Frau. „Das Huhn legt Eier, die brütet es aus, wir kriegen
Küchlein, wir kriegen einen ganzen Hühnerhof! Ach, den habe
ich mir erst² recht gewünscht!"

„Ja, aber das Huhn gab ich wieder für einen Sack voll verkrüppelter Äpfel hin."

„Was? Jetzt muß ich dich erst recht küssen!" versetzte die
Frau. „Mein liebes, gutes Männchen! Ich werde dir etwas
erzählen. Siehst du, als du fort warst heute Morgen, dachte
ich darüber nach, wie ich dir heute Abend etwas recht Gutes zu
essen machen könnte. Speck und Eier mit Zwiebeln, dachte ich
dann. Die Eier hatte ich und den Speck auch, nur die Zwiebeln fehlten mir. So ging ich denn zu des Schulmeisters Frau,
sie hat Zwiebeln, das weiß ich, aber sie ist geizig. Ich bat sie,
mir ein paar Zwiebeln zu leihen. ‚Leihen?', gab sie mir zur
Antwort. ‚Nichts, gar nichts wächst in unserem Garten, nicht

einmal ein verkrüppelter Apfel; nicht einmal einen solchen kann
ich Ihnen leihen, liebe Frau.' Jetzt kann i ch aber i h r zehn,
ja, einen ganzen Sack voll leihen. Das freut mich zu sehr;
ich könnte mich zu Tod lachen!" und sie küßte ihn wieder
herzlich.

„Das gefällt uns!" riefen die Engländer. „Immer älter
und immer lustig. Das ist schon das Geld wert!" Und nun
zahlten sie einen Scheffel Goldmünzen an den Bauer, der nicht
ausgescholten, sondern geküßt wurde.

Ja, das lohnt sich[1] immer, wenn die Frau es einsieht und es
auch immer sagt, daß der Mann der klügste und sein Thun
immer recht sei.

## XV.

## Feder und Tintenfaß.

In der Stube eines Dichters, wo sein Tintenfaß auf dem Tische stand, wurde gesagt: „Es ist merkwürdig, was doch¹ alles aus dem Tintenfaß kommen kann! Was wohl nun das nächste werden wird! Ja, es ist merkwürdig!"

5 „Ja, freilich," sagte das Tintenfaß, „es ist unbegreiflich! das ist's, was ich immer sage!" sprach es zu der Feder und zu anderen Dingen auf dem Tische, die es hören konnten. „Es ist merkwürdig, was alles aus mir herauskommen kann! Ja, es ist schier unglaublich! Ich weiß wirklich selbst nicht, was das
10 nächste werden wird, wenn der Mensch erst² beginnt aus mir zu schöpfen. Ein Tropfen aus mir genügt für eine halbe Seite Papier, und was kann nicht³ alles auf der stehen! Ich bin etwas ganz Merkwürdiges! Von mir gehen alle Werke des Dichters aus, alle diese lebenden Menschen, die die Leute zu
15 kennen glauben, diese innigen Gefühle, dieser Humor, diese anmutigen Schilderungen der Natur; ich selbst begreife es nicht, denn ich kenne die Natur nicht, aber es steckt so in mir. Von mir sind sie ausgegangen und gehen sie aus die Heerscharen schwebender, anmutiger Mädchen, tapferer Ritter auf schnau=
20 benden Rossen, Blinder⁴ und Lahmer; ja ich weiß selbst nicht alles; ich versichere Sie; ich denke nichts dabei!"

## Feder und Tintenfaß.

„Darin haben Sie recht!" sagte die Feder, „Sie denken gar nichts, denn, wenn Sie es thäten, würden Sie auch begreifen, daß Sie nur die Flüssigkeit hergeben. Sie geben die Flüssigkeit, damit ich auf dem Papiere das, was in mir wohnt, das, womit ich schreibe, zur Anschauung bringen kann. Die Feder ist es, die schreibt! daran zweifelt kein Mensch, und die meisten Menschen haben doch eben so viel Einsicht in die Poesie, wie ein altes Tintenfaß."

„Sie haben nur wenig Erfahrung," antwortete das Tintenfaß, „Sie sind ja kaum eine Woche im Dienst und schon halb abgenutzt. Bilden Sie sich ein, Sie wären der Dichter? Sie sind nur ein Diener, und ehe Sie kamen, habe ich viele der Art gehabt, sowohl aus der Gänsefamilie, wie aus englischem Stahl; ich kenne so gut die Gänsefeder, wie die Stahlfeder. Viele habe ich in meinem Dienst gehabt, und ich werde noch viele bekommen, wenn erst der Mensch kommt, der für mich die Bewegung machte, und niederschreibt, was er aus meinem Innern herausbekommt. Ich möchte wohl wissen, was er zuerst aus mir herausnehmen wird."

„Tinte!" sagte die Feder.

Spät am Abend kam der Dichter nach Hause, er war in einem Concert gewesen, hatte einen ausgezeichneten Violinspieler gehört und war ganz erfüllt und entzückt von dessen herrlichem Spiele. Erstaunliche Töne habe der Spieler dem Instrumente entlockt; bald habe es wie klingende Wassertropfen, wie rollende Perlen getönt, bald wie zwitschernde Vögel im Chore; dann wieder sei es dahingebraust wie der Wind durch

Tannenwälder; er glaubte sein eigenes Herz weinen zu hören, aber in Melodieen, wie sie in der Stimme eines Weibes ertönen können. Es sei gewesen, als klängen nicht allein die Saiten der Violine, sondern das ganze Instrument. Es sei außerordentlich gewesen. Und schwer sei es auch gewesen, habe aber ausgesehen, als sei es nur ein Spiel, als fahre der Bogen nur über die Saiten hin und her, man hätte glauben können, jeder könne das nachmachen. Die Violine klang von selbst, der Bogen spielte von selbst, die beiden waren es, die das Ganze thaten, man vergaß den Meister, der sie führte, ihnen Leben und Seele gab; den Meister vergaß man; allein dessen erinnerte sich der Dichter, er nannte ihn und schrieb seine Gedanken dabei nieder:

„Wie thöricht es wäre, wenn der Bogen und die Violine von
dem was sie thaten übermütig sein wollten! und wir Menschen thun es doch so oft, der Dichter, der Künstler, der Erfinder auf dem Gebiete der Wissenschaft, der Feldherr, sie thun es Alle, — wir alle sind doch nur die Instrumente, auf denen Gott, der Herr spielte; ihm allein die Ehre! Wir haben nichts, worauf
wir stolz sein könnten!"

Ja, das schrieb der Dichter nieder, schrieb es wie eine Parabel und nannte dieselbe: „Der Meister und die Instrumente."

„Da kriegten Sie es, Madame," sprach die Feder zum Tintenfaß, als die beiden wieder allein waren. Sie hörten
ihn doch laut lesen, was ich niedergeschrieben hatte?"

„Ja, das was ich Ihnen zu schreiben gab," sagte das Tintenfaß. „Das war ein Hieb für Sie, Ihres Übermuts wegen.

Daß¹ Sie nicht einmal begreifen können, daß man Sie zum besten hat²! Ich gab Ihnen einen Hieb direkt aus meinem Innern heraus, ich muß doch meine eigene Absicht kennen."

Und jedes von ihnen hatte das Bewußtsein, daß es gut geantwortet habe, und das ist ein angenehmes Bewußtsein, zu wissen, daß man gut geantwortet hat, darauf kann man schlafen; und sie schliefen darauf. Allein der Dichter schlief nicht, Gedanken kamen aus ihm hervor gleich den Tönen aus der Violine, rollend wie Perlen, brausend wie der Sturmwind durch die Wälder, er empfand sein eigenes Herz in diesen Gedanken, vernahm einen Blitzstrahl vom ewigen Meister.

Ihm allein die Ehre!

## XVI.

## Der Garten des Paradieses.

Es war einmal ein Königssohn, niemand hatte so viele und so schöne Bücher wie er. Alles, was¹ in dieser Welt geschehen war, konnte er darin lesen und die prächtigsten Abbildungen
5 dazu anschauen. Über jedes Volk und über jedes Land der Erde gaben ihm seine Bücher Auskunft; nur das einzige, wo der Garten des Paradieses gelegen ist, davon stand² kein Wort darin, und gerade das Paradies war es, woran er Tag und Nacht dachte.

10 Seine Großmutter hatte ihm einmal erzählt, als er noch ganz klein war, aber bereits anfing lesen zu lernen, daß jede Blume im Garten des Paradieses der süßeste Kuchen, die Staubfäden der beste Wein seien. Auf einer stehe Geschichte, auf einer andern Geographie, auf einer dritten Rechnungskunst;
15 man brauche nur Kuchen zu essen, so könne³ man schon seine Aufgabe, und je mehr man davon esse, desto mehr Geschichte und Geographie lerne man und desto besser könne man rechnen.

Das glaubte er damals noch Wort für Wort; nachdem er jedoch ein größerer Knabe geworden, mehr lernte und klüger
20 war, begriff er wohl, daß eine ganz andere Herrlichkeit im Garten des Paradieses sein müsse.

## Der Garten des Paradieses.

„O, weßhalb pflückte doch Eva vom Baum der Erkenntnis? Warum aß Adam von der verbotenen Frucht? Das sollte ich gewesen sein,[1] dann wäre es sicher nie geschehen. Und niemals wäre die Sünde in die Welt gekommen!"

Das sagte er damals und das sagte er auch noch, als er bereits siebenzehn Jahre alt war. Der Garten des Paradieses erfüllte alle seine Gedanken.

Eines Tages ging er im Wald allein spazieren, denn das war immer sein größtes Vergnügen gewesen.

Der Abend nahte heran; die Wolken zogen sich zusammen, und es fing so zu regnen an, als ob der ganze Himmel eine einzige Schleuse wäre, aus der das Wasser stürzte; es war so dunkel, wie im tiefsten Brunnen. Bald[2] glitt er in dem nassen Grase aus, bald[2] fiel er über die nackten Steine, welche aus dem Boden hervorragten. Alles troff von Wasser und der arme Prinz hatte keinen trockenen Faden mehr am Leibe. Er mußte über große Steinblöcke klettern, wo das Wasser aus dem hohen Moos herausquoll. Er war schon nahe daran, ohnmächtig niederzusinken, als er auf einmal ein sonderbares Getöse vernahm und eine große, hell erleuchtete Höhle vor sich sah. Mitten in derselben brannte ein Feuer, so daß man einen ganzen Hirsch daran braten konnte, und das geschah auch. Der prächtigste Hirsch mit seinem stolzen Geweihe war auf einen Spieß gesteckt und drehte sich langsam zwischen großen abgehauenen Tannenbäumen hin und her. — Eine ältliche Frau, groß und stark, man hätte[3] sie für eine verkleidete Mannsperson halten mögen, saß am Feuer und warf ein Stück Holz nach dem andern hinein.

„Komm nur näher!" sagte sie. „Setze dich da an das Feuer, damit deine Kleider trocknen können."

„Hier zieht[1] es aber!" sagte der Prinz und setzte sich auf den Fußboden nieder.

„Das wird schon noch ärger werden, wenn meine Söhne nach Hause kommen!" erwiderte die Frau. „Du bist hier in der Höhle der Winde; meine Söhne sind nämlich die vier Winde der Welt. Hast du verstanden?"

„Wo sind denn beine Söhne?" fragte der Prinz.

„Ja, es ist schwer zu antworten, wenn man so dumm fragt," sagte die Frau. „Meine Söhne treiben es auf eigene Hand[2]; sie spielen Ball mit den Wolken da droben im großen Saal!" und dabei zeigte sie in den Himmel hinauf.

„Ach so," sagte der Prinz. „Ihr sprecht übrigens ziemlich grob und seid durchaus nicht so sanft, wie die Frauen, die ich sonst um mich sehe!"

„Ja, die haben wahrscheinlich nichts Anderes zu thun! Ich muß so sein, wenn ich meine Knaben in Gehorsam erhalten will; aber das kann ich schon, obgleich sie ziemlich störrische Köpfe haben! Siehst du die vier Säcke, die dort an der Wand hängen? Die fürchten sie ebenso, wie du in früherer Zeit die Rute hinter dem Spiegel. Ich kann die Jungen zusammen= biegen, sag' ich dir, und dann müssen sie in den Sack; da machen wir gar nicht viel Umstände! Da sitzen sie drinnen und dürfen mir nicht mehr heraus und herumwandern, bis ich es wieder erlaube. Aha, da haben wir schon einen davon."

Es war der Nordwind, der mit einer eisigen Kälte herein=

## Der Garten des Paradieses.

trat und große Hagelkörner auf dem Boden vor sich her rollen
ließ, und Schneeflocken flogen umher. Hose und Jacke waren
von Bärenpelz und auf dem Kopfe trug er eine Mütze von See=
hundsfell, welche das halbe Gesicht bedeckte; lange Eiszapfen
hingen ihm am Barte, und ein Hagelkorn nach dem andern glitt
ihm von seiner Jacke herunter.

„Gehen Sie jetzt doch nicht gleich so nahe ans Feuer!"
sagte der Prinz. „Sie können sich sonst am Ende die Nase
erfrieren!"

„Erfrieren?" sagte der Nordwind und lachte dabei laut
auf. „Frieren! — das ist ja gerade mein allergrößtes Vergnü=
gen! Was bist du denn übrigens für ein Männlein! Wie
kommst du da in die Höhle der Winde?"

„Er ist mein Gast," sagte die Alte, „und bist du mit dieser
Erklärung noch nicht zufrieden, so wirst du wieder einmal in den
Sack gesteckt! Nun weißt du es und ich glaube, du solltest es
schon zur Genüge erfahren haben, daß ich nicht viel Umstände
mache!"

Richtig! Das half, und der Nordwind erzählte, woher er
kam und wo er fast einen ganzen Monat gewesen.

„Vom Polarmeer komme ich," sagte er. „Ich bin auf dem
Bäreneilande mit den russischen Wallroßfängern gewesen. Ich
saß und schlief auf dem Steuer, als sie vom Nordcap wegsegel=
ten; wenn ich mitunter ein wenig erwachte, flog mir der
Sturmvogel um meine Beine. Das ist ein komischer Vogel; er
macht nur einen raschen Schlag mit den Flügeln; dann hält er
sie ganz unbeweglich ausgestreckt und fliegt doch fort."

"Mache es nur nicht zu weitläufig," sagte die Mutter.
— — "Dann kamst du nach dem Bäreneilande?"

"Dort ist es schön! — Da ist ein Fußboden wie zum Tanzen, flach wie ein Teller, halbaufgetauter Schnee mit nur wenig Moos; spitzige Steine und Knochen von Wallrossen und Eisbären lagen da wie die Arme und Beine von gefallenen Riesen, überdeckt mit Moder. Man möchte fast glauben, daß die Sonne nie darauf scheine. Ich blies in den Nebel hinein, um ein wenig besser zu sehen, und da sah ich eine Hütte von Holz gebaut und mit Wallroßhäuten überzogen; die Fleischseite war nach außen gekehrt, sie war rot und grün; auf dem Dache saß ein Eisbär und brummte gewaltig. Ich ging zum Strande hin und sah nach den Vogelnestern und erblickte darin die nackten Jungen, welche schrieen und den Schnabel auffsperrten; da blies ich mit aller Gewalt in ihre Kehlen hinein, daß sie das Maul zumachen lernten! Weiter unten wälzten sich Wallrosse wie Riesenmaden mit Schweinsköpfen und ellenlangen Zähnen!"

"Du erzählst sehr gut, mein Sohn," sagte die Mutter. "Das macht mir eine große Freude, wenn ich dir zuhöre."

"Dann ging es auf die Jagd! Die Harpune flog dem Wallroß in die Brust hinein, so daß der dampfende Blutstrahl wie ein Springbrunnen über das Eis hinspritzte. Da dachte ich auch an mein Spiel, ich fing zu blasen an und zwängte das Schiff mit Mann und Maus[1] zwischen die hohen Eisberge ein. Hui! wie man pfiff und wie man schrie; aber ich pfiff noch lauter; die getödteten Wallrosse, Kisten und Tauwerk mußten sie auf das Eis auspacken; ich schüttelte die Schneeflocken über sie und ließ sie in den Fahrzeugen mit ihrem Fang nach Süden treiben, um dort ein wenig Salzwasser zu kosten. Die kommen nie mehr nach dem Bäreneilande!"

„Dann hast du nur Böses gethan!" sagte die Mutter der Winde.

„Was ich Gutes gethan habe, mögen die andern erzählen!" sagte er. Übrigens kommt ja da mein Bruder von Westen; den kann ich von all meinen Brüdern am besten leiden, er schmeckt nach der See und führt eine treffliche Kühle mit sich!"

„Ist das der kleine Zephyr?" fragte der Prinz. „Ja wohl, der kleine Zephyr ist es schon!" sagte die Alte; „aber er ist doch nicht so gar klein. Ja, früher war er einmal ein hübscher Knabe; aber das ist jetzt schon lange her! Er sah aus, wie ein Wilder; nur hatte er einen großen Hut auf, um nicht zu Schaden zu kommen. In der Hand hielt er eine Keule, welche er sich in den amerikanischen Wäldern gehauen. Weniger konnte er ja nicht haben."

„Wo kommst du denn her?" fragte die Mutter.

„Von den Urwäldern, sagte er, „wo die Dornen eine Hecke zwischen jedem Baume bilden, wo die Wasserschlange im feuchten Grase liegt und die Menschen ganz unnötig zu sein scheinen!"

„Was hast du denn dort gemacht?"

„Ich habe den tiefen Fluß gesehen, habe gesehen, wie er von Klippen stürzte, stäubte und gegen die Wolken spritzte, um den Regenbogen zu tragen. Ich habe den wilden Ochsen im Flusse schwimmen sehen, aber der Strom riß ihn mit sich fort; er trieb mit dem Schwarme der wilden Enten, welche in die Höhe flogen, wo das Wasser stürzte, aber der Ochs mußte mit hinunter; das gefiel mir und ich blies einen Sturm, daß uralte Bäume mit hinabgerissen wurden."

„Weiter hast bu gar nichts gethan?" fragte die Alte.

„Ich habe im hohen Gras Purzelbäume geschlagen, ich habe die wilden Pferde gestreichelt und Nüsse geschüttelt! Ja, ja, ich weiß Geschichten zu erzählen; aber man muß ja nicht alles sagen, was man weiß. Du wirst mich schon verstehen, Alte!" Und dann küßte er seine Mutter, so daß sie fast rückwärts niedergefallen wäre; er war wirklich ein wilder Geselle.

Nun kam der Südwind mit einem Turban und mit fliegendem Mantel.

„Ei, da ist es schön kühl, da bei euch hierinnen!" sagte er und warf noch Holz ins Feuer. „Man kann es gleich merken, daß der Nordwind zuerst gekommen ist!"

„Es ist so heiß ba, daß man einen Eisbären braten könnte!" sagte der Nordwind.

„Du bist selbst ein Eisbär!" antwortete der Südwind.

„Wollt ihr in den Sack gesteckt werden?" fragte die Alte. „Setze dich auf den Stein dort hin und erzähle, wo du wieder gewesen bist."

„In Afrika, Mutter!" erwiderte er. „Ich war mit den Hottentotten auf der Löwenjagd! Welches Gras wächst dort in den Ebenen, grün wie eine Olive! Da lief der Strauß mit mir um die Wette, aber ich bin doch noch rascher auf den Beinen. Ich kam nach der Wüste zum gelben Sand, wo es aussieht, wie auf dem Grunde des Meeres. Ich traf eine Kara-

## Der Garten des Paradieses.

vane; man schlachtete gerade das letzte Kamel, um Trinkwasser zu erhalten; aber es war nur wenig, was sie bekamen. Die Sonne brannte von obenher und der Sand von unten. Keine Grenzen hatte die endlose Wüste. Da wälzte ich mich in dem feinen losen Sand und wirbelte ihn in großen Säulen auf. Das war ein Tanz! Du hättest sehen sollen, wie ängstlich das Dromedar stehen blieb und der Kaufmann den Mantel über den Kopf zog. Er warf sich vor mir nieder, wie vor seinem Gott. Nun sind sie begraben. Es liegt ein Haufen Sand über ihnen allen, und wenn ich wieder einmal in die Wüste komme, so blase ich den Sand weg und dann wird die Sonne ihre Knochen bleichen; da können die Reisenden sehen, daß dort schon früher einmal Menschen gewesen sind. Sonst möchte man das in der Wüste nicht glauben!"

„Du hast also nur Böses gethan!" sagte die Mutter. „Marsch in den Sack!" Und ehe er daran dachte, hatte sie den Südwind um den Leib gefaßt und in den Sack gesteckt; er wälzte sich herum auf dem Fußboden, aber sie setzte sich auf ihn und da mußte er ruhig liegen bleiben.

„Das sind recht nette Knaben, die du da hast!" sagte der Prinz.

„Ja, wahrlich," sagte sie, „indeß dressiere ich sie auch gehörig! Da haben wir jetzt den vierten."

Das war der Ostwind; er war wie ein Chinese gekleidet.

„Wie? — Kommst du denn von daher?" sagte die Mutter. — „Ich habe geglaubt, du wärest im Garten des Paradieses gewesen."

„Dahin fliege ich erst[1] morgen!" sagte der Ostwind. „Morgen sind es wieder hundert Jahre, seitdem ich zuletzt dort war; ich komme jetzt von China, wo ich um den Porzellanturm herumtanzte, daß all seine Glocken klingelten. Unten auf der Straße bekamen die Beamten Schläge; der Stock zerbrach auf ihren Rücken und doch waren es Personen vom ersten bis zum neunten Grade; sie schrieen dabei: „Vielen Dank, mein väterlicher Wohlthäter!" aber sie meinten nichts damit, und ich klingelte mit den Glocken und sang: Tsing, tsang, tsu."

„Du bist recht mutwillig!" sagte die Alte. „Es ist gut, daß du morgen nach dem Garten des Paradieses kommst; das trägt immer zu deiner Bildung bei! Trinke nur recht tüchtig aus der Weisheitsquelle, und bringe eine kleine Flasche voll für mich mit nach Hause!" —

„Das will ich thun!" sagte der Ostwind. „Aber warum hast du mir denn meinen Bruder vom Süden in den Sack gesteckt? Heraus mit ihm! Er soll mir vom Vogel Phönix erzählen; davon will die Prinzessin im Garten des Paradieses jedesmal hören, so oft ich jedes hundertste Jahr meinen Besuch bei ihr mache. Mache den Sack auf; dann bist du meine liebe Mutter, und ich schenke dir zwei Taschen voll Thee, so grün und frisch, wie ich ihn an Ort[2] und Stelle gepflückt habe!"

„Nun, des Thees wegen und weil du doch mein liebes Söhnchen bist, will ich den Sack öffnen!" Das that sie, und der Südwind kroch heraus; aber er sah ganz verschämt aus, weil es der fremde Prinz gesehen hatte.

„Da hast du ein Palmenblatt für die Prinzessin!" sagte der

## Der Garten des Paradieses.

Südwind; — „dieses Blatt hat mir der alte Vogel Phönix, der einzige, der in der Welt war, gegeben! Er hat mit seinem Schnabel seine ganze Lebensbeschreibung, die hundert Jahre, die er lebte, darauf geschrieben; nun kann sie jedermann selbst lesen. Ich sah, wie der Vogel Phönix sein Nest in Brand steckte, und darin saß und darin verbrannte, wie die Frau eines Hindus. Wie knisterten Loch[1] die trockenen Zweige! Es war ein Rauch und ein Duft! Zuletzt ging alles in Flammen auf, der alte Vogel Phönix wurde zu Asche; aber sein Ei lag glühend im Feuer, es platzte mit einem großen Knall, und der neue Phönix flog heraus; nun ist dieser der Herrscher über die Vögel und der einzige Vogel Phönix in der Welt. Er hat ein Loch in das Palmenblatt, welches ich dir gab, gebissen; das ist sein Gruß an die Prinzessin!"

„Laßt uns nun etwas essen!" sagte die Mutter der Winde, und so setzten sie sich all um das Feuer herum, um von dem gebratenen Hirsche zu speisen; der Prinz saß neben dem Ostwind, und deshalb wurden sie auch bald gute Freunde mit einander.

„Höre, sage mir einmal," fing der Prinz an, „was ist das eigentlich für eine Prinzessin, von der hier soviel die Rede ist, und wo liegt der Garten des Paradieses? „Hoho!" sagte der Ostwind, „willst benn du vielleicht dahin? Ja bann fliege morgen nur mit mir; aber das muß ich dir sagen: dort ist kein Mensch mehr seit Adams und Evas Zeit gewesen. Die kennst du ja wohl aus der biblischen Geschichte?"

„Ja, gewiß!" sagte der Prinz.

„Damals, als sie verjagt wurden, versank der Garten des

Paradieses unter die Erde; aber er behielt seinen warmen Sonnenschein, seine milde Luft und all seine Herrlichkeit. Jetzt wohnt die Feen-Königin darin; da liegt die Insel der Glückseligkeit, wohin der Tod nie kommt, dort ist es herrlich zu sein und zu leben! — Setze dich morgen auf meinen Rücken; dann will ich dich mitnehmen; ich denke schon, daß es sich ganz wohl thun lassen wird! Aber jetzt mußt du mich in Ruhe lassen, und nicht mehr sprechen; denn ich will schlafen!"

Und dann schliefen sie alle ein.

Am frühen Morgen erwachte der Prinz und erstaunte nicht wenig, sich schon hoch über den Wolken zu finden. Er saß auf dem Rücken des Ostwindes, der ihn treulich festhielt; sie waren so hoch in der Luft, daß Wälder und Felder, Flüsse und Seen sich nur noch wie auf einer Landkarte ausnahmen.

„Guten Morgen!" sagte der Ostwind. „Du hättest übrigens recht gut noch ein wenig schlafen können; denn es ist nicht besonders viel auf dem flachen Land unter uns zu sehen. Ausgenommen, du hättest Lust, die Kirchtürme zu zählen, die wie lauter weißliche Punkte auf einem grünen Brett aussehen."

Das grüne Brett, von dem er sprach, waren nämlich die Felder und Wiesen.

„Es ist sehr unartig von mir, daß ich von deiner Mutter und deinen Brüdern nicht höflich Abschied genommen habe!" sagte der Prinz.

„Wenn man schläft, ist man ja entschuldigt!" antwortete der Ostwind, und darauf flogen sie noch rascher von dannen. Man konnte es in den Wipfeln der Bäume hören; — wenn sie so

## Der Garten des Paradieses.

darüber hinfuhren, rauschte es in allen Zweigen und Blättern; man konnte es auf dem Meer und den Seen hören; denn wo sie flogen, erhoben sich die Wogen höher, und die großen Schiffe neigten sich tief in das Wasser hinunter, gleich schwimmenden Schwänen.

Gegen Abend, als es dunkel wurde, sahen die großen Städte sehr hübsch aus; die Lichter brannten dort unten, bald hier, bald dort eines; es war gerade, wie wenn man ein Stück Papier anzündet und dann alle die kleinen Feuerfunken sieht, wie sie allmählig einer nach dem andern verschwinden. Der Prinz klatschte vor Vergnügen in die Hände; aber der Ostwind bat ihn, das zu unterlassen, und sich lieber recht festzuhalten, sonst könne er leicht hinunterfallen und an der Spitze eines Kirchturms hängen bleiben.

Der Adler hoch über den dunklen Wäldern flog zwar leicht; doch der Ostwind flog noch viel leichter. Der Kosak auf seinem kleinen Pferde jagte wohl schnell über die Ebene dahin, aber der Prinz flog noch viel schneller.

„Dort kannst du den Himalaya sehen!" sagte der Ostwind. „Das ist der höchste Berg in Asien, und bald werden wir jetzt nach dem Garten des Paradieses gelangen!" Sie wandten sich mehr südlich, und bald strömte ihnen der Duft von Gewürzen und Blumen entgegen. Feigen und Granatäpfel wuchsen wild, und die wilde Weinranke hatte blaue und rote Trauben. Hier ließen sich nun die beiden nieder und streckten sich in das weiche Gras hin, wo die Blumen dem Winde zunickten, als wollten sie sagen: „Willkommen im Grünen!"

„Sind wir jetzt schon im Garten des Paradieses?" fragte der Prinz.

„Nein, noch nicht!" erwiderte der Ostwind; „aber nun werden wir bald dahin kommen. Siehst du dort die Felsenwand und die große Höhle, wo die Weinranken gleich einer großen, grünen Gardine herunterhängen? — Da müssen wir noch hindurchfliegen! Wickle dich jetzt nur gut ein in deinen Mantel; hier brennt freilich die Sonne: aber nur einen Schritt weiter ist es eisig kalt. Der Vogel, welcher dort an der Höhle vorbeifliegt, hat den einen Flügel noch hier im warmen Sommer, während sich der andere bereits im eisigen Winter befindet!"

„So, das ist also der Weg zum Garten des Paradieses?" fragte der Prinz.

Nun gingen sie in die Höhle hinein. Hu, wie war es da eisig kalt! Doch zum Glück dauerte es nicht gar lange. Der Ostwind breitete seine Flügel aus, und sie leuchteten wie das hellste Feuer. Nein, was war das für eine Höhle! Die großen Steinblöcke, von denen das Wasser tröpfelte, hingen in den wunderbarsten Formen über ihnen; bald war es da so enge, daß sie auf Händen und Füßen kriechen mußten, um vorwärts zu kommen, bald so hoch und ausgedehnt wie draußen in freier Luft. Es sah hier aus wie in Kirchen, mit den stummen Orgelpfeifen und steinernen Fahnen.

„Wir gehen wohl[1] den Weg des Todes zum Garten des Paradieses?" fragte der Prinz; aber der Ostwind antwortete kein Wort, sondern zeigte bloß vorwärts, und das schönste, blaue Licht strahlte ihnen entgegen. Die Steinblöcke über ihnen ver-

## Der Garten des Paradieses.

schwanden mehr und mehr im Nebel, der zuletzt so hell war wie
eine glänzende Silberwolke im Mondschein. Nun waren sie in
der herrlichsten, mildesten Luft, so frisch wie auf den Bergen, so
duftig wie bei den Rosen des Thales. Da strömte ein Fluß so
klar als die Luft selber, und die Fische waren wie Silber und
Gold; purpurrote Aale, die bei jeder Bewegung blaue Feuer=
funken sprühten, spielten da unten im Wasser, und die breiten
Seerosenblätter hatten Regenbogenfarben; die Blume selbst
war eine rotgelbe, brennende Flamme, der das Wasser Nah=
rung gab, wie das Öl eine Lampe nährt. Eine feste Brücke
von Marmor, die aber so künstlich und fein ausgehauen war,
als wenn sie bloß von Spitzen[1] und Perlen gemacht wäre,
führte über das Wasser zur Insel der Glückseligkeit hinüber, wo
der Garten des Paradieses blühte.

Der Ostwind nahm den Prinzen auf seine Arme und trug ihn
hinüber. Da sangen die Blumen und Blätter die schönsten
Lieder, die ihm aus seiner Kindheit noch bekannt waren; aber
so lieblich, wie keine menschliche Stimme zu singen vermag.

Waren das Palmbäume oder riesengroße Wasserpflanzen, die
hier wuchsen? So saftige und große Bäume hatte der Prinz
noch nie gesehen; in langen Kränzen hingen hier die wunder=
barsten Ranken, wie man sie nur mit Farben und Gold auf
dem Rand alter Legendenbücher, oder sich durch die Anfangs=
buchstaben schlingend,[2] gemalt finden kann. Das waren die
seltsamsten Bilder von Vögeln, Blumen und Ranken. Dicht
daneben im Grase stand ein Schwarm von Pfauen mit prächti=
gen Schweifen, so mußte man wenigstens meinen! Doch als

der Prinz daran rührte, merkte er, daß es keine Tiere, sondern Pflanzen waren; es waren die großen Blumen, die hier gleich herrlichen Pfauenschweifen glänzten. Löwen und Tiger sprangen gleich Katzen zwischen den grünen Hecken umher, die wie die Blumen des Ölbaumes dufteten, und die Löwen und Tiger waren ganz zahm; die wilde Waldtaube glänzte wie die prächtigste Perle und schlug scherzend mit ihren Flügeln dem Löwen an Hals und Mähne, und die Antilope, die sonst doch so scheu ist, stand und nickte mit dem Kopfe, als ob auch sie mitspielen wollte.

Nun kam die Fee des Paradieses; ihre Kleider strahlten wie die Sonne, und ihr Antlitz war mild, wie das einer glücklichen Mutter, wenn sie recht Freude hat über ihr Kind. Sie war so jugendlich und wunderbar schön, und die reizendsten Jungfrauen, jede mit einem leuchtenden Stern im Haar, folgten ihr. Der Ostwind gab ihr das beschriebene Blatt vom Vogel Phönix, und ihre Augen leuchteten vor Freude; sie nahm den Prinzen bei der Hand und führte ihn in ihr Schloß hinein, wo die Wände von einem Farbenglanz waren, wie das prächtigste Tulpenblatt, wenn du es gegen den blauen Himmel hinhältst, so daß die Sonne durchscheint; die Decke selbst war eine große, strahlende Blume, und je mehr man in dieselbe hinaufsah, desto tiefer erschien ihr Kelch. Der Prinz trat an das Fenster und sah durch eine der Scheiben; da sah er den Baum der Erkenntnis mit der Schlange, und Adam und Eva standen dicht dabei. „Sind denn die nicht vertrieben worden?" fragte er, und die Fee lächelte und erklärte ihm, daß die Zeit auf jeder Scheibe

## Der Garten des Paradieses.

ihr Bild eingeprägt habe, aber nicht so, wie man es sonst zu
sehen gewohnt ist: nein, es war wirkliches Leben darin; die
Blätter der Bäume bewegten sich und zitterten im Wind und
die Menschen kamen und gingen, wie in einem Spiegelbild. Er
sah durch eine andere Scheibe, und darauf war Jakobs Traum,
wo die Leiter gerade bis in den Himmel hinaufreichte, und die
Engel mit großen Flügeln schwebten auf und nieder. Ja, was
nur jemals auf dieser Erde geschehen war, das lebte und bewegte
sich hier in den Glasscheiben; so künstliche Gemälde konnte
freilich auch nur die Zeit selbst zeichnen.

Die Fee lächelte und führte ihn in einen großen und hohen
Saal, dessen Wände ganz durchsichtig erschienen, voll von Bil=
dern, worauf ein Gesicht schöner als das andere war. Da
waren Millionen Glückliche, welche selig lächelten und so san=
gen, daß alles in eine einzige Melodie zusammenfloß; die
obersten waren so klein, daß sie kleiner erschienen, als die kleinste
Rosenknospe, wenn sie wie ein bloßer Punkt auf das Papier
gezeichnet wird. Mitten im Saal stand ein großer Baum mit
hängenden, üppigen Zweigen; goldene Äpfel, — große und
kleine — hingen wie Orangen zwischen den grünen Blättern.
Das war der Baum der Erkenntnis, von dessen Frucht Adam
und Eva genossen hatten. Von jedem Blatte tröpfelte ein
prachtvoll glänzender roter Tautropfen; es sah aus, wie wenn
der Baum blutige Thränen weinte.

„Laß uns nun in das Boot steigen," sagte die Fee. „Da
wollen wir auf dem schwellenden Wasser einige Erfrischungen
zu uns nehmen! Das Boot schaukelt, kommt aber nicht von

der Stelle; nichts desto weniger gleiten sämtliche Länder der Erde an unseren Augen vorüber." Es war ein eigentümlicher Anblick, zu sehen, wie sich die ganze Küste bewegte. Da kamen die hohen schneebedeckten Alpen mit Wolken und schwarzgrünen Tannen, das Waldhorn erklang so wehmütig, während der Hirt fröhlich unten im Thale sang. Nun bogen die Bananenbäume ihre langen, hängenden Zweige über das Boot nieder; kohlschwarze Schwäne schwammen auf dem Wasser, und die seltsamsten Tiere und Blumen zeigten sich am Gestade; das war der fünfte Erdteil, Australien, der mit einer Aussicht auf die blauen Berge an ihnen vorbeizog. Man hörte den Gesang der Priester und sah den Tanz der Wilden zum Schall der Trommeln und der knöchernen Trompeten. Ägyptens tausendjährige Pyramiden, die bis in die Wolken hinein ragten, umgestürzte Säulen und Sphinxe, halb im Sande begraben, segelten vorbei. Die Nordlichter flammten vor ihnen über ausgebrannten Vulkanen des Nordens; das war ein Feuerwerk, wie kein Mensch eines zu machen im stande ist. Der Prinz war sehr glücklich; ja er sah wohl noch hundertmal mehr, als wir hier erzählen.

„Kann ich denn jetzt immer hier bleiben?" fragte er.

„Das kommt nur auf dich selbst an," erwiderte die Fee. „Wenn du nicht wie Adam dich verführen läßt, gerade das Verbotene zu thun und zu kosten, so kannst du in Ewigkeit hier bleiben!"

„O! ich will die Äpfel auf dem Erkenntnisbaume gewiß nicht anrühren!" sagte der Prinz. „Hier sind ja Tausende von Früchten, welche eben so schön, wie diese sind."

## Der Garten des Paradieses.

„Prüfe dich selbst, und fühlst du dich nicht stark genug, so gehe
wieder mit dem Oſtwind, der dich herbrachte; er fliegt nun
zurück und läßt ſich hier in hundert Jahren nicht wieder blicken.
Die Zeit wird für dich an dieſem Ort freilich vergehen, als wä=
ren es nur hundert Stunden; aber es iſt das eine überaus
lange Zeit für die Verſuchung und die Sünde. Jeden Abend,
wenn ich von dir gehe, muß ich dir zurufen: „Komm mit!"
Ich muß dir mit der Hand winken; aber bleibe zurück. Gehe
ja[1] nicht mit, denn ſonſt wird mit jedem Schritt dein Verlan=
gen wachſen. Du kommſt in den Saal, wo der Baum der
Erkenntnis wächſt und wo ich ſchlafe unter ſeinen duftigen,
herunterhängenden Zweigen; du wirſt dich dann über mich beu=
gen, und ich muß lächeln: — wagſt du es jedoch und drückſt mir
einen Kuß auf den Mund, ſo ſinkt das Paradies auf der Stelle
unter und es iſt für dich verloren. Der Wüſte ſcharfer Wind
wird dich umſauſen, der kalte Regen von deinem Haupte träu=
feln. Schmerz und Kummer iſt dann dein einziges Erbteil."

„Ich bleibe hier!" ſagte der Prinz. Und der Oſtwind küßte
ihn auf die Stirne und ſagte: „Sei ſtark, dann treffen wir
uns hier nach hundert Jahren wieder! Lebe wohl, lebe wohl!"

Und der Oſtwind breitete ſeine großen Schwingen aus; ſie
glänzten wie das Wetterleuchten zur Erntezeit oder wie das
Nordlicht im Winter.

„Lebewohl, Lebewohl!" flüſterten Blumen und Bäume.
Störche und Schwäne flogen gleich flatternden Bändern in
Reihen und geleiteten ihn bis an die Grenzen des Gartens.

„Nun beginnen wir mit unſeren Tänzen!" ſagte die Fee.

„Sobald wir mit dem Tanzen fertig sind, wirst du mich dir im Abendrot winken sehen; du wirst mich dir zurufen hören: „Komm mit!" Aber thue es ja nicht! Und so muß ich es durch hundert Jahre jeden Abend mit dir wiederholen; jedesmal, so oft du der Versuchung widerstanden hast, gewinnst du mehr Kraft; und zuletzt denkst du gar nicht mehr daran. Am heutigen Abende geschieht es zum ersten Male. Nun habe ich dich wenigstens gewarnt!"

Die Fee führte ihn jetzt in einen großen Saal von weißen, durchsichtigen Lilien; die gelben Staubfäden in jeder einzelnen Lilie bildeten eine kleine Goldharfe, die mit Harfenklang und Flötenton erklang. Die schönsten Jungfrauen, schwebend und schlank, in wogenden Flor gekleidet, schwebten im Tanze leicht dahin und sangen, wie herrlich es doch hier sei zu leben, nie sterben zu müssen, und daß der Garten des Paradieses ewigen Frühling habe.

Die Sonne ging jetzt unter; der ganze Himmel wurde zu einer einzigen Goldmasse, welche den Lilien den Schein der herrlichsten Rosen gab, und der Prinz trank von dem schäumenden Wein, welchen die Jungfrauen ihm reichten, und er fühlte eine Glückseligkeit, wie nie zuvor; er sah, wie der Hintergrund des Saales sich öffnete, und der Baum der Erkenntnis strahlte in einem Glanze, daß er davon ganz geblendet war; der Gesang vom Baume her war so süß und lieblich, wie seiner Mutter Stimme, und es war, als ob sie sänge: „Mein Kind, mein vielgeliebtes Kind!"

Da winkte die Fee und rief ihm zärtlich zu: „Komm mit,

## Der Garten des Paradieses.

komm mit!" — daß er ihr entgegenstürzte und sein Versprechen schon gleich am ersten Abende vergaß, und sie winkte bloß und lächelte. Der würzige Duft ringsumher wurde immer stärker; die Harfen ertönten weit lieblicher als vorher, und es war gerade, als wenn die Millionen lächelnder Köpfe in dem Saal, wo der Baum wuchs, nickten und sängen: „Alles muß man kennen lernen! Der Mensch ist Herr der Schöpfung!" Und es waren keine blutigen Thränen mehr, welche von den Blättern des Erkenntnisbaumes herunterfielen; es waren lauter rote, funkelnde Sterne, die er zu erblicken glaubte. „Komm mit, komm mit!" lauteten die bebenden Töne, und bei jedem Schritt brannten des Prinzen Wangen heißer und sein Puls schlug schneller. „Ich muß," sagte er. „Es ist ja keine Sünde, kann keine sein! Weshalb nicht der Schönheit und der Freude folgen? Ich will sie schlafen sehen, es ist ja auch gar nichts verloren dabei, wenn ich sie nur nicht küsse, und das thue ich nicht, ich bin stark genug und habe meinen eigenen festen Willen!" Und die Fee bog die Äste zurück, und nach einem Augenblick war sie darin verborgen.

„Noch habe ich nicht das Geringste gesündigt," sagte der Prinz, „und will es auch nicht." Und dann schob er die Zweige zurück: — da schlief sie schon, schön wie nur die Fee im Garten des Paradieses es sein kann; sie lächelte im Traume, er bog sich über sie nieder und sah zwischen ihren Augenlidern Thränen stehen.

„Weinst du über mich?" flüsterte er. „Weine nicht, du herrliches Weib! Nun begreife ich erst ganz des Paradieses

Glück; es rauscht mir durchs Blut, durch all meine Gedanken; die Kraft des Cherubs und des ewigen Lebens fühle ich in meinem irdischen Körper; und wäre ewige Nacht mein Los: — eine **Minute** wie diese ist Reichtum genug!" Und er küßte die Thränen aus ihren Augen.

Da krachte ein **Donnerschlag**, so schrecklich und furchtbar, wie noch niemand je einen vernahm, und alles stürzte zusammen: — die schöne Fee, das blühende Paradies sank unter: — unter sank's, tiefer und tiefer! — Der Prinz sah es in die schwarze Nacht hinuntersinken, bis es zuletzt nur noch wie ein kleiner leuchtender Stern aus weiter, weiter Ferne strahlte. Todeskälte durchzog seinen ganzen Körper, er schloß seine Augen und lag eine lange Zeit wie todt da. — — —

Der kalte Regen fiel ihm ins Gesicht, der scharfe Wind blies um sein Haupt, da kehrte ihm das Bewußtsein zurück. „Was habe ich gethan!" seufzte er. „Ich habe gesündigt wie Adam, habe gesündigt, so daß das Paradies von neuem versunken ist!" Und er öffnete seine Augen; den Stern in weiter Ferne, den Stern, der wie das gesunkene Paradies funkelte, sah er noch; es war der Morgenstern am Himmel.

Er erhob sich und war wieder im großen Walde, dicht bei der Höhle der Winde; und die Mutter der Winde saß neben ihm; sie sah sehr böse aus und hob den Arm in die Luft.

„Schon den ersten Tag!" sagte sie. Das habe ich mir gleich gedacht! Ja, wärest du jetzt mein Sohn, so müßtest du mir auf der Stelle in den Sack!"

„Da soll er auch hinein!" sagte der Tod. Das war ein star=

## Der Garten des Paradieses.

ler, alter Mann mit einer Sense in der Hand, und mit großen, schwarzen Flügeln. „In meinen engen Sarg soll er gelegt werden, aber jetzt noch nicht, ich schreibe ihn nur auf, und lasse ihn dann noch eine Weile auf der Welt herumwandern und seine Sünden sühnen, um gut und besser zu werden. — Ich komme einmal. Wenn er es gerade am wenigsten erwartet, stecke ich ihn in den schwarzen Sarg, den nehm' ich auf meinen Kopf und fliege gegen den Stern empor; auch dort blüht der Garten des Paradieses, und ist er gut und fromm geworden, so wird er hineinkommen; sind aber seine Gedanken schlecht, und ist sein Herz noch voll Sünde, so sinkt er mit seinem Sarge tiefer, als das Paradies gesunken ist, und nur jedes tausendste Jahr hole ich ihn wieder herauf, damit er entweder noch tiefer sinke oder auf den Stern hinauf gelange, den funkelnden Stern dort droben im nächtlichen Blau des Himmels."

XVII.

## Der Reisekamerad.

Der arme Johannes war betrübt bis in den Tod; denn sein Vater war sehr krank und zwar krank zum Sterben. Außer den beiden war niemand in dem Zimmer; die Lampe auf dem Tische war dem Erlöschen nahe, und es war spät Abends.
„Du bist ein guter Sohn gewesen, Johannes!" sagte der kranke Vater, „der liebe Gott wird dir schon durch die Welt helfen!" Er sah ihn noch einmal mit seinen ernsten, sanften Augen an, holte tief Atem — und war nicht mehr; so sanft war sein Tod, es war fast, wie wenn er nur schliefe. Aber Johannes fing an zu weinen, denn jetzt hatte er gar niemanden mehr auf der ganzen Welt, weder Vater noch Mutter, weder Schwestern noch Brüder. — Der arme Johannes! Er lag vor dem Bette auf seinen Knieen und küßte des toten Vaters Hand, und weinte heiße, bittere Thränen; aber zuletzt fielen ihm doch die Augen zu und er schlief ein mit dem Haupt auf der Seite des Bettes.

Da hatte er einen eigentümlichen Traum; er sah, wie Sonne und Mond sich vor ihm neigten, und seinen Vater sah er frisch und gesund und hörte ihn lachen, wie er immer lachte, wenn er recht von Herzen fröhlich war. Eine wunderschöne Prinzessin mit einer goldenen Krone in ihrem langen, glänzenden Haar

## Der Reisekamerad.

reichte Johannes die Hand, und sein Vater sagte: „Schau, schau, was für eine Braut du da bekommen hast! Sie ist die schönste auf der ganzen Welt." — Da erwachte Johannes, und all die Herrlichkeit war wieder vorbei, sein Vater lag tot und kalt im Bett und es war niemand weiter da. Der arme Johannes!

Die Woche darauf war das Begräbnis; Johannes ging dicht hinter dem Sarge her und bekam den guten Vater nun nicht mehr zu sehen, der ihn so sehr geliebt hatte; er hörte, wie die Erde auf den Deckel des Sarges hinunterfiel, sah noch die letzte Ecke desselben, aber bei der nächsten Schaufel Erde, welche dann folgte, war auch sie verschwunden. Da war es ihm gerade, als wollte ihm das Herz in Stücke zerspringen, so groß war sein Schmerz. Die Chorknaben sangen dann noch ein Kirchenlied, welches sehr schön klang, und unserm guten Johannes traten die Thränen in die Augen; er fing an zu weinen, und das that seinem Herzen wohl. Die Sonne schien warm und lieblich auf die grünen Bäume herunter, gerade als wollte sie sagen: „Du mußt nicht so schrecklich traurig sein, Johannes! Schau doch, wie schön blau der Himmel ist! Da droben ist nun dein Vater und betet für dich bei dem lieben Gott, daß es dir immer gut gehen möge!"

„Ich will gut und fromm bleiben bis in den Tod," sagte Johannes. Dann komme ich auch hinauf zu meinem Vater; und was wird das für eine Freude werden, wenn wir einander dann wiedersehen! Wie vieles werde ich dann nicht erzählen können; und er wird mir so vielerlei neue Sachen zeigen und mich so manches von der Herrlichkeit im Himmel lehren, gerade wie er mich schon auf Erden oft unterrichtete. „O, was wird das für eine Freude sein!"

Johannes dachte sich das so deutlich, daß er dabei lächelte, während ihm die Thränen noch über die Wangen herunterliefen. Die kleinen Vögel saßen auf den Kastanienbäumen und zwitscherten: „Quivit, quivit!" — Sie waren so munter, obgleich sie mit bei dem Begräbnis gewesen waren; aber sie wußten es recht wohl, daß der tote Mann nun broben im Himmel wäre — und Flügel hätte, bei weitem schöner und größer als die ihrigen; daß er da broben jetzt glücklich wäre, daß er hienieden gut und fromm gewesen, und darüber waren sie vergnügt. Johannes sah, wie sie von den grünen Bäumen weit weg in die Welt hinausflogen, und da bekam er denn auch auf einmal Lust, es so zu machen wie sie. Aber vorher schnitt er noch ein großes hölzernes Kreuz, um es auf seines Vaters Grab zu setzen; und als er es am Abend hinbrachte, war das Grab auch bereits mit Sand und Blumen geschmückt. Das war das Werk guter Freunde und Nachbarn gewesen, denn jedermann liebte den guten Mann, der jetzt tot war.

Am nächsten Morgen in aller Frühe[1] packte Johannes sein kleines Bündel zusammen und steckte in seinen Gürtel sein ganzes Erbteil, welches aus[2] nur fünfzig Thalern und ein paar Silberschillingen bestand[3]; — damit wollte er in die Welt hinauswandern. Aber vorher ging er erst noch einmal auf den Kirchhof hinaus, an seines Vaters Grab, betete sein Vaterunser und sagte: „Leb' wohl, leb' wohl!"

## Der Reisekamerad.

Draußen auf dem Felde, wo er hinschritt, standen die
Blumen so frisch und schön im warmen Sonnenschein, und sie
nickten im Winde, gerade als wollten sie sagen: "Willkommen
im Grünen! Ist es nicht schön da?" Johannes jedoch drehte
sich noch einmal um, und sah die alte, graue Kirche noch einmal
an, in der er als kleines Kind getauft worden, und wo er jeden
Sonntag mit seinem Vater zum Gottesdienst gewesen war und
wo er im Chor mit den andern gesungen; da erblickte er
plötzlich hoch droben in einer der Öffnungen des Turmes den
Kobold der Kirche mit seiner kleinen, roten Mütze, wie er sich
den Arm vors Gesicht hinhielt, da ihm sonst die Sonne zu sehr
in die Augen hineinschien. Johannes winkte ihm freundlich
Lebewohl zu und der kleine Kobold schwenkte seine rote Mütze,
legte die Hand aufs Herz und warf ihm unzählige Kußhändchen
zu,[1] um zu zeigen, wie von Herzen gut er ihm war, und daß er
ihm eine recht glückliche Reise wünschte.

Johannes dachte daran, wie vieles Schöne er nun in der
großen, prächtigen Welt draußen zu sehen bekommen würde,
und ging weiter und weiter fort, weiter, als er je im Leben
gewesen war. Er wußte nicht einmal, wie die Orte alle
hießen, durch die er kam, und kannte niemanden von all den
Leuten, die ihm unterwegs begegneten.

Es kam ihm vor, als ob er schon weit, weit in der Welt
draußen wäre.

Die erste Nacht mußte er in einem Heuschober auf dem Felde
schlafen, ein anderes Bett gab es da nicht. Aber das war
gerade recht hübsch, meinte er: der König selbst hätt' es nicht

besser haben können. Das ganze goldene Kornfeld mit dem Bach unten, der duftige Heuschober und dann der blaue Himmel darüber! Das war doch gewiß ein herrliches Schlafzimmer! Das grüne Gras mit den kleinen roten und weißen Blumen war die Fußdecke; die Fliederbüsche und die wilden Rosenhecken waren die Blumensträuße; und sein Waschbecken war der Bach selbst mit dem klaren, frischen Wasser, wo das Schilf säuselte und ihm guten Abend und guten Morgen sagte. Der Mond war in Wahrheit eine große Nachtlampe, die hoch broben unter der blauen Decke hing, und die zündete wenigstens die Gardine nicht an mit ihrem Feuer. Johannes konnte ganz ruhig schlafen, und er that es auch und erwachte erst wieder, als die Sonne schon hoch am Himmel stand und alle die kleinen Vögel rings umher ihm zuriefen: „Guten Morgen! Guten Morgen! Bist du noch nicht auf?"

Die Glocken läuteten zur Kirche, denn es war Sonntag; die Leute gingen hinein, um da die Predigt zu hören, und Johannes folgte ihnen, sang eines von den Liedern mit und hörte andachtsvoll auf Gottes Wort. Es war ihm gerade, als wäre er in seiner eigenen Kirche daheim, in der er getauft worden, und wo er im Chor mit seinem Vater gesungen.

Draußen auf dem Kirchhofe waren eine Menge Gräber, und auf einigen davon wuchs bereits hohes Gras. Da dachte er an seines Vaters Grab, welches mit der Zeit auch einmal so werden mußte, da er es nun nicht mehr selbst jätete und mit Blumen schmückte. Er setzte sich also nieder und riß das Gras ab, richtete die umgefallenen hölzernen Kreuze wieder auf, und

## Der Reisekamerad.

legte die Kränze, die der Wind von den Gräbern heruntergerissen hatte, wieder an ihre Stelle, indem er dachte: Vielleicht thut jemand dasselbe an meines Vaters Grab, da ich es nicht mehr thun kann!

Vor der Kirchhofthür stand ein alter Bettler und stützte sich auf seine Krücke. Johannes gab ihm die paar Silberschillinge, welche er besaß, und zog dann glücklich und vergnügt wieder seines Weges weiter.

Gegen Abend erhob sich ein furchtbarer Sturm, und Johannes mußte eilen, um noch zur rechten Zeit unter Dach und Fach[1] zu kommen. Die Nacht überraschte ihn aber, ehe er daran dachte; da erreichte er endlich eine kleine Kapelle, die ganz einsam auf einem kleinen Hügel lag.

„Hier will ich mich in einen Winkel setzen!" sagte er und ging hinein. „Ich bin müde und habe es recht wohl nötig,[2] mich ein wenig auszuruhen." Damit setzte er sich hin, faltete fromm seine Hände und betete sein Nachtgebet; und ehe er es wußte, schlief er ein und träumte, während es draußen blitzte und donnerte.

Als er wieder erwachte, war es bereits Mitternacht; das Gewitter war indessen vorübergezogen und der Mond schien durch die Fenster zu ihm in die Kirche herein. Dicht neben ihm stand ein offener Sarg, in welchem ein toter Mann lag, denn sein Begräbnis war erst am folgenden Tage. Johannes fürchtete sich nicht im geringsten, denn er hatte ein gutes Gewissen; und er wußte sehr gut, daß die Toten niemandem etwas zu Leide thun.[3] Es sind die lebenden bösen Menschen, die andern Leuten Übles thun. Zwei solche standen denn gerade jetzt bei dem toten Mann, der hier in die Kapelle gekommen war, um am andern[1] Tage begraben zu werden; ihm wollten sie Böses anthun und ihn nicht in seinem Sarge liegen lassen, sondern ihn vor die Kirchenthür hinauswerfen.

„Weshalb wollt ihr denn das thun?" fragte Johannes. „Das ist böse und schlimm von euch; laßt ihn in Frieden ruhen!"

„Ach was!" sagten die zwei garstigen Menschen. „Er hat uns betrogen! Er ist uns noch Geld schuldig, das hat er uns nicht bezahlt, ehe er gestorben ist; und nun ist er tot, und nun bekommen wir keinen Pfennig mehr von ihm! Dafür wollen wir uns jetzt auch rächen! Wie ein Hund soll er draußen vor der Kirchenthür liegen bleiben!"

„Ich habe nicht mehr als fünfzig Thaler!" sagte Johannes. „Das ist mein ganzes Erbteil, doch das will ich euch geben, wenn ihr mir versprecht, den armen toten Mann da in Ruhe zu lassen. Ich komme schon[2] ohne das Geld durch die Welt; ich habe gesunde, starke Glieder, und der liebe Gott wird mir schon weiter helfen."

„Ja," sagten die garstigen Menschen, „wenn du im Ernst seine Schuld bezahlen willst, so wollen wir ihm freilich nichts thun, darauf geben wir dir unser Wort. — Und damit nahmen sie das Geld, welches er ihnen gab, lachten laut auf über seine kindliche Gutmütigkeit und gingen ihres Weges. Johannes aber legte den Leichnam wieder im Sarge zurecht, nahm Abschied von ihm und ging dann durch den großen Wald still und zufrieden weiter.

## Der Reisekamerad.

Ringsumher, wo das Licht des Mondes durch die Bäume schien, sah er die nieblichen, kleinen Elfen lustig spielen. Sie ließen sich nicht stören, sie wußten wohl, daß er ein guter, unschuldiger Mensch war; und es sind nur die bösen Menschen, welche die Elfen niemals zu sehen bekommen. Einige von ihnen waren nicht größer, als ein Finger breit ist, und hatten ihre langen, gelben Locken mit goldenen Kämmen aufgesteckt; Zwei und Zwei schaukelten sie sich auf den großen, schweren Tautropfen, die an den Blättern und an dem hohen Gras hingen; dann und wann glitt der Tropfen plötzlich herunter, dann fielen sie nieder zwischen den langen Grashalmen, und das gab dann allemal ein lautes Gelächter unter dem kleinen, lustigen Volk. Es war ganz allerliebst! Sie sangen mit einander, und Johannes erkannte mit Vergnügen alle die schönen Lieder die er selbst als kleiner Knabe gesungen. Große, bunte Spinnen mit silbernen Kronen auf dem Kopf mußten von der einen Hecke zur andern schwebende Hängebrücken und Paläste spinnen, welche, als der feine Tau darauf fiel, wie schimmerndes Glas im Mondschein glänzten. — So ging es fort, bis die Morgenröte heraufkam. Die kleinen Elfen krochen dann in die Blumenknospen, und der Wind erfaßte ihre kleinen Brücken und Schlösser, die dann als Spinngewebe durch die Luft flogen.

Johannes war gerade aus dem Walde herausgekommen, als eine kräftige Männerstimme hinter ihm rief: „Hollaho, Kamerad, wohin geht die Reise?"

„In die Welt hinaus!" sagte er. „Ich habe weder Vater

noch Mutter, uud bin ein armer Bursche, aber der Herr wird mir schon helfen."

"Ich will auch in die Welt hinaus," sagte der fremde Mann. "Wollen wir nicht mit einander reisen? Wie?"

"Ja, es ist recht," sagte Johannes, und so gingen sie mit einander. Bald wurden sie gute Freunde, denn sie waren beide gute Menschen. Aber Johannes merkte sehr wohl, daß der Fremde viel klüger war als er selbst, denn er war schon fast in der ganzen Welt gewesen und wußte von allem zu erzählen, was es nur[1] giebt.

Die Sonne stand schon hoch am Himmel, als sie sich unter einem großen Baum zur Ruhe hinsetzten, um da ihr Frühstück zu essen. Wie sie so da saßen, kam eine Frau daher, die war sehr alt und ging ganz gebeugt. Sie stützte sich auf eine Krücke und trug auf ihrem Rücken ein paar kleine Bündel Brennholz, welche sie sich im Walde gesammelt hatte. Ihre Schürze war vorn in die Höhe gebunden, und Johannes bemerkte deutlich, daß drei dicke, schwere Büscheln von Farnkraut und von Weidenholz daraus hervorsahen. — Und wie sie schon ganz nahe bei ihnen war, glitt sie plötzlich mit dem einen Fuß aus und stürzte mit einem lauten Schrei auf den Boden hin, so daß sie sich den Fuß brach, die arme alte Frau. —

Johannes schlug vor, die arme Frau auf der Stelle nach Haus zu tragen, wo sie wohnte; aber der Fremde machte sein Ränzel auf, nahm eine Büchse heraus und sagte, da hätt' er zum Glück eine Salbe, und mit der wäre er im stande, ihr Bein so zu heilen, daß sie auf der Stelle wieder auf die Füße käme, und

## Der Reisekamerad.

zwar so, als wenn ihr gar nie ein Unglück geschehen wäre. Dagegen müßte sie ihm jedoch die drei Büscheln zum Geschenke machen, die sie in ihrer Schürze trüge.

„Nun, du läßt dich nicht schlecht bezahlen," sagte die Alte und nickte dazu mit dem Kopfe. Sie gab die Büscheln sehr ungern her, aber freilich, es war auch nicht gerade gar angenehm, mit zerbrochenem Bein so am Weg zu liegen. Sie gab ihm also die drei Büscheln, und sobald er nur ein wenig von seiner Salbe nahm und ihr den Fuß damit rieb, da erhob sich die Alte und war besser zu Füßen,[1] als sie es jemals gewesen war. So kräftig war seine Salbe! Aber sie war auch nicht in der Apotheke zu bekommen. —

„Ja, was thust du denn mit den drei Büscheln?" fragte Johannes seinen Reisekamerad.

„Sie machen zusammen einen prächtigen Blumenstrauß," gab er ihm zur Antwort; so einer ist gerade nach meinem Geschmack, denn ich bin nun einmal ein solcher närrischer Kerl." —

Darauf gingen sie wieder ein Stück Wegs mit einander.

„Schau doch einmal, was da für ein Gewitter heraufzieht!" sagte Johannes und deutete mit dem Finger gerade aus. „Das sind schrecklich schwarze, dicke Wolken!"

„Nein," sagte der andere, „das sind keine Wolken, sondern hohe Berge, das ist das schöne, herrliche Gebirge, wo man hoch, hoch über die Wolken hinauf und in die frische Luft gelangt! Ich sage dir's, da ist es herrlich! Morgen sind wir sicher schon weit, weit in der Welt draußen!"

Das Gebirge war aber gar nicht so nahe, als es aussah;

und sie hatten noch einen ganzen langen Tag zu gehen, bevor sie die Berge erreichten, wo die schwarzen Wälder gerade ins himmlische Blau hineinwuchsen, und wo es Felsen und Steine gab von der Größe einer kleinen Stadt; es wäre freilich kein kleines Stück Arbeit gewesen, da hinüberzumarschieren, und darum gingen auch Johannes und sein Reisekamerad lieber ins Wirtshaus hinein, um sich ein wenig auszuruhen und frische Kräfte zum Marsche zu sammeln.

Unten im großen Gastzimmer im Wirtshaus saßen eine Menge Menschen beisammen, denn es war ein Mann da, der gab eine Puppenkomödie. Er hatte gerade sein kleines Theater aufgestellt, und die Leute saßen rings umher, um die Komödie anzusehen. Ganz vorn, und zwar auf dem besten Platze, saß ein dicker Fleischhauer; — dicht neben ihm saß sein riesiger Bullenbeißer, — der sah sehr böse aus! — und machte auch große Augen, gerade so wie die andern.

Nun begann die Komödie, und das war wirklich eine recht nette Komödie mit einem Könige und einer Königin; die saßen auf dem schönsten Thron von der Welt, hatten goldene Kronen auf dem Kopf und lange Schleppen an den Kleidern, denn ihre Mittel erlaubten ihnen das. Die niedlichsten Holzpuppen mit Glasaugen und stattlichen Schnurrbärten standen an der Thür und machten auf und zu, um frische Luft ins Zimmer hereinzulassen! Es war eine recht nette Komödie, und sie war gar nicht traurig; doch gerade als die Königin aufstand und einen Schritt durchs Zimmer that, da . . . . . . wer weiß, was dem großen Bullenbeißer auf einmal einfiel — aber da ihn der

## Der Reisekamerad.

dicke Fleischhauer nicht festhielt, machte er einen Sprung gerade
hinein ins Theater und packte die Königin beim Arme, so daß
es knackte. Es war ganz schrecklich.

Der arme Mann, dem das Puppentheater gehörte, war
furchtbar erschrocken und betrübt wegen seiner Königin! Denn
es war die nieblichste Puppe, die er hatte; und nun hatte ihr der
abscheuliche Bullenbeißer den Kopf abgebissen; aber als die
Leute dann nach Hause gingen, sagte der Fremde, der mit
Johannes gekommen war, er wolle ihm die Puppe schon wieder
machen, so daß sie zu brauchen wäre, und nahm seine Büchse
hervor und rieb die Puppe mit der Salbe, womit er auch der
alten Frau geholfen, als sie den Fuß brach. — Sowie die
Puppe gerieben worden war, sprang sie in die Höhe, war
wieder wie vorher, und bewegte sogar von selbst ihre Glieder;
man brauchte gar nicht einmal mehr an der Schnur zu ziehen,
sie war gerade wie ein lebendiger Mensch, nur daß sie nicht
sprechen konnte. Der Mann, dem das kleine Puppentheater
gehörte, war glücklich darüber; denn nun brauchte er ja die
Puppe gar nicht mehr mit der Hand zu halten, sie konnte
von selbst tanzen, und das konnte keine von den andern.

In der Nacht, als alles im Wirtshaus bereits zu Bette lag
und fest schlief, seufzte[1] es plötzlich irgendwo in einem Winkel,
und zwar so kläglich, daß es einen Stein hätte erweichen
mögen, und daß einer nach dem andern aufstand, um zu sehen,
was es denn[2] wäre. Der Mann, der die Puppenkomödie gegeben, begab sich hinter sein kleines Theater, denn von dort
schien das Seufzen zu kommen. — Alle hölzernen Puppen lagen

unter einander, der König mit all seinen Soldaten; und die waren es gewesen, die so kläglich seufzten und mit ihren Glasaugen stierten, denn sie wollten durchaus auch ein wenig gesalbt werden, wie die Königin, damit sie sich auch von selbst bewegen
5 könnten. — Die Königin sank sofort auf die Knie, hielt ihre prächtige Krone hoch vor sich hin und bat: „Nimm sie, nimm sie, aber thue mir nur das eine und reibe mit deiner Salbe auch meinen Gemahl und meine armen steifen Höflinge!" — Das rührte den armen Mann, dem die Puppen gehörten, bis zu
10 Thränen, denn ihm selber thaten seine lieben hölzernen Komödianten leid, und er versprach dem Reisekameraden des guten Johannes, ihm alles Geld zu geben, was er am nächsten Abend für seine Komödie einnähme, wenn er nur noch einige von seinen Figuren mit der Salbe reiben wollte. Allein der
15 Reisegefährte sagte, er verlange dafür gar nichts weiter, als höchstens den großen rostigen Säbel, den der Theatermann mit sich herumtrug; und als er den bekam, rieb er mit der Salbe sechs Figuren, die denn auch auf der Stelle zu tanzen anfingen, und zwar so wunderschön, daß auch die Menschen, die wirklichen
20 und lebenden Menschen, die das Wunder sahen auch lustig mittanzten. Der Kutscher tanzte mit der Köchin, der Bediente mit dem Stubenmädchen, und selbst die Feuerzange mit der Feuerschaufel; die beiden letzteren waren aber sehr schlechte Tänzer, denn sowie sie die ersten Sprünge machten, fielen sie unter
25 dem allgemeinen Gelächter der Übrigen mit einander hin. Ja, das war eine lustige Nacht, das!

Am nächsten Morgen sagte Johannes der ganzen Gesellschaft

## Der Reisekamerad.

Abe und zog wieder weiter mit seinem treuen Reisekameraden, hinauf ins Gebirge und durch die großen Tannenwälder. Sie kamen so hoch auf die Berge hinauf, daß die Kirchtürme in Thal und Ebene unten zuletzt nur noch wie kleine rote und blaue Beeren in all dem Grünen aussahen; und sie konnten so furcht= bar weit sehen, Stunden und Meilen weit, wo sie noch nie ge= wesen waren! So viel Schönes hatte Johannes noch nie gesehen von der weiten, herrlichen Welt, und die Sonne schien so warm und freundlich herunter aus der frischen, blauen Luft, und dazu klang das Jagdhorn so hell und lieblich zwischen den Bergen, daß ihm die Thränen ins Auge traten, und daß er seine Freude mit Worten aussprechen mußte: „O du mein lieber, guter Gott! Danken muß ich dir dafür, daß du so unendlich gütig bist gegen alle deine Geschöpfe, und daß du uns all die Pracht und Herrlichkeit gegeben hast, die es in deiner schönen, unermeßlichen Welt giebt!"

Der Reisekamerad stand auch mit gefaltenen Händen da und sah hinaus über den Wald und die Städte, die da im warmen, goldenen Sonnenschein lagen. —

Da hörten sie plötzlich hoch in der Luft droben einen wunder= bar schönen und lieblichen Gesang, und wie sie in die Höhe schauten, sahen sie einen großen, weißen Schwan droben schweben, der so schön sang, wie sie noch nie einen Vogel hatten singen hören. — Allmählig jedoch schien der arme Vogel schwächer und schwächer zu werden, er ließ wie in Ohnmacht den Kopf hängen, schlug nur noch ein paar Mal mit den Flügeln, und stürzte endlich tot gerade neben der Stelle nieder, wo sie sich befanden, der arme schöne Schwan.

„Ein Paar so prächtige Flügel," sagte der Reisekamerad, „so groß und so schneeweiß wie die von dem Vogel da, sind Geld wert, die will ich mitnehmen. — Siehst du es jetzt, wie gut es war, daß ich einen Säbel bekam?" Und damit hieb er dem toten Schwan mit einem einzigen Schlag die beiden Flügel ab, denn die mußte er durchaus haben.

Sie reisten nun viele, viele Meilen weit fort über die Berge, bis sie zuletzt eine große Stadt vor sich sahen mit Hunderten von Türmen, die wie Silber im Sonnenschein glänzten; mitten in der Stadt befand sich ein prächtiges Marmorschloß, welches mit reinem Gold gedeckt war, und darin wohnte der König.

Johannes und sein Reisekamerad wollten nicht sogleich in die Stadt gehen, sondern sie blieben lieber im Wirtshaus draußen vor der Stadt, um sich erst ein wenig schöner anzuziehn, denn sie wollten nett aussehen, wenn sie auf die Straße kämen. Der Wirt erzählte ihnen, daß der König selbst ein ungemein guter Mann wäre, der nie einem Menschen was thäte; aber seine Tochter, die wäre eine böse Prinzessin! — Schön genug wäre sie freilich, es gäbe gar keine hübschere und nettere Prinzessin, als sie wäre; doch wozu wäre das gut? Sie sei doch eine böse Hexe, und sei Schuld daran, daß schon eine Menge der schönsten Prinzen von der Welt ihr junges Leben für sie verloren. — Jedem Menschen wäre es erlaubt zu kommen und um die Hand der Prinzessin zu werben. Kommen dürfte jedermann, ob er nun ein Prinz sei oder ein Bettler, das sei ihr gleich. Nur müßte er dann drei Sachen raten, woran die Prinzessin gerade gedacht habe und nach denen sie ihn zu fragen pflege. Errate

## Der Reisekamerad.

er es glücklich, so erhalte er die Hand der Prinzessin und erbe
dann, nach dem Tod des Königs, auch das Reich und die Krone;
vermöge er jedoch die drei Sachen nicht zu erraten, so lasse sie
ihn hängen oder ihm den Kopf abschlagen! Ihr guter Vater,
der alte König, sei sehr betrübt darüber! Es läge jedoch außer
seiner Macht, sie daran zu hindern, daß sie so böse und grausam
sei, denn er habe ihr einmal gesagt, daß ihn ihre Liebes=
geschichten nichts[1] angingen, und mit den Liebhabern, die dumm
genug wären zu kommen, solle sie machen, was sie wolle. —
So oft nun ein neuer Prinz gekommen sei, um die drei
Fragen zu erraten und dadurch die Prinzessin zu bekommen —
ihr Vater habe leider nichts machen können — sei der arme Prinz
gehängt oder geköpft worden; er sei ja bei Zeiten gewarnt
worden und er hätte es unterlassen können! Der gute König
wäre so betrübt über all die Trauer und das Unglück, daß er
einen ganzen Tag des Jahres mit allen seinen Soldaten auf
den Knieen läge und betete, daß die Prinzessin doch einmal gut
werden möchte, doch dazu habe sie nicht die geringste Lust; und
die alten Weiber, so oft sie Branntwein tränken, färbten sie ihn
vorher erst kohlschwarz; das wäre nämlich ihre Art zu trauern,
und mehr könnten sie nicht thun. —

„Die garstige Prinzessin!" sagte Johannes. „Sie brauchte
wahrhaftig noch die Rute, denn die thäte ihr gut. Wäre ich nur
der König, sie müßte mir[2] schon noch geschlagen werden!"

Da hörten sie das Volk auf der Straße: „Hoch, hoch!"
rufen. Die Prinzessin kam gerade vorbei, und sie war wirklich
so wunderschön, daß die Leute ganz vergaßen, wie furchtbar

böse sie war, und daher riefen sie „Hoch!" — Zwölf schöne
Jungfrauen, alle in schneeweißen, seidenen Kleidern, und eine
goldene Tulpe in der Hand, ritten auf kohlschwarzen Pferden
neben ihr her. Die Prinzessin selbst saß auf einem Pferde,
weiß wie Milch und Schnee, welches rings mit funkelnden
Diamanten und Rubinen geschmückt war. Ihr Reitkleid war
aus reinem Goldstoff, und die Peitsche, die sie in der Hand hielt,
sah aus, wie wenn sie aus einem Sonnenstrahl gemacht wäre.
Die goldene Krone, die sie auf dem Haupt trug, war gerade
wie die Sterne des Firmaments, und der prächtige Mantel war
aus vielen Tausenden von schönen Schmetterlingsflügeln ge=
macht; und dennoch war die Prinzessin selbst noch viel schöner,
als ihre Kleider.

Als Johannes sie zu sehen bekam, überflog ein flammendes
Rot seine Wangen, und er war wie ein Blutstropfen im ganzen
Gesichte. Er war wie sprachlos, denn die Prinzessin sah ganz
so aus, wie die schöne Jungfrau mit der goldenen Krone, von
der ihm in der Nacht geträumt,[1] in welcher sein Vater gestorben
war. Er fand sie so schön und lieblich, daß er sie vom ersten
Augenblick an liebte. Es wäre gewiß nicht wahr, sagte er zu
sich selbst, daß sie eine so böse Hexe sei, die einen jeden gleich
hängen und köpfen läßt, der nicht erriet, was sie ihm zum
Raten gab. — „Es ist ja jedermann erlaubt, um die Hand der
Prinzessin zu werben, selbst dem ärmsten Bettler. Ich will
wirklich auch einmal nach dem Schloß hinauf und will mein
Glück probieren. Ich muß hinauf, ich kann nicht anders." —

Jeder dem er es erzählte, der bat ihn, es durchaus nicht zu

## Der Reisekamerad.

thun, damit er nicht dasselbe Schicksal erfahre, wie die anderen vor ihm. Auch sein Reisekamerad riet ihm davon ab, aber Johannes fürchtete sich nicht. Er putzte seine Schuhe und bürstete seinen Rock, wusch sich das Gesicht und die Hände, kämmte sein hübsches, blondes Haar, und begab sich ganz allein in die Stadt hinein und schritt geraden Weges dem Schloß zu.

„Herein!" sagte der alte König, als Johannes vor der Thür stand und anklopfte. Johannes öffnete, und der alte König, im Schlafrock und in gestickten Pantoffeln, kam ihm entgegen; die Krone hatte er auf dem Kopf, das Scepter in der einen Hand und den Reichsapfel[1] in der andern. „Warte ein wenig!" sagte er und nahm den Reichsapfel geschwind unter den Arm, um Johannes die Hand geben zu können. Aber sowie er erfuhr, wozu er gekommen sei, fing er an zu weinen, und zwar so, daß ihm Scepter und Reichsapfel auf den Fußboden fielen und er sich die Augen mit dem Schlafrock abwischen mußte. Der arme alte König! —

„Laß es sein," sprach er zu ihm, „es geht dir so schlecht, wie all den andern. Komm mit mir, ich will dir einmal was zeigen!" — Mit diesen Worten führte er Johannes hinaus nach dem Lustgarten der Prinzessin, wo es freilich schrecklich genug aussah. — Von jedem Baum hingen da drei oder vier Prinzen herunter, die gehängt und geköpft worden waren, weil sie so dumm waren und die Rätsel der argen Prinzessin nicht errieten. Bei jedem Windstoß klapperten die Gerippe, so daß die Vögel, die geflogen kamen, darüber erschracken und nicht in den Garten hineinzukommen wagten. — Die Blumen waren an Menschen=

Knochen aufgebunden, und die Blumentöpfe waren mit grinsenden Schädeln geschmückt. Es war in der That ein eigentümlicher Garten für eine Prinzessin!

„Da schau her und nimm dir ein Beispiel daran!" sagte der König. „Es wird dir gerade so gehen wie den andern, die du da siehst. Also laß lieber ab von dem, was du im Sinn hast; du machst mich wirklich unglücklich, denn ich nehme mir die Sache so zu Herzen!"

Johannes küßte dem guten Könige die Hand und bat ihn, sich nur seinethalben durchaus keine Sorgen zu machen; er selbst sei voll der besten Hoffnungen und habe es nun unternommen, um jeden Preis die schöne Prinzessin zu heiraten.

Da kam die Prinzessin selbst mit allen ihren Damen in den Schloßhof hereingeritten; sie gingen also mit einander hinaus und wünschten ihr guten Morgen. Sie war wunderschön anzuschauen und reichte Johannes die Hand, und er war nun noch mehr entzückt von ihr als früher; nein, es war nicht möglich, daß sie so eine böse Hexe war, wie man sagte! —

Die Prinzessin lud nun den guten Johannes ein, am folgenden Morgen wieder nach dem Schloß hinaufzukommen, denn dann würden die Richter und die weisen Räte der Stadt da versammelt sein und hören, wie es ihm mit dem Erraten gehe. Käme er da gut durch, so brauchte er nur noch zweimal zu kommen. Das Schlimme dabei war jedoch das: es war noch nie einer gekommen, dem es gelungen wäre, und bis jetzt war noch jeder, der kam, gehenkt oder geköpft worden.

Johannes war gar nicht in Sorgen darüber, was ihm die

## Der Reisekamerad.

nächsten Stunden bringen würden, sondern er war recht heiter und dachte nur an die schöne Prinzessin, und glaubte fest an Gott und seine gnädige Hilfe in der Not; er wußte freilich nicht wie und er wollte daher lieber gar nicht daran denken. Er tanzte auf der Landstraße dahin, als er nach dem Wirtshaus zurückkehrte, wo ihn der gute Reisekamerad erwartete.

Johannes konnte ihm gar nicht genug davon erzählen, wie artig die Prinzessin gegen ihn gewesen und wie schön sie sei; er sehnte sich schon nach dem nächsten Tage, wo er in das Schloß sollte, um sein Glück im Raten zu versuchen.

Der gute Reisekamerad schüttelte jedoch den Kopf dazu und war ganz betrübt. „Ich bin dir so gut!" sagte er zu ihm. „Wir hätten noch recht gut länger beisammen bleiben können, und nun soll ich dich schon so bald verlieren! Du armer, lieber Johannes! Weinen möchte ich, doch will ich dir am letzten Abend, den wir vielleicht noch zusammen sind, die Freude nicht verderben. Wir wollen lustig sein, recht lustig! — Wenn du weg bist von mir, dann habe ich noch Zeit genug zum Weinen." —

Es war sehr schnell bekannt geworden, daß schon wiederum ein neuer Freier für die Prinzessin gekommen sei, und so war denn wieder große Trauer in der Stadt. Die Theater waren geschlossen, die Marktweiber und Kuchenfrauen banden einen Trauerflor um ihre zuckernen Herzen, der König und die Priester lagen auf den Knieen vor den Altären; kurz, die Trauer war allgemein, denn man dachte, es könne dem Johannes auch nicht besser gehen, als es all den übrigen Freiern gegangen war.

Am Abende bereitete der Reisekamerad Punsch und sagte zu Johannes: „Nun wollen wir einmal recht lustig sein und auf die Gesundheit der Prinzessin trinken!" — Johannes war jedoch noch nicht beim dritten Glas, so fühlte er sich schon so schläfrig, daß es ihm durchaus unmöglich war, die Augen noch länger offen zu halten, und er versank in tiefen Schlaf. Da hob ihn der Reisekamerad ganz sanft vom Stuhl auf und legte ihn ins Bett hinein, und sowie es vollständig Nacht und recht finster war, nahm er rasch die zwei großen Flügel, die er dem Schwan abgehauen, und band sie an seine Schultern fest; das größte von den drei Büscheln, die er von der Frau bekommen, welche mit zerbrochenem Bein hilflos am Wege gelegen war, steckte er in seine Tasche, öffnete das Fenster und flog dann hoch oberhalb der Stadt und zwar geraden Wegs nach dem Schlosse hin, wo er sich in einem Winkel unter dem Fenster hinsetzte, welches ins Schlafgemach der Prinzessin hineinging.

Es war still und einsam in der Stadt. Jetzt schlug die Uhr drei Viertel auf Zwölf; das Fenster ging auf und die Prinzessin flog in einem langen, weißen Mantel und mit schwarzen Flügeln über die Stadt weg und hinaus zu einem hohen, hohen Berge; da machte sich der Reisekamerad geschwind unsichtbar, so daß sie ihn nicht sehen konnte, flog hinterher, und peitschte die Prinzessin mit seiner Rute, daß Blut floß, wohin er schlug. Ach, das war eine Fahrt durch die Luft! — Der Wind erfaßte ihren Mantel, der sich ausbreitete wie ein großes Schiffssegel, und dann und wann schien der Vollmond durch.

„Das ist ja ein schrecklicher Hagel!" seufzte die Prinzessin bei

## Der Reisekamerad.

jedem Schlage, den sie von dem Reisekameraden bekam, und
das geschah ihr schon recht. Endlich war sie an dem Ort und
klopfte am Thor des Berges an. Mit donnerndem Getöse
öffnete sich die Pforte, und die Prinzessin trat hinein. Der
Reisekamerad folgte ihr, denn niemand konnte ihn sehen, da er
sich unsichtbar machte. Sie gingen durch einen langen, langen
Gang, wo es an den Wänden blitzte, und das kam von
Tausenden von glühenden Würmern und Insekten, die an der
Wand hin= und herliefen und wie Feuer im Dunkeln leuchteten.
Dann kamen sie in einen großen Saal, der von reinem Silber
und Gold war. Blumen, so groß wie die Sonnenblumen, rote
und blaue, hingen von den Wänden herunter, doch niemand
hatte Lust, die Blumen zu pflücken; denn die Stengel davon
waren lauter häßliche, giftige Schlangen, und die Blumen selbst
waren Feuer, welches aus den offenen Mäulern herausschlug.
Die Decke des Saals war ringsum mit Würmern und himmel=
blauen Fledermäusen bedeckt, welche mit den dünnen Flügeln
schlugen; es sah in der That schrecklich aus! Am hinteren Ende
des Saales erhob sich ein Thron, der von vier Pferdegerippen
getragen war, deren Schmuck und Geschirr aus nichts bestand,
als aus lauter feurigem Ungeziefer. Der Thron selbst war
von milchweißem Glase, und die Kissen, die darauf lagen,
waren von lauter kleinen, schwarzen Mäusen gemacht, die ein=
ander in den Schwanz bissen. Über demselben war ein Dach
von rosenroten Spinngeweben, mit den niedlichsten kleinen,
grünen Fliegen besetzt, welche wie Edelsteine funkelten. Auf
dem Throne saß ein alter Zauberer, mit einer Krone auf dem

häßlichen Kopf und einem Scepter in der Hand. Er küßte die
Prinzessin auf die Stirn, ließ sie neben ihm Platz nehmen, und
nun begann die Musik. Große, schwarze Heuschrecken spielten
die Mundharmonika, und die Eule schlug sich mit den Flügeln
auf den Bauch, da sie keine Trommel hatten. Das war ein
komisches Konzert. Kleine, schwarze Kobolde mit einem Irrlicht
auf dem Kopf, tanzten in dem Saal herum. Den Reise=
kameraden jedoch bemerkte niemand; er hatte sich gerade hinter
dem Thron versteckt und sah und horchte unbemerkt, so daß ihm
nichts entging. — Die Höflinge, die nun hereinkamen, sahen
alle sehr fein und vornehm aus, aber wer sie genauer ansah,
der merkte wohl, was sie waren. Es waren nämlich nichts
weiter, als lauter hölzerne Besenstiele mit Kohlköpfen darauf,
in die der Zauberer Leben gehext und die einfach in prächtige
Kleider gesteckt worden waren. — Doch das war auch gleich=
gültig, sie wurden ja doch nur zum Staat gebraucht! —

Nachdem nun ein wenig getanzt worden war, erzählte die
Prinzessin dem Zauberer, daß sie schon wieder einen neuen
Freier erhalten habe, und fragte deshalb, woran sie denken
sollte, um ihn am nächsten Morgen darnach zu fragen, wenn er
nach dem Schloß käme.

„Höre," sagte der Zauberer, „das will ich dir sagen! Du
mußt jetzt einmal etwas recht Leichtes wählen, denn an das denkt
er sicher am wenigsten. Wähle zum Beispiel einen deiner
S c h u h e ! Das rät er nicht! Laß ihm dann gleich den Kopf
abhauen, und vergiß mir nicht darauf, sobald du morgen Nacht
wieder zu mir herauskommst, mir seine Augen zu bringen, denn
auf d i e freu' ich mich schon!"

## Der Reisekamerad.

Die Prinzessin verneigte sich und versprach, die Augen gewiß nicht zu vergessen. Der Zauberer öffnete nun die Pforte wieder, und sie flog heimwärts. Der Reisekamerad flog aber hinter ihr her und schlug so zornig mit seiner Rute zu, daß sie darüber seufzte, daß das Hageln kein Ende mehr hatte, und aus Leibeskräften eilte, um durch das Schloßfenster wieder ins Innere hineinzugelangen. Der Reisekamerad flog nun auch wieder zurück nach dem Wirtshaus vor der Stadt, wo Johannes noch ruhig schlief, nahm seine Flügel herunter und legte sich dann auch zu Bette, denn er war selbst recht müde geworden. —

Am frühen Morgen schon war Johannes wach; — der Reisekamerad stand auch auf und erzählte ihm, daß er in der letzten Nacht einen höchst eigentümlichen Traum von der schönen Prinzessin und deren Schuhen gehabt habe, und er bat ihn deshalb, doch einmal zu fragen, ob die Prinzessin nicht vielleicht an einen ihrer S ch u h e gedacht habe? — Denn das war es ja, was ihr der böse Zauberer vorgeschlagen hatte.

„Ich kann gerade so gut nach einem der beiden Schuhe der Prinzessin fragen, als nach etwas Anderem," sagte Johannes; „und wer weiß, ob dir nicht dein Traum von Gott selber geschickt worden ist; denn ich vertraue auf den lieben Gott, der mir gewiß helfen wird! Doch will ich dir jetzt noch einmal Lebewohl sagen; denn wenn ich falsch rate, so bekomme ich dich doch nie mehr zu sehen!"

Dann küßten sie sich noch einmal und Johannes ging in die Stadt auf das Schloß hinauf. Der ganze Saal war schon voll von Leuten, die Richter saßen in ihren Lehnstühlen und hatten Kissen hinter dem Kopfe, die mit Federn vollgestopft waren, denn sie hatten so viel zu denken! Der alte König stand auf und wischte seine Augen mit einem weißen Taschentuch ab. Nun trat die Prinzessin herein; sie war noch schöner als gestern und grüßte alle auf das lieblichste;[1] dem Johannes gab sie die Hand und sagte: „Guten Morgen, du!"

Nun sollte denn Johannes raten, woran sie gedacht habe. Ach, wie freundlich sie ihn ansah! — Sowie er jedoch das Wort „Schuhe" aussprach, wurde ihr ganzes Gesicht kreideweiß, und sie bebte vor Wut am ganzen Körper; doch das half ihr jetzt nichts mehr, denn seine Antwort war in der That richtig gewesen.

Wie der gute König dann so glücklich war! Er machte einen Purzelbaum, daß es eine Lust war, und auch die Übrigen klatschten ihm und dem braven Johannes von Herzen Beifall zu, der jetzt das erste Mal schon richtig geraten.

Auch der treue Reisekamerad war voll Vergnügen, sobald er erfuhr, wie gut die Sache gegangen war; der fromme Johannes jedoch faltete seine Hände und dankte Gott, und bat ihn, ihm auch die beiden andern Male wieder gnädig zu helfen. Am nächsten Tage sollte wieder geraten werden.[2]

Die Nacht verging gerade so wie die vorige. Als Johannes schlief, flog der Reisekamerad wieder hinter der Prinzessin her zum Berge hinaus und schlug noch stärker zu als das vorige Mal, denn jetzt hatte er zwei Ruten genommen. Niemand bemerkte ihn, während i h m wieder nicht das Geringste entging. Die Prinzessin sagte dem Zauberer, daß sie morgen an ihre

## Der Reisekamerad.

Handschuhe denken wolle, und das erzählte denn der Reise=
kamerad gleich wieder dem Johannes, gerade, als ob es ein
Traum gewesen wäre, und für diesen war es da freilich nicht
schwer, die Frage der Prinzessin richtig zu erraten, und das gab
denn abermals eine große Freude auf dem Schloß. Alle Ge=
nerale und Minister machten Purzelbäume, nur die Prinzessin
lag auf dem Sopha und war sprachlos vor Wut. Jetzt kam
es also nur noch darauf an, ob Johannes auch das dritte Mal
glücklich wäre im Erraten. — In diesem Fall bekäme er ja die
schöne Prinzessin zur Frau und später einmal das Königreich:
— gelänge es ihm nicht, dann müßte er sterben, und der böse
Zauberer bekäme seine schönen blauen Augen.

Am Abende vorher ging Johannes zeitig zu Bette, betete sein
Nachtgebet und schlief dann ruhig ein; aber der Reisekamerad
band seine Flügel am Rücken fest, seinen Säbel an die Seite,
nahm eine Rute mit sich, die dieses Mal aus drei Büscheln ge=
macht war, und flog damit dem Schlosse zu.

Die Nacht war sehr finster, und der Sturm tobte so draußen,
daß die Dächer von den Häusern flogen und die Bäume im
Garten, da wo die Gerippe hingen, sich gleich dem Korn im
Sturmwind bogen; es blitzte jeden Augenblick, und so schnell
und mit solcher Gewalt folgte ein Donnerschlag auf den andern,
wie wenn es nur ein einziger Schlag wäre, der die ganze Nacht
dauerte. Jetzt sprang das Fenster auf und die Prinzessin flog
heraus; sie war blaß wie der Tod, lachte noch dazu, wie der
Sturm wütete, und ihr weißer Mantel flog in der Luft herum
gleich einem großen Schiffssegel. Dabei peitschte sie jedoch der

Reisekamerad mit seinen drei Büscheln, daß das Blut auf die Erde tröpfelte und daß sie zuletzt kaum mehr im stande war, weiter zu fliegen. Endlich kam sie doch nach dem Berge.

„Ist das ein Sturm und ein Hagel!" sagte sie atemlos; „in meinem Leben bin ich in keinem solchen Wetter vor die Thür hinausgegangen."

„Ja, manchmal kann man auch des Guten zu viel haben," sagte der Zauberer. Nun erzählte ihm die Prinzessin, daß Johannes auch das zweite Mal richtig geraten habe; thue er morgen dasselbe, so habe er gewonnen, und sie könne dann nie mehr nach dem Berge hinaus, könne auch nie mehr solche Zauberkünste machen wie früher, und darum sei sie so sehr betrübt.

„Er soll nichts mehr erraten," sagte der Zauberer. „Ich will schon etwas erfinden, woran er noch nie gedacht hat, oder er müßte ein noch größerer Zauberer sein, als ich. Doch genug davon, jetzt wollen wir lustig sein!" Und damit faßte er sogleich die Prinzessin bei den Händen und tanzte mit ihr und all den kleinen Kobolden und Irrlichtern, die im Saal waren, herum. Auch die Würmer und feurigen Fliegen an der Wand liefen und flogen lustig auf und nieder, und es sah aus, wie wenn die Feuerblumen sprühten. Die Eulen schlugen sich auf den Bauch, und die schwarzen Heuschrecken bliesen die Mundharmonika. Es war ein sehr lustiger Ball, das! Nachdem sie sich endlich müde getanzt hatten, mußte die Prinzessin wieder nach Haus, denn sonst wäre es im Schloß am Ende bemerkt worden, daß sie nicht da war. Der Zauberer wollte sie noch heim begleiten, damit sie doch noch ein wenig länger zusammen wären.

## Der Reisekamerad.

So flogen denn die Beiden im Sturm mit einander durch die Luft, und der Reisekamerad schlug sie mit seinen drei Büscheln, daß die Stücke davon in der Luft herumflogen. — Noch nie war der Zauberer in einem solchen Wetter gewesen. Draußen vor dem Schloß sagte er der Prinzessin Lebewohl und flüsterte ihr zugleich zu: „Morgen mußt du an meinen Kopf denken!" — Doch auch der Reisekamerad hörte das Wort und gerade wie die Prinzessin durchs Schloßfenster schlüpfte und der Zauberer wieder umkehrte, um heimwärts zu fliegen, packte er ihn an seinem langen schwarzen Bart, und schlug ihm mit dem Säbel seinen häßlichen Kopf gerade bei den Schultern ab, so daß der Zauberer ihn nicht einmal selbst mehr zu sehen bekam; den Körper warf er hinaus ins offene Meer, zu den Fischen, den Kopf aber tauchte er nur schnell ins Wasser, band ihn dann in sein Taschentuch hinein, nahm ihn mit nach dem Wirtshaus und legte sich schlafen.

Am nächsten Morgen gab er seinem lieben Johannes das Taschentuch und gab ihm nur den Rat, damit auf das Schloß zu gehen und nicht nachzusehn, was darin wäre, bis ihn die Prinzessin frage, woran sie gedacht habe.

Eine Menge von Menschen wartete bereits im großen Saal des Schlosses, und zwar standen sie so dicht Kopf an Kopf nebeneinander, daß man glaubte, ein Regiment von zusammengebundenen Rettigen vor sich zu sehen. — Die hohen Räte saßen da in den Lehnstühlen mit den weichen Kissen, und der König hatte neue Kleider an, die goldene Krone und das Scepter waren frisch poliert und es sah ganz feierlich aus. — Nur die Prinzessin war totenblaß und hatte ein kohlschwarzes Kleid an, gerade wie wenn sie zu einem Begräbnis ginge. —

„Also woran habe ich gedacht?" fragte sie Johannes, und da löste er schnell das Taschentuch auf und erschrak selbst furchtbar, wie er das häßliche Haupt des bösen Zauberers erblickte. Jeder, der einen Blick darauf hinwarf, trat einen Schritt zurück, denn es war in der That schrecklich anzusehn, und die Prinzessin selbst saß gerade da wie ein Bild von Stein, und war nicht im Stande, ein einziges Wort herauszubringen; endlich erhob sie sich und reichte Johannes die Hand, denn er hatte richtig geraten; sie sah ihn nicht an, sondern seufzte ganz laut: „Nun bist du mein Herr! Diesen Abend wollen wir mit einander Hochzeit halten!"

„So ist es recht!" sagte der König und sprang vergnügt auf, „ja, so wollen wir es haben!" Alles jubelte und schrie „Hoch, Hoch!" Die Wache zog mit Musik durch die Straßen, die Glocken läuteten und die Marktweiber nahmen den schwarzen Trauerflor wieder von ihren Zuckerherzen, denn nun herrschte Glück und Freude. Drei gebratene und mit Enten und Hühnern gefüllte Ochsen wurden mitten auf den Markt gesetzt. Jedermann durfte sich ein Stück davon abschneiden; aus den Springbrunnen floß der schönste Wein hervor, und kaufte man sich beim Bäcker einen Pfennig=Kuchen, so bekam man sechs große Zwieback mit Rosinen darin, als Zugabe.

Am Abende war die ganze Stadt beleuchtet und die Soldaten schossen mit Kanonen und die Knaben mit Knallbüchsen, und es wurde gegessen und getrunken und gesprungen droben im

Schlosse; alle die vornehmen Herren und die schönen Fräulein tanzten mit einander; man konnte es in der Ferne hören, wie sie sangen:

> Schöne Herrn und schöne Frauen
> Sind alle hier im Kreis zu schauen,
> Schwingen sich mit Pracht und Glanz
> Ringsherum im frohen Tanz.
> Lustig, lustig! Tanzt nur zu,
> Bis die Sohle geht vom Schuh!

Aber die Prinzessin war noch immer eine Hexe und konnte den guten Johannes nicht recht leiden; daran dachte der Reisekamerad, und darum gab er ihm drei Federn aus den Schwanenflügeln und eine kleine Flasche mit einigen Tropfen darin; sagte ihm dann, er solle heimlich ein riesiges Faß voll Wasser vor das Bett der Prinzessin hinstellen lassen, und wenn dann die Prinzessin ins Bett hineinsteigen wolle, dann solle er ihr einen kleinen Stoß geben, so daß sie in das Wasser hineinfalle, und da solle er sie dann dreimal im Wasser untertauchen, nachdem er vorher die drei Federn und die Tropfen hineingethan habe: — dann sei sie von ihrem Zauber frei und werde ihn gewiß noch recht lieb haben.

Johannes machte es genau so, wie der gute Reisekamerad ihm geraten hatte. Die Prinzessin schrie natürlich laut auf, als er sie in das Wasser tauchte, und zappelte zuerst in Gestalt eines großen, schwarzen Schwanes mit bösen, funkelnden Augen; als sie das zweite Mal wieder aus dem Wasser herauskam, war der Schwan schneeweiß bis auf einen schwarzen Ring um den Hals.

# NOTES.

## I.
## Das Schneeglöckchen.

**Page 1.** — 1. **Hinter Thür und Riegel,** *behind door and bolt,* that is, *in the house.* — 2. **Eines Tages,** adverbial genitive of time. — 3. „**Es**" is made the grammatical subject of a verb, the logical subject of which follows later." It may usually be translated "there." In this sentence „etwas" is the logical subject and „es" may be omitted. — 4. **herein;** supply **komme.** — 5. After auxiliaries of mode, the infinitive, especially **gehen** and **thun,** is frequently omitted.

**Page 2.** — 1. **hatte** goes also with the participles **erweicht** and **erwärmt,** above. — 2. **Liebe,** *"love"* or *" dear (one)."*

**Page 3.** — 1. **dich darein fügen,** *yield to it.* — 2. **Wetter zum Erfrieren,** *freezing cold;* lit., *weather for freezing.* — 3. **wohlthun,** *to do good.*

**Page 4.** — 1. **aufs neue,** *anew, again.*

**Page 5.** — 1. **Ambrosius Stub,** one of the best Danish poets of the last century (died 1758). — 2. **ja,** *why,* is a mere exclamation; place, in English, at the beginning of the sentence. — 3. **seiner Zeit** is dative.

## II.
## Der silberne Schilling.

**Page 7.** — 1. **geht es,** impersonal for **gehe ich.** — 2. **ja,** *why;* see note 2, p. 5.

**Page 8.** — 1. **ja** is often used in a sentence containing the statement of a fact supposed to be known. Translate, *as you know.* — 2. **kennen zu lernen,** *to become acquainted with.* — 3. **was für,** *what kind of.*

**Page 9.** — 1. **los werden,** *get rid of.* — 2. **gelten,** *to pass.* — 3. **der ich,** *who.* When **der** refers to a pronoun of the first or second person, the pronoun is usually repeated after the relative. — 4. **mir ist zu Mute,** *I feel.* — 5. **Lug** and **Trug** both mean *deception.* In German, two words, nearly or quite synonymous, are frequently used together if they rime or begin with the same letter.

**Page 10.** — 1. **als daß er mich hätte behalten sollen,** *to keep me;* lit., *than that he should have kept me.* — 2. The English order is: **war gewesen bewußt mir meines Wertes,** etc. Omit **mir** in translating. — 3. **es** often refers to an adj., as here to **traurig.**

**Page 11.** — 1. See note 4, p. 9. — 2. Most verbs compounded with **ent** require the dative.

**Page 12.** — 1. **verloren gehen,** *get lost.* — 2. **ohne zu sprechen,** *without speaking.* — 3. **es,** *so;* see note 3, p. 10.

---

### III.

### Eine Rose vom Grabe Homers.

**Page 13.** — 1. **Smyrna,** a city in Asia Minor. — 2. **unter,** *among.*

**Page 14.** — 1. **Troja,** *Troy.* — 2. **sich**; dative, *for himself.* — 3. **es**; see note 3, p. 1. — 4. supply **hatte.** The auxiliary is frequently omitted in dependent clauses.

**Page 15.** — 1. **Ilias,** *Iliad.*

## IV.
## Zwei Brüder.

**Page 16.** — 1. **gemacht**, done. — 2. **es wurde gekocht**, *there was a cooking.* — 3. **älterer**, *elderly.* — 4. **vorstehen**, *to oversee, supervise.*

**Page 17.** — 1. **ihm in den Augen**, = in seinen Augen. — 2. **Solon**, the Grecian lawgiver. — 3. **es war ihm**, *it seemed to him.* — 4. **vorgehen**, *to happen;* mit, *to.*

**Page 18.** — 1. **bei** *to.* — 2. *H. C. Oersted*, one of the most celebrated physicists of modern times (1777—1851). His brother A. S. Oersted was a statesman (1778—1860).

---

## V.
## Das Gänseblümchen.

**Page 20.** — 1. **ja,** *of course.* — 2. **doch**, is here merely emphatic. It is better left untranslated. — 3. **auf die Größe kommt es nicht an**, *it does not depend on size.* — 4. **doch**; see note 2. — 5. **Quivit** imitates the note of the bird. — 6. **was für**, *what;* lit., *what kind of.*

**Page 21.** — 1. **die ihr zu teil geworden war**, *which she had received;* lit., which had come to her as (her) share. — 2. **aus,** *all over.*

**Page 22.** — 1. **auf die Gänseblume zu,** *towards the daisy.* **zu** is here an adverb emphasizing the preposition **auf.** Compare um ... herum, line 27, p. 22 and in ... hinein, line 8, p. 23.

**Page 23.** — 1. **so sehr ... auch,** *however much.*

**Page 24.** — 1. **wenn doch,** *if only.* — 2. **erst,** *only, not — until.*

## VI.
## Der Schneemann.

**Page 26.** — 1. **die eben untergehen wollte,** *which was just about to set.* — 2. **Ich habe ihr doch das Starren abgewöhnt,** *I have certainly broken up its (habit of) staring.* — 3. See note 5, p. 1; also p. 27, 1.

**Page 27.** — 1. **auch eben erst,** *however just recently.* — 2. See note 1, p. 22.

**Page 28.** — 1. **es**; see note 3, p. 1.

**Page 29.** — 1. **Ami** (friend) was the dog's name.

**Page 30.** — 1. **träumt mir,** impersonal construction for **ich träume.** — 2. **wurde ... zu Mute,** *felt;* impersonal construction. **Schneemanne** becomes the subject in translating. — 3. **Bein** means both "bone" and "leg".

**Page 31.** — 1. **zusammen,** *down.* See also line 11, p. 32.

---

## VII.
## Das alte Haus.

**Page 34.** — 1. After **sein** the active infinitive is translated by an English passive. — 2. **sollte heraus laufen,** *should have run out.*

**Page 35.** — 1. **so recht,** *properly;* better rendered as an adj., *proper, good.*

**Page 36.** — 1. **ward (jemand) herübergeschickt**; impersonal construction. — 2. **hätte glauben sollen,** *would have believed.* — 3. This is intended to imitate the sound of the trumpet.

**Page 37.** — 1. **ihrer,** genitive plural.

**Page 39.** — 1. **es ward genickt**; see note 2, p. 16. — 2. **heißt,** *means.* — 3. **auch,** *either.*

Page 40. — 1. **zu sehen**; see note 1.

Page 41. — 1. **Ich werde ihn schon noch finden,** *I shall surely find him yet.*

Page 42. — 1. **ward ... aufgeräumt,** impersonal construction. Translate „**Hause**" as the subject.

---

## VIII.

## Der Tannenbaum.

Page 45. — 1. **mochte nicht hören,** *did not like to hear.* — 2. **um ein gutes Stück,** *considerably;* lit., *by a good piece.*

Page 46. — 1. **das einzig Schöne,** *the only fine (thing).* The neuter adj. is often thus used.

Page 47. — 1. See note 5, p. 1.

Page 48. — 1. **wäre ich doch erst,** *were I only once.* — 2. **erst,** *only,* or *not until (it was) in.*

Page 49. — 1. **voller** is the old masc. nom. It is now used for all genders and numbers. The usual form would be **voll.** — 2. **ob,** *(I wonder) whether;* **ob** is often thus used when the verb must be supplied in English. See **ob,** p. 48, l. 2. **da,** *then,* goes with **kommen. wohl,** *perhaps.*

Page 50. — 1. **einmal,** *even.* — 2. **ihm war bange ... zu verlieren,** *he was afraid of losing.* For the impersonal **ihm war bange,** it would also be correct to say **er war bange,** but the former is more common. — 3. **je nachdem,** *according as.*

Page 52. — 1. **aufs neue**; see note 1, p. 4. — 2. **wohl,** *probably;* **sollen,** *be destined.* — 3. **ganz und gar**; see note 5, p. 9. — 4. **doch** is emphatic. It may be translated *very.*

Page 53. — 1. **doch** is often used with an imperative to denote impatience or urgency. It may be translated *"please"*. — 2. follten hören, *were to hear.*

Page 54. — 1. ich danke is in German frequently a polite refusal. They didn't care to hear the story again.

---

## IX.
## Das häßliche junge Entlein.

Page 56. — 1. nach allen Seiten, *in all directions.*

Page 57. — 1. ich habe die Geschichte bald satt, *I have about enough of this business:* satt with haben, usually governs the accusative; with sein, the genitive. — 2. ihnen ist bange; see note 2, p. 50.

Page 59. — 1. zu teil werden; see note 1, p. 21. — 2. umbrüten, *to hatch over* (in order to bring something else out of it). — 3. Ihro Gnaden, *your grace.* Ihro (used only before titles) is equivalent to euer.

Page 60. — 1. ausmachen, *to matter.* — 2. schon, *anyhow.*

Page 61. — 1. über die Maßen, *beyond measure, excessively.* — 2. uns gleich, *all the same to us.*

Page 62. — 1. Gott is dative.

Page 63. — 1. schlechter Laune, *in a bad humor;* genitive of quality or characteristic.

Page 64. — 1. rechtes is ironical; transl., *fine.* — 2. wollen, *pretend.* — 3. bilde dir nichts ein, *make no pretensions.*

Page 65. — 1. ließen hören, *allowed to be heard, made.* — 2. zu Mute; see note 2, p. 30. — 3. wie außer sich, *as if beside itself.* — 4. es war ihnen gut, *it loved* or *admired them.*

Page 67. — 1. nun . . . erst, *only now, not until now.*

Page 68. — 1. mir nicht träumen laffen, *not allowed myself to dream of;* see note 1, p. 30.

## X.
## Die Nachtigall.

Page 69. — 1. aufs feinfte, *in the finest (manner).*

Page 70. — 1. hat nichts zu bedeuten, *signifies nothing.* — 2. foll, *is said;* a frequent signification of follen; for ja see note 1, p. 8.

Page 71. — 1. Dero, *your,* is the old gen. plur. of der. It is used like Jhro; see note 3, p. 59. — 2. großmächtigsten, *high and mighty;* used only in burlesque style. — 3. foll getrampelt werden; impersonal construction. In translating, Hof will be the subject. — 4. These two words are used like „P" in line 25, p. 70.

Page 73. — 1. Dero, *his;* see note 1, p. 71.

Page 74. — 1. ließen ... ansfprechen, *ordered (some one) to express.* — 2. das will viel fagen, *that means much.*

Page 77. — 1. Hochkaiferlichen Nachttifchfänger, *High Imperial Evening-Banquet Singer.* He only sang at the evening banquets. — 2. ja; see note 1, p. 8. — 3. konnten, *knew.* This is the original meaning of können.

Page 81. — 1. eins, *one (thing).*

## XI.
## Die Glocke.

Page 82. — 1. bald ... bald, *now ... now.* — 2. längere, *a rather long.* — 3. See note 2, p. 49. — 4. gingen; supply zu Fuß.

Page 83. — 1. **es war ihnen**; see note 3, p. 17.

Page 84. — 1. **mit einem Male**, *all at once;* omit zu. — 2. **bis auf,** *except.*

Page 85. — 1. **ja**; see note 1, p. 8. — 2. **doch**, *after all.* — 3. **das ist doch wohl nicht,** *that surely could not be.*

Page 86. — 1. **bis auf**; see note 2, p. 84. — 2. **wie da gesungen wurde,** impersonal construction for **wie man da sang.**

Page 87. — 1. **der** is a demonstrative. — 2. **uns** = **einander.**

---

## XII.

## Die alte Turmglocke.

Page 90. — 1. **Marbach,** Schiller's birth-place, is a small town in south Germany.

Page 91. — 1. **was wurde aus,** *what became of.* — 2. **wie — auch,** *however.* — 3. **einst,** *sometime.* — 4. **das Lied von der Glocke** is one of the most celebrated poems in the German language. — 5. **einer andern Stadt,** Ludwigsburg. — 6. **erst,** *only.*

Page 92. — 1. **Gellert** (1715—1769) was Professor in the University of Leipzig. — 2. **Klopstock** (1724—1803), a celebrated German poet. His "Messiah" is one of the most noted poems in the language.

Page 93. — 1. **so ... auch** = **wie auch**; see note 2, p. 91. — 2, 3. **ja,** see note 1, p. 8. — 4. **und zwar,** *and that too.* — 5. **wohl**; see note 2, p. 52. — 6. **aus ihr werden**; see note 1, p. 91.

Page 94. — 1. **ob wohl**; see note 2, p. 49. — 2. When Schiller was 22 years old, being at the time regimental surgeon, he left his regiment without permission and escaped to Mannheim in Baden because he was forbidden to publish anything but medical treatises. He had already published one drama, "The Robbers," and was writing his second, "Fiesco".

Page 95. — 1. **einer** (**Gestalt**) is in apposition with **Ehrendenkmals**. — 2. **ein armer Knabe.** This was the sculptor Thorwaldsen (1770—1844).

Page 96. — 1. **lebendigen Leibes**, *with living body*, i. e., *alive;* adverbial genitive. — 2. **Karlsschule**, the „**Militärschule**" spoken of above. — 3. **Befreier der Schweiz** and **Jungfrau Frankreichs** refer to "William Tell" and the "Maid of Orleans," the titles of Schiller's most popular dramas. — 4. **dafür,** *instead*.

---

## XIII.
## Der Schnellläufer.

Page 98. — 1. **Ich hätte wohl verdient,** *I (think I) certainly deserved.* — 2. **auseinander setzen,** *to explain.*

Page 100. — 1. **das heißt,** *that means* or *is equivalent.* — 2. **wohl**; see note 1, p. 98.

---

## XIV.
## Wie's der Alte macht, ist's immer recht.

Page 102. — 1. **Auf dem Lande,** *in the country.* — 2. **du wirst wohl ... gesehen haben,** *you have doubtless seen.* — 3. **wie ... auch**; see note 2, p. 91.

Page 103. — 1. **wie ... nur,** *as ever.*

Page 104. — 1. **zu,** *forward.*

Page 105. — 1. **was** = **etwas.** — 2. **schönen Dank dazu,** *hearty thanks besides.* — 3. **sich** is dative. — 4. **thaten ihm Not,** *he needed.*

Page 106. — 1. **erſt**, *really*, is emphatic. She had never before seen *real* „**Wohlſtand.**" — 2. **und ſo weiter**, *usually*, u. ſ. w., is the German for *etc.*

Page 107. — 1. **genügt ſchon**, *is quite enough.* — 2. **dagegen ſetzen**, *put up against them.* — 3. **um ſo** (viel) **beſſer**, (by) *so much the better.*

Page 108. — 1. **doch** is emphatic, — "How you *do* think." **an**, *of.* — 2. **erſt recht**, *most of all;* see also note 1, p. 106.

Page 109. — 1. **das lohnt ſich**; reflexive for passive, = **das wird gelohnt.**

## XV.

### Feder und Tintenfaſz.

Page 110. — 1. **doch**; see note 1, p. 108. — 2. **erſt**, *once.* — 3. Omit **nicht** in translating. — 4. **Blinder** and **Lahmer** are gen. plur. after **Heerſcharen**. These nouns refer to characters in stories.

Page 113. — 1. The principal sentence is to be supplied here, say „**Ich wundere mich,**" or, „**es iſt merkwürdig.**" — 2. **zum beſten haben**, *to ridicule;* lit., *to have the best of.*

## XVI.

### Der Garten des Paradieſes.

Page 114. — 1. **was**, *that.* — 2. **ſtehen** is often equivalent to **ſein**. — 3. **könne**; see note 3, p. 77.

Page 115. — 1. **das ſollte ich geweſen ſein**, *I should have been in their place;* lit., *that should have been I.* — 2. **bald . . . bald**; see note 1, p. 82. — 3. **hätte . . . halten mögen**, *might have taken.*

Page 116. — 1. **es zieht,** *there is a draught.* — 2. **auf eigene Hand** (or **Fauſt**) **treiben,** to act for one's self. In colloquial English, *on one's own hook.*

Page 118. — 1. **mit Mann und Maus,** i. e., *with every living thing.*

Page 122. — 1. **erſt,** *only;* i. e., *not before.* — 2. **an Ort und Stelle,** *on the very spot.*

Page 123. — 1. **wie kniſterten doch die Zweige,** *how the twigs did crackle!* See also note 1, p. 108.

Page 126. — 1. **wohl,** *I suppose.*

Page 127. — 1. **Spitzen,** *lace.* — 2. **ſich ſchlingend,** *winding.*

Page 131. — 1. **ja** is emphatic; **ja nicht,** *by no means.*

## XVII.

## Der Reiſekamerad.

Page 138. — 1. **in aller Frühe,** *in all earliness;* i. e., *very early.* — 2. **aus ... beſtand,** *consisted of.*

Page 139. — 1. **warf ihm Kußhändchen zu,** *threw kisses at him.*

Page 141. — 1. **Dach und Fach,** *shelter;* see note 5, p. 9. — 2. **ich habe es recht wohl nötig,** *I need it very much.* — 3. **etwas zu Leibe thun,** *to injure;* lit., *to do any thing for injury.*

Page 142. — 1. **andern** = **nächſten.** — 2. **ſchon,** *anyhow.*

Page 144. — 1. **was ... nur,** *whatever;* **was** is emphatic.

Page 145. — 1. **zu Füßen,** *on foot;* she could walk better.

Page 147. — 1. **ſeufzte es**; compare note 2, p. 16. — 2. **denn** is emphatic; **was denn,** *what in the world.*

Page 151. — 1. **nichts angingen,** *did not concern.* — 2. **mir** is the ethical dative; omit in translating.

**Page 152.** — 1. **ihm geträumt (hatte)**; see note 1, p. 30.

**Page 153.** — 1. **Reichsapfel,** *imperial globe.* This was a symbol of imperial dignity and part of the insignia of the German empire.

**Page 160.** — 1. **auf das lieblichste**; compare **auf das feinste**, note 1, p. 69. — 2. **sollte geraten werden**; see note 2, p. 86.

# VOCABULARY.

# VOCABULARY.

In nouns the genitive is indicated only when it is weak or irregular. A dash (—) indicates that the plural is like the singular; "e, "er, that the stem, in the plural, has the Umlaut with these letters added. When no auxiliary is given it is understood to be haben. Compound verbs have the same auxiliaries as the simple ones, unless otherwise indicated. The plural of compound nouns will be found under the simple form.

## A.

Aal, *m.*, *pl.*, –e, eel.
ab, *adv.*, *sep. pref.*, of, off, from.
abbeißen, to bite off.
Abbildung, *f.*, *pl.*, –en, picture.
Abend, *m.*, *pl.*, –e, evening.
Abendbrot, *n.*, supper.
Abendglocke, *f.*, evening bell.
Abendhimmel, *m.*, evening sky.
Abendpsalm, *m.*, *pl.*, –en, evening psalm or hymn.
Abendrot, *n.*, evening red, twilight.
Abendstunde, *f.*, evening hour.
abends, *adv.*, in the evening.
aber, but, however.
abermals, again, once more.
abfallen (sein), to fall off.
abgewöhnen, to disaccustom, break off.
Abhandlung, *f.*, *pl.*, –en, treatise.
abhauen, to cut or chop off.
ablassen, to leave off, desist.
abmachen, to settle, finish, do.

abnehmen, to take off; *intr.*, decrease.
abnutzen, to wear out.
abpflücken, to pluck off.
abraten, to dissuade, advise against.
Abreise, *f.*, *pl.*, –n, departure, parting.
abreisen (sein), to depart, set out.
abreißen, to pull or break off, pull down.
abscheu'lich, abominable, horrible.
Abschied, *m.*, *pl.*, –e, leave, farewell.
abschlagen, to knock off, cut off.
abschneiden, to cut off.
Absicht, *f.*, *pl.*, –en, design, purpose, intention.
absichtlich, intentional(ly).
Abteilung, *f.*, *pl.*, –en, part, division.
abwischen, to wipe off, wipe.
ach, ah, oh, alas.
acht, eight; acht–, eighth.
Acht, *f.*, care, attention; — geben, to pay attention, attend to, watch;

(183)

außer — laffen, to neglect; in — nehmen, to take care of, look out for; sich in — nehmen, to be on one's guard.
achtbar, respectable, honorable.
achten (*with gen.* or *acc.*), to regard, mind, care for.
Acker, *m., pl.,* Äcker, field.
Ade', adieu.
adelig, noble.
Adler, *m., pl.,* —, eagle.
Affe, *m., pl.,* -n, ape, monkey.
Afrika, *n.,* Africa.
Ägypten, *n.,* Egypt.
ägyptisch, Egyptian.
ah, aha, ah, aha.
ähneln, to resemble.
Ähnlichkeit, *f., pl.,* -en, likeness, resemblance.
Ahnung, *f., pl.,* -en, presentiment, suspicion.
Aka'zie (*4 syl.*) *f., pl.,* -n, acacia.
albern, silly, foolish.
Album, *n.,* album.
all (aller, alle, alles), all every, everything.
alledem, all that (*dat. of* alles das).
allmäh'lich, gradually.
allein, *adj.,* alone; *conj.,* but.
allemal, always.
aller (*gen. plur., in composition with superlatives*), of all.
allerbest, best of all.
allergrößt, greatest of all.
allerlei, various, of all kinds.
allerliebst, charming(ly).
allerschönst, most beautiful(ly) of all.

allgemein', universal, general, common.
Allgemeinheit, *f.,* universality, mediocrity.
Alp, *f., pl.,* -en, the Alps.
als, than, as, when, as if, but, like.
also, thus, so, therefore, then.
alt, old, aged.
Altan, *m., pl.,* -e, balcony, platform.
Altar, *m., pl.,* Altäre, altar.
Alte, *f.,* old woman.
Alter, *m.,* old man.
Alter, *n.,* age.
ältern, to grow old.
ältlich, elderly.
am, for an dem.
amerikanisch, American.
Amt, *n., pl.,* Ämter, office, place.
an, *prep., with dat. or acc.,* at, in, on, to, towards, of.
anbellen, to bark at.
Anblick, *m., pl.,* -e, sight, spectacle.
anblicken, to look at.
Andacht, *f.,* devotion, reverence.
andachtsvoll, } devout(ly), reverent(ly).
andächtig,
Andenken, *n.,* remembrance, memory.
ander, second, next, other, different.
ändern, to change, alter.
anders, otherwise, differently.
andrücken, to press on or down.
Anfang, *m., pl.,* ⁻e, beginning.
anfangen, to begin, undertake, do, go about.
anfangs, at first.

**Anfangsbuchstaben,** *m.*, capital letter, initial.
**anfassen,** to seize, touch.
**anführen,** to lead, cheat, deceive.
**angehen,** to approach, concern.
**angemessen,** suitable, fit, proper.
**angenehm,** acceptable, agreeable, pleasant.
**Angst,** *f.*, fear, anxiety; mir ist angst, I am afraid; mir wird angst, I am becoming uneasy.
**ängstlich,** anxious, timid.
**anhalten,** to hold, stop.
**anklopfen,** to rap, knock.
**ankommen** (sein), to arrive, depend.
**anlächeln,** to smile at.
**anlangen** (sein), to arrive.
**anlegen,** to put on, to lay out, make, establish.
**anlehnen,** to lean against.
**anmutig,** pleasant, agreeable.
**annehmen,** to take, accept.
**anprobieren,** to try on.
**anrühren,** to touch.
**Ansatz,** *m.*, *pl.*, ⁻e, piece, joint.
**anschauen,** to view, look at.
**Anschauung,** *f.*, *pl.*, –en, view, sight.
**ansehen,** to look at, regard, see,
**Ansehen,** *n.*, appearance. [perceive.
**Ansicht,** *f.*, *pl.*, –en, view, opinion.
**anstarren,** to stare at.
**anstellen,** to employ, appoint.
**Anstellung,** *f.*, *pl.*, –en, appointment, situation.
**anthun,** to put on, do, offer, inflict.
**Antilope,** *f.*, *pl.*, –n, antelope.
**Antlitz,** *n.*, *pl.*, -e, face, countenance.

**Antwort,** *f.*, *pl.*, –en, answer, reply.
**antworten,** to answer, reply.
**anwesend,** *adj.*, present.
**anziehen,** to dress.
**anzünden,** to light, kindle, set on fire.
**Apfel,** *m.*, *pl.*, **Äpfel,** apple.
**Apfelbaum,** *m.*, apple-tree.
**Apotheke,** *f.*, *pl.*, –n, drug-store.
**Arbeit,** *f.*, *pl.*, –en, work, labor.
**arg,** bad, wicked.
**Ärger,** *m.*, anger, vexation.
**ärgern,** to vex; sich —, to be vexed.
**arm,** poor.
**Arm,** *m.*, *pl.*, -e, arm.
**Armband,** *n.*, *pl.*, ⁻er, bracelet.
**Ärmel,** *m.*, *pl.*, — sleeve.
**ärmlich,** poor, miserable.
**Armut,** *f.*, poverty, want.
**Art,** *f.*, *pl.*, –en, kind, way, manner.
**artig,** good, polite.
**Asche,** *f.*, ashes.
**Asien,** *n.*, Asia.
**aß,** past of essen, to eat.
**Ast,** *m.*, *pl.*, ⁻e, bough, branch,
**Atem,** *m.*, breath.
**atemlos,** breathless.
**atmen,** to breathe.
**ah,** oh!
**auch,** also, too, likewise, even.
**auf,** *prep. with dat. and acc., and adv.*, on, upon, in, at, to, up, towards, of, up, upwards, open; aufs beste, in the best manner; aufs neue, anew.
**aufbauen,** to build, erect.
**aufbinden,** to tie, fasten.
**aufblasen,** to blow up.

**aufblühen,** to bloom, blossom.
**aufflammen,** to flame, blaze up.
**auffliegen,** to fly up.
**Aufgabe,** *f., pl.,* –n, task, lesson.
**aufgeblüht,** open, in bloom.
**aufgehen,** to go up, rise, open, disappear.
**aufheben,** to lift, pick up, keep, preserve.
**auflachen,** to laugh loudly.
**auflösen,** to loose, open.
**aufmachen,** to open; sich —, to get up, set out.
**aufmerksam,** mindful, attentive.
**Aufmerksamkeit,** *f.,* attention.
**aufnehmen,** to take up, receive
**aufpflanzen,** to plant, set up.
**aufräumen,** to clear up, take away.
**aufrichten,** to raise, set up.
**aufschlagen,** to put up, set up, open.
**aufschließen,** to unlock, open.
**aufschneiden,** to boast; as *noun,* boasting.
**aufschreiben,** to write down, record.
**aufschreien,** to cry out, scream.
**Aufschrift,** *f., pl.,* –en, address, inscription.
**Aufsehen,** *n.,* show, sensation.
**aufsetzen,** to set up, put on.
**aufsperren,** to open wide.
**aufspringen,** to spring up, fly open, burst.
**aufstecken,** to put up, set up, fix.
**aufstehen,** to rise, get up, stand up.
**aufstellen,** to set up.
**auftauen,** to thaw, melt.

**Auftrag,** *m., pl.,* ⸚e, order, commission.
**aufwecken,** to awake, rouse.
**aufwirbeln,** to raise, stir up.
**aufziehen,** to draw up, wind.
**Aufzug,** *m., pl.,* ⸚e, train, procession.
**Auge,** *n., pl.,* –n, eye.
**Augenblick,** *m., pl.,* –e, moment.
**Augenlid,** *n., pl.,* –er, eyelid.
**aus,** *prep. with dat.,* and *adv.,* out of, from, by, of, over, ahead.
**ausbreiten,** to spread out, extend.
**ausbrennen,** to burn out.
**ausbrüten,** to hatch out.
**ausdehnen,** to extend; expand.
**ausdenken,** to invent, imagine.
**auseinander,** apart; — setzen, to explain.
**ausfahren,** to ride out, go out.
**ausfinden,** to find out, seek, discover.
**Ausflug,** *m., pl.,* ⸚e, flying out, trip, excursion.
**ausgeben,** to give out, spend.
**ausgebrannt,** burnt out, extinct.
**ausgedehnt,** wide, spacious.
**ausgehen,** to go out, start, proceed, go upon.
**ausgenommen,** except, unless.
**ausgesandt,** *past part.* aussenden.
**ausgezeichnet,** distinguished, excellent, splendid.
**ausgleiten,** to slip.
**aushalten,** to hold out, draw out, keep out, stand, endure.
**aushauen,** to hew, cut out.
**Auskunft,** *f.,* information.

Ausland, *n.*, foreign land.
auslöschen, to put out, extinguish.
ausmachen, to matter, be of consequence.
ausnehmen, to take out, except; sich —, to look, appear.
auspacken, to unpack, unload.
Ausruf, *m.*, *pl.*, -e, cry, exclamation.
ausrufen, to call out, proclaim.
ausruhen, to rest, repose.
ausschelten, to scold.
ausschneiden, to cut out, carve.
ausschnitzen, to cut out, carve.
ausschütten, to pour out.
aussehen, to look, appear.
außen, out, without, outside.
aussenden, to send out.
außer, *prep. with dat.*, out of, outside of, beside, except.
außerdem, besides, moreover.
außerhalb, *prep. with gen.*, outside of, beyond.
außerordentlich, extraordinary, excessive, exceedingly.
aussetzen, to set out, offer.
Aussicht, *f.*, *pl.*, -en, view, prospect.
aussingen, to sing out, sing through, sing to an end.
aussprechen, to pronounce, speak out, express.
ausstoßen, to expel, push out, utter.
ausstrecken, to stretch out, extend.
austeilen, to distribute, give out.
Australien, *n.*, Australia.
auswärts, outwards.

auswendig, outside, by heart; — lernen, to learn by heart.
auswerfen, to throw out, cast out.
Auszeichnung, *f.*, *pl.*, -en, distinction.
Axt, *f.*, *pl.*, ⁻e, axe, hatchet.

## B.

Bach, *m.*, *pl.*, ⁻e, brook.
Backofen, *m.*, oven.
Backen, *m.*, *pl.*, —, cheek.
backen, to bake.
Bäcker, *m.*, *pl.*, —, baker. [track.
Bahn, *f.*, *pl.*, -en road, course,
Baiern, *n.*, Bavaria.
bald, soon, early; bald ... bald, now ... now.
Balken, *m.*, *pl.*, —, beam.
Ball, *m.*, *pl.*, ⁻e, globe, ball, dance.
Ballkleid, *n.*, ball-dress.
Ballen, *m.*, *pl.*, —, pack, ball,
ballen, to clench (the hand).
Banane, *f.*, *pl.*, -n, banana.
Bananenbaum, *m.*, banana-tree.
Band, *n.*, *pl.*, ⁻er, ribbon, band.
Band, *m.*, *pl.*, Bände, volume.
bang, bange, anxious, uneasy, timid.
Bank, *f.*, *pl.*, ⁻e, bench, seat.
Bär, *m.*, *gen.* -en, *pl.*, -en, bear.
Bärenpelz, *m.*, *pl.*, -e, bearskin.
Böreneiland, *n.*, bear-island.
Bart, *m.*, *pl.*, ⁻e, beard.
Bau, *m.*, *pl.*, -e or -ten, building.
bau'fällig, ruinous, dilapidated.
Bauch, *m.*, *pl.*, ⁻e, belly, stomach.
bauen, to build.

**Bauer,** *m.*, *pl.*, -n, peasant, farmer, countryman.
**Bauernhaus,** *n.*, farmhouse.
**Bauernkind,** *n.*, country child.
**Bauernhütte,** *f.*, rural cottage.
**Baum,** *m.*, *pl.*, ⁿe, tree.
**Bäumchen,** *n.*, *pl.*, —, little tree.
**beacht'ten,** to mind, regard.
**Beam'te,** *n.*, *pl.*, -n, officer.
**beben,** to shake, tremble.
**bedecken,** to cover.
**bedeuten,** to mean, signify.
**Bedien'te,** *m.*, *pl.*, -n, servant.
**beeilen,** to hasten.
**Beere,** *f.*, *pl.* -n, berry.
**befehlen,** to command, order.
**befestigen,** to fasten.
**befeuchten,** to wet, moisten.
**befinden,** to find; sich —, to be.
**Befreier,** *m.*, *pl.*, —, deliverer, liberator.
**befriedigen,** to content, satisfy.
**begeben,** *reflex.*, to go, betake.
**begegnen** (sein), to meet.
**begeistern,** to inspire.
**beginnen,** to begin.
**begleiten,** to accompany.
**begnügen,** to content, satisfy.
**begraben,** to inter, bury.
**Begräbnis,** *n.*, *pl.*, -sse, burial, funeral.
**begreifen,** to comprehend, understand.
**begrüßen,** to greet, salute.
**behalten,** to keep, retain.
**behängen,** to hang.
**behutsam,** careful.

**bei,** *prep. with dat.*, by, near, at, about, with, on, to, in, among, at the house of.
**beibehalten,** to keep, retain.
**beibringen,** to teach, impart.
**beide,** both, two.
**Beifall,** *m.*, applause; — klatschen, to applaud.
**beim,** for bei dem.
**Bein,** *n.*, *pl.*, -e, leg, bone.
**beinahe,** almost, nearly.
**beisammen,** together.
**Beispiel,** *n.*, *pl.*, -e, example; zum —, for example.
**beißen,** to bite.
**beitragen,** to contribute, add.
**bekannt',** known.
**bekommen,** to get, receive, obtain.
**bekümmern,** to trouble, concern.
**beladen,** to load.
**belasten,** to load, burden.
**belaubt',** leafy.
**beleben,** to animate, cheer.
**beleidigen,** to offend, insult.
**beleuchten,** to illuminate.
**belieben,** to please.
**beliebt',** beloved, popular.
**bellen,** to bark.
**belohnen,** to reward.
**Belust'igung,** sport, diversion.
**bemerken,** to observe, perceive.
**beneiden,** to envy.
**beobachten,** to observe, watch.
**berauschen,** *reflex.*, to become intoxicated.
**berechnen,** to calculate.
**bereit',** ready.

bereiten, to get ready, prepare.
bereits', already.
Berg, m., pl., -e, hill, mountain.
berück'sichtigen, to consider.
Berück'sichtigung, f., consideration.
berühren, to touch.
beschämt', ashamed, confused.
bescheinen, to shine upon.
beschreiben, to describe, to fill with writing.
Beschreibung, f., pl., -en, description.
Beschützer, m., patron, protector.
besehen, to look at, examine.
Besen, m., pl. —, broom.
Besenstiel, m., pl., -e, broom-stick.
besetzen, to set, adorn.
besiegen, to vanquish, conquer.
besitzen, to possess.
beson'der, particular, special, peculiar.
besonders, particularly.
besorgen, to do, execute.
besser, better.
beständig, constant, continual(ly).
bestätigen, to confirm.
best, best.
bestehen, to last, endure, consist of, suffer, undergo.
bestimmen, to fix, determine, destine.
bestimmt, fixed, appointed.
Bestimmtheit, f., precision, certainty.
bestreuen, to strew, sprinkle.
Besuch, m., pl., -e, visit, company.
besuchen, to visit.

betäuben, to stun, deafen.
beten, to pray.
betrachten, to look at, examine, consider.
betreten, to tread.
betrüben, to grieve, trouble.
betrübt, grieved, sad.
betrügen, to cheat, defraud, deceive.
Betrüger, m., pl., —, impostor.
Bett, n., pl., -en, bed.
Bettvorhang, m., pl., ⁂n, bed-curtain.
Bettler, m., pl., —, beggar.
beugen, to bend, bow.
Beule, f., pl., -n, bump, wound.
Beutel, m., pl., —, bag, purse.
bevor', before.
bewachsen, overgrown.
bewahren, to keep, preserve, guard.
bewegen, to move, affect, touch.
Bewegung, f., pl., -en, motion, movement.
Beweis, m., pl., -e, proof, evidence.
beweisen, to show, prove, demonstrate.
bewundern, to admire.
bewußt, conscious of.
Bewußtsein, n., consciousness.
bezahlen, to pay.
bezaubern, to charm, bewitch.
Bibel, f. pl., -n, Bible.
biblisch, biblical.
biegen, to bend, curve.
Bild, n., pl., -er, picture, image, figure.
Bilderbuch, n., picture-book.
bilden, to shape, form.

**Bildung,** *f.*, education, civilization, culture.
**bin,** *pres. of* ſein.
**binden,** to bind, tie.
**Birke,** *f., pl.,* -n, birch-tree.
**Birne,** *f., pl.,* -n, pear.
**Birnbaum,** *m.*, pear-tree.
**bis,** *prep. with acc., and adv.*, till, until, as far as, up to, to; — auf,
**biß,** *past of* beißen.
**bisdjen,** *adv.*, little while. [except.
**bisher',** hitherto, formerly.
**bitten,** to ask, entreat, request.
**bitter,** bitter.
**bitterlich,** bitter(ly).
**blank,** bright.
**blaſen,** to blow.
**blaß,** pale. [sheet.
**Blatt,** *n., pl.,* ⸗er, blade, leaf,
**blau,** blue.
**Blau,** *n.*, blue, azure.
**bleiben** (ſein), to stay, remain.
**bleich,** pale.
**bleichen,** to bleach.
**blenden,** to blind, dazzle.
**Blick,** *m., pl.,* -e, look, glance.
**blicken,** to glance, look, see.
**blieb,** *past of* bleiben.
**blies,** *past of* blaſen.
**blind,** blind.
**blinzeln,** to wink.
**Blitz,** *m., pl.,* -e, flash, lightning.
**Blitzſtrahl,** *m., pl.,* -en, flash of lightning.
**blitzen,** to flash, lighten, sparkle.
**blond,** blond, fair. [merely.
**bloß,** bare, mere, destitute; *adv.*,
**blühen,** to bloom, blossom, flourish.

**Blume,** *f., pl.,* -n, flower.
**Blumenblatt,** *n.*, petal.
**Blumenknoſpe,** *f.*, bud (of a flower).
**Blumenſtrauß,** *m.*, bouquet.
**Blumentopf,** *m.*, flower-pot.
**Blümlein,** *n., pl.,* —, little flower.
**Blut,** *n.*, blood, family, race.
**Blutſtrahl,** *m.*, stream of blood.
**Blutstropfen,** *m.*, drop of blood.
**Blüte,** *f., pl.,* -n, blossom, flower.
**blutig,** bloody.
**Boden,** *m., pl.,* ⸗, ground, soil, earth, bottom, floor, loft, garret.
**bog,** *past of* biegen.
**Bogen,** *m., pl.,* —, bow.
**bohren,** to bore.
**Boot,** *n., pl.,* -e, or Böte, boat.
**Borke,** *f.*, bark.
**Borkenſchmerz,** *m.*, bark-ache.
**böſe,** bad, ill, evil, wicked, cross.
**Böſewicht,** *m., pl.,* -e or -er, villain, rogue.
**Bosheit,** *f.*, wickedness, malice.
**brach,** *past of* brechen.
**brachte,** *past of* bringen.
**Brand,** *m., pl.,* ⸗e, burning, conflagration; in — ſtecken, to set on fire.
**Branntwein,** *m.*, brandy.
**braten,** to roast. [ploy.
**brauchen,** to want, need, use, employ.
**braun,** brown. [rustle.
**brauſen,** to rush, roar, hum, buzz,
**Braut,** *f., pl.,* ⸗e, bride, betrothed.
**brav,** good, honest.
**brechen,** to break, pluck, gather.
**breit,** broad, large, wide.
**breiten,** to spread, extend.

Brennholz, *n.*, firewood.
brennen, to burn, scorch.
Brett, *n.*, *pl.*, -er, board, plank.
Brief, *m.*, *pl.*, -e, letter.
bringen, to bring.
Brombeere, *pl.*, -n, blackberry.
Brombeerraute, *f.*, blackberry-vine.
Brot, *n.*, *pl.*, -e, bread, loaf.
Brücke, *f.*, *pl.*, -n, bridge.
Bruder, *m.*, *pl.*, ⁻, brother.
brüllen, to low, bellow.
brummen, to growl.
Brunnen, *m.*, *pl.*, —, well, spring.
Brust, *f.*, *pl.*, ⁻e, breast, bosom.
brüten, to brood, hatch.
Buch, *n.*, *pl.*, ⁻er, book.
Buchschreiber, *m.*, *pl.*, —, author.
Buche, *f.*, *pl.*, -n, beech-tree.
Buchenwald, *n.*, beech-forest.
Bücherbrett, *n.*, bookshelf.
Büchse, *f.*, *pl.*, -n, box, pot, jar.
Buchstab(e), *m.*, *pl.* -en, letter.
Buckel, *m.*, *pl.*, —, back, humpback.
Bullenbeißer, *m.*, *pl.*, —, bull-dog.
Bündel, *n.*, *pl.* —, bundle, packet.
bunt, variegated, gay-colored.
Burg, *f.*, *pl.*, -en, castle, citadel.
Bürger, *m.*, *pl.*, —, citizen.
Bursche, *gen.*, -n, *pl.*, -n, boy, fellow.
bürsten, to brush.
Busch, *m.*, *pl.*, ⁻e, bush, thicket.
Büschel, *m.*, *pl.*, —, tuft, bunch.
Busen, *m.*, *pl.*, — bosom, breast.
Busennadel, *f.*, breast-pin.
Butter, *f.*, butter.

**C.**

Cherub, *m.*, cherub.
China, *n.*, China.
Chine'se, *m.*, *pl.*, -n, Chinese.
chine'sisch, Chinese.
Chor, *m.*, *pl.*, ⁻e, choir, chorus.
Chorknabe, *m.*, choir-boy.
Collecteur, *m.*, *pl.*, -e, collector, cashier.
Comité', *n.*, *pl.*, -s, committee.
Commando, *n.*, command.
Concert, *n.*, *pl.*, -e, concert.
Conditor, *m.*, *pl.*, -en, confectioner.
Confirmand, *m.*, *pl.*, -en, one who is, or to be, confirmed.
Confirmation', *f.*, confirmation.
Confirmations'tag, *m.*, confirmation-day.
Confirmations'rock, *m.*, confirmation-coat.
confirmieren, to confirm.
curieren, to cure.

**D.**

da, *adv.*, there, here, then, when; *conj.*, as, since, because.
dabei', thereat, at it, in it, present, therewith, at the same time, thereby, by it, with it.
Dach, *n.*, *pl.*, ⁻er, roof, canopy.
Dachrinne, *f.*, *pl.*, -n, gutter.
dachte, past of denken.
dadurch, thereby, by that, by it, through it.
dafür, for it, for that, for this.

**dagegen,** against this, that or it; in return, in exchange.
**daheim,** at home.
**daher,** thence, therefore, along, from there, therefrom.
**dahin',** there, thither, along, away, by.
**dahinbrausen,** to rush along.
**dahinjagen,** to hurry, rush along.
**dahinkommen,** to get, arrive there.
**dahinwehen,** to blow, rush along.
**da'mals,** then, at that time.
**Dame,** *f., pl.,* –n, lady, mistress.
**damit',** therewith, with it, with them, by that, by it, then, thereupon; *conj.,* that, in order that.
**Dämmerstunde,** *f.,* twilight.
**Dampf,** *m., pl.,* ⁻e, steam, smoke.
**dampfen,** to fume, steam, reek.
**danach',** after that, after it, at it, about it.
**dane'ben,** near it, beside it, by it.
**Dänemark,** *n.,* Denmark.
**dänisch,** Danish.
**Dank,** *m.,* thanks.
**danken,** to thank, decline.
**dann,** then, thereupon; dann und wann, now and then.
**daran',** by it, by them, near it, in it, of it, at it, to it, from it, from them.
**darauf',** thereon, thereupon, upon that, upon it, on it, at that, after that, afterwards, then.
**daraus',** from this, out of this, of it, of that, of this.
**darein',** into it, to it, to that.
**dareinsingen,** to sing along.
**darf,** *pres., of* dürfen.
**darin',** therein, in that, in it, in this.
**darnach,** same as danach.
**darü'ber,** over that, over them, over it, thereon, about it, about that.
**darum',** for that, for it, therefore, on that account.
**darun'ter,** under that, under it, among them.
**das,** *def. art. and dem. pron.,* the, that, which.
**dastehen,** to stand there.
**daß,** *conj.,* that, so that.
**dauern,** to last, continue, be delayed.
**davon,** thereof, of that, of it, of them, about it, from it, from that, by it, by them, off, away.
**davontragen,** to carry off, away.
**davonschleichen,** to steal or creep away.
**davonziehen,** to go or draw away.
**davor',** before it, before that, at it, of it, for it.
**dazu',** thereto, to that, to it, for that, for it, in addition.
**dazwi'schen,** between, between them.
**Decke,** *f., pl.,* –n, cover, ceiling.
**Deckel,** *m., pl.,* —, cover, lid.
**decken,** to cover.
**dein,** thy, thine.
**Dekoration',** *f.,* decoration, ornament.
**De'mut,** *f.,* humility, meekness.
**denen,** *dat. plur. of* der, *pronoun.*

## VOCABULARY.

denken, to think, reflect, imagine, fancy.
denn, for, because, then.
dennoch, yet, nevertheless.
der, die, das, *def. art. and pronoun*, the, that, who, which.
deren, *gen. sing. fem. and gen. plur. of* der, *pronoun*.
dergleichen, the like.
derjenige, diejenige, dasjenige, *demons. pron.*, he, she, that one.
Dero, your.
derselbe, dieselbe, dasselbe, he, she, it, that, the same.
des'halb, therefore, on that account.
dessen, *gen., of* der, *pronoun*.
destillieren, to distil.
desto, the (*before comparatives*).
des'wegen, therefore.
deuten, to point.
deutlich, clear, plain, distinct(ly).
deutsch, German.
Deutschland, *n.*, Germany.
Diamant, *m., pl.*, -en, diamond.
Diamantlampe, *f.*, diamond lamp.
Diamantstaub, *m.*, diamond dust.
dicht, dense, close, thick.
Dichter, *m., pl.*, —, poet.
dick, thick, large, big.
dickköpfig, big-headed.
die, *see* der.
Diener, *m., pl.*, —, servant.
Dienst, *m., pl.*, -e, service.
Dienstmädchen, *n.*, maid-servant.
dies, *for* dieses.
dieser, diese, dieses, this, this one.
Ding, *n., pl.*, -e, thing.

direct, direct, right, directly.
doch, yet, however, only, but, nevertheless, for all that, surely, please.
Donner, *m.*, thunder.
Donnerschlag, *m.*, thunder-clap.
donnern, to thunder.
Doppelschleife, *f.*, double bow.
Dorf, *n., pl.*, "er, village.
Dorn, *m., pl.*, -en, thorn.
dort, there; — oben, up there.
dorther, thence, from there.
dorthin, thither, there.
Drache, *f., pl.*, -n, dragon.
Drachenkopf, *m.*, dragon's head.
Draht, *m., pl.*, "e, wire.
drang, *past of* dringen.
drängen, to press, crowd.
draußen, out, outside, out-of-doors.
drehen, to turn, revolve, twist.
drei, three.
dreieckig, triangular.
dreihundert, three hundred.
dreimal, thrice.
dreiunddreißigmal, thirty-three [times.
dreschen, to thrash, beat.
dressieren, to train.
drinnen, inside, within.
dringen (sein), to pierce, penetrate.
dritt-, third.
droben, up, above, up there, on high.
Dromedar', *n., pl.*, -e, dromedary.
drüben, yonder, over there, on that side.
Druck, *m., pl.*, -e, pressure.
drucken, to print.
drücken, to press, squeeze, imprint.

**du,** thou.
**Duett,** *n., pl.,* –e, duet.
**Duft,** *m., pl.,* ⁻e, vapor, fragrance, odor, perfume.
**duften,** to give out fragrance, smell sweet.
**duftend, duftig,** fragrant, perfumed.
**dulden,** to bear, endure, tolerate.
**dumm,** stupid, silly, ignorant.
**Dummheit,** *f.,* foolishness, stupidity.
**dunkel,** dark.
**dünn,** thin, clear.
**durch,** *prep. with acc.,* through, by.
**durchaus',** throughout, absolutely, by all means; — nicht, by no means.
**durchkommen** (sein), to get through, get along.
**durchscheinen,** to shine through.
**durchschlagen,** *reflex.,* to get along, make one's way.
**durchschneiden,** to cut, cut through.
**durchsetzen,** to carry out, accomplish.
**durchsichtig,** transparent.
**durchziehen,** to pull through; *intr.* (sein), to pass through.
**dürfen,** dare, can, may, to be permitted, allowed.
**dürr,** dry, withered.
**Durst,** *m.,* thirst.
**Dutzend,** *n., pl.,* –e, dozen.

**E.**

**eben,** even, precisely, exactly, just, just then, just as.
**ebenso,** as, like, thus.
**ebensoviel,** just as much.
**ebenfalls,** also, too, likewise.
**Ebene,** *f., pl.,* –n, plain.
**echt,** genuine.
**Ecke,** *f., pl.,* –n, corner.
**edel,** noble.
**Edelstein,** *n.,* precious stone, jewel.
**ehe,** ere, before.
**ehemals,** formerly.
**Ehre,** *f., pl.,* –n, honor.
**ehren,** to honor.
**Ehrendenkmal,** *n., pl.,* ⁻er, statue, monument.
**ehrenvoll,** honorable.
**Ehrfurcht,** *f.,* reverence, veneration.
**ehrlich,** honest.
**ei,** *interj.,* why.
**Ei,** *n., pl.,* –er, egg.
**Eidotter,** *n., pl.* —, yolk of an egg.
**Eiche,** *f., pl.,* –n, oak.
**eigen,** own, peculiar.
**Eigenschaft,** *f., pl.,* –en, property, quality, character, characteristic.
**eigentümlich,** singular, peculiar.
**eigentlich,** real, really, actually.
**Eile,** *f.,* haste, hurry, speed.
**eilen** (sein), to hasten, hurry.
**ein,** *indef. art.* a, an; *numeral,* one; *indef. pron.,* one, a person.
**einander,** each other.
**einbilden,** *reflex.,* to imagine, fancy.
**einblasen,** to blow into.
**einbrechen,** to break down, break open.
**eindringen** (sein), to penetrate.
**einfach,** simple, simply, merely.

einfallen (sein), to fall in, come into the mind, occur.
einhauen, to cut in.
einher', along.
einhergehen, to go along, go by.
einholen, to overtake, outrun.
einkehren (sein), to return, stay, abide.
einladen, to invite.
einladend, inviting, attractive.
einmal, once, some time; nicht —, not even.
einnehmen, to take in, receive.
einprägen, to impress, stamp.
einrichten, to arrange, dispose.
eins, one (thing).
einsam, alone, lonely.
Einsamkeit, f., loneliness, solitude.
einschlafen, to go to sleep, fall asleep.
einschnitzen, to cut, carve.
einsehen, to see, see into, understand.
einsetzen, to put in, insert.
Einsicht, f., insight, judgment.
einst, once, one day, some time.
einsteigen, to get in.
einstürzen, to rush in.
eintreten (sein), to enter, begin.
einwarts, inwards.
einwenden, to object, oppose.
einwickeln, to wrap.
einzeln, single, separate, individual.
einzig, only, single, alone.
einzwängen, to force, press in.
Eis, n., ice.
Eisbär, m., polar bear.
Eisberg, m., iceberg.
Eisblume, f., ice-flower.
Eiszapfen, m., pl., —, icicle.
Eisen, n., pl. —, iron.
eisern, adj., iron, of iron.
eisig, icy.
elend, miserable, wretched.
elf, eleven.
Elf, m. and f. pl., -en, elf, fairy.
Elle, f., pl., -n, yard, ell.
ellenlang, a yard long.
Eltern, parents.
empfangen, to get, receive.
empfinden, to feel, experience.
empor, up, upwards.
emporheben, to lift, raise.
emporwachsen, to grow up.
Ende, n., pl., -n, end, limit.
enden, endigen, to end, conclude.
endlich, at last, finally.
endlos, endless, boundless.
eng, enge, narrow, close, small, tight, confined.
Engel, m., pl., —, angel.
Engländer, pl., —, Englishman.
englisch, English.
entbehrlich, superfluous, unnecessary.
Entdeckung, f., pl., -en, discovery.
Ente, f., pl., -n, duck.
Entenei, n., duck-egg.
Entenhof, m., duck-yard.
Entenmutter, f., mother-duck.
Enterich, m., pl., -e, drake.
entfernt, distant, remote.
Entfernung, f., distance.
entgegen, against, towards.

entgegenkommen (sein), to come to meet.
entgegenstürzen (sein), to rush toward.
entgegnen, to answer, reply.
entgehen, to escape.
Entlein, *n.*, *pl.*, —, duckling.
entlocken, to draw out, draw from.
entschuldigen, to excuse.
entsetzlich, terrible, frightful.
entsinnen, *reflex. with gen.*, to remember.
entströmen (sein), to flow from.
entweder, either.
entzücken, to charm, delight.
entzwei, asunder, apart, in two.
er, he.
Erbteil, *n.*, portion, lot.
erben, to inherit.
erblicken, to see, perceive.
Erdbeere, *f.*, *pl.*, -n, strawberry.
Erde, *f.*, earth, ground.
Erdteil, *m.*, continent, grand division.
ereignen, *reflex.*, to happen, come to pass.
erfahren, to learn, bear, suffer.
Erfahrung, *f.*, *pl.*, -en, experience.
erfassen, to seize, grasp.
erfinden, to invent, contrive.
Erfinder, *m.*, *pl.*, —, inventor.
erfreuen, to delight; *reflex.*, to be glad, rejoice.
erfrieren, to freeze; *as noun*, freezing.
erfrischen, to refresh.

Erfrischung, *f.*, *pl.*, -en, refreshment.
erfuhr, *past of* erfahren.
erfüllen, to fill, fulfill.
Erfüllung, *f.*, fulfillment, accomplishment.
ergehen (sein), to go, befall, fare with.
ergreifen, to seize, catch.
erhaben, lofty, sublime, exalted.
Erhabenheit, *f.*, sublimity.
erhalten, to keep, get, receive.
erheben, to lift, raise, exalt; *reflex.*, to rise, get up.
erinnern, to remember, recollect (*reflex. with gen.*).
Erinnerung, *f.*, recollection, memory.
erkennen, to recognize, discern.
Erkenntnis, *f.*, *pl.*, -sse, knowledge.
Erkenntnisbaum, *m.*, tree of knowledge.
erklären, to explain.
Erklärung, *f.*, *pl.*, -en, explanation.
erklingen, to sound.
erlangen, to obtain, acquire.
erlauben, to allow, permit.
Erlaubnis, *f.*, permission, leave.
erleben, to live through, experience.
erleuchten, to light, illumine.
erlöschen (sein), to go out, expire, disappear; *as noun*, extinction.
erlösen, to deliver, set free.
ermahnen, to exhort, admonish.
ermatten, to weary, tire.
Ermattung, *f.*, weariness.
ermüden, to tire, become weary.

ernähren, to nourish, feed, keep, support.
Ernst, *m.*, earnest, seriousness; im —, in good faith.
ernst, ernsthaft, serious, earnest, grave.
Ernte, *f., pl.,* -n, harvest, crop.
Erntezeit, *f.,* harvest-time.
erraten, to guess; *as noun,* guessing.
erreichen, to reach, attain, arrive at.
erröten (sein), to redden, blush.
erscheinen (sein), to seem, appear.
erschöpfen, to exhaust.
erschrecken (sein), to be terrified, frightened.
erst, first; *adv.,* only, once, not till, just, just now.
erstaunen (sein), to be astonished, surprised.
erstaunlich, astonishing, wonderful, amazing.
erstrecken, to extend, reach.
ertönen, to ring, resound.
ertragen, to bear, endure.
erwachen (sein), to awake, be aroused.
erwachsen, full-grown.
erwärmen, to warm.
erwarten, to expect, await.
Erwartung, *f., pl.,* -en, expectation, anticipation.
erweichen, to soften, move, touch.
erweisen, to show, do, render.
erwidern, to reply.
Erz, *n., pl.,* -e, ore, metal.
erzählen, to tell, relate.

es, it, so, there; es giebt, there is, there are.
Esau, Esau.
Esel, *m., pl.,* —, ass, donkey.
Eselsohr, *n.,* ass's ear.
essen, to eat.
Essen, *n.,* eating, meal, repast.
Essig, *m.,* vinegar.
etwa, perhaps, indeed.
etwas, something, somewhat.
euch, *pron., dat. and acc.,* you, to you.
euer, your, yours.
Eule, *f., pl.,* -n, owl.
Eva, Eve.
ewig, eternal, everlasting.
Ewigkeit, *f.,* eternity; in—, forever.
existieren, to exist.

## F.

Fabel, *f., pl.,* -n, fable, tale, story.
Fach, *n., pl.,* "er, profession, business.
Faden, *m., pl.,* ", thread.
Fahne, *f., pl.,* -n, flag, colors.
fahren (sein), to drive, move, go.
Fahrt, *f., pl.,* -en, journey.
Fahrzeug, *n.,* boat, vessel.
Fall, *m., pl.,* "e, fall, case.
fallen (sein), to fall.
fällen, to fell, cut down.
falsch, false, wrong, counterfeit.
Falte, *f., pl.,* -en, fold.
falten, to fold.
Fami'lie *(4 syl.), f., pl.,* -n, family.
Familiengruft, *f.,* family vault.

**Familienleben,** *n.,* family life.
**Fang,** *m., pl.,* ⁻e, catch, capture.
**fangen,** to catch, take, seize.
**Farbe,** *f., pl.,* –n, color, hue, paint.
**Farbenglanz,** *m.,* brilliancy (of color).
**färben,** to color, dye, tinge.
**farbig,** colored.
**Farnkraut,** *n.,* fern.
**Faß,** *n., pl.,* ⁻er, cask, barrel.
**fassen,** to seize, catch, take.
**fast,** almost, nearly.
**Faust,** *f., pl.,* ⁻e, fist.
**Feder,** *f., pl.,* –n, feather, pen.
**Fee,** *f., pl.,* –n, fairy.
**Feen-Königin,** *f.,* fairy queen.
**fehlen,** to fail, miss, lack, be absent, be wanting.
**Feier,** *f.,* rest, holiday.
**Feiertag,** *m.,* holiday.
**feierlich,** solemn.
**Feige,** *f., pl.,* –n, fig.
**Feigheit,** *f.,* cowardice.
**fein,** fine, delicate, genteel, elegant.
**Feld,** *n., pl.,* –er, field.
**Feldblume,** *f.,* wild flower.
**Feldherr,** *m., pl.,* –en, commander, general.
**Fell,** *n., pl.,* –e, skin, hide.
**Fels,** *m., pl.,* –en, rock.
**Felsenstück,** *n.,* piece of rock.
**Felsenwand,** *f.,* precipice.
**Fenster,** *n. pl.,* —, window.
**Fenstergesims,** *n.,* window-ledge.
**Fensterscheibe,** *f., pl.,* –n, window-pane.
**fern,** far distant, remote.

**Ferne,** *f.,* distance.
**ferner,** farther, moreover, besides.
**fertig,** ready, done.
**fest,** fast, firm, sound, steady.
**Fest,** *n., pl.,* –e, feast, festival, holiday.
**festhalten,** to hold fast, keep.
**festlich,** festive, merry.
**Festlichkeit,** *f., pl.,* –en, festivity, gayety.
**festwachsen,** to take root.
**Fett,** *n.,* fat.
**fett,** fat.
**feucht,** moist, damp.
**Feuer,** *n., pl.,* —, fire.
**Feuerblume,** *f.,* fire-flower.
**Feuerfunke,** *m., pl.,* –n, spark.
**Feuerschaufel,** *f.,* fire-shovel.
**Feuerwerk,** *n.,* fireworks.
**Feuerzange,** *f.,* fire-tongs.
**Fichte,** *f., pl.,* –n, spruce.
**Figur,** *f., pl.,* –en, figure.
**finden,** to find, consider.
**Finger** *m., pl.,* —, finger.
**finster,** dark, gloomy.
**Firmament,** *n.,* firmament, heavens.
**Fisch,** *m., pl.,* –e, fish.
**Fischkopf,** *m.,* fish-head.
**Fischer,** *m., pl.,* —, fisherman.
**flach,** flat, level, open.
**Flamme,** *f., pl.,* –n, flame.
**flammen,** to blaze, glow, flash.
**Flasche,** *f., pl.,* –n, flask, bottle.
**flatterhaft,** fickle, inconstant.
**flattern,** to flutter, float.
**Fleck,** *m., pl.,* –e, spot, patch.
**Fledermaus,** *f.,* bat.

Fleisch, *n.*, flesh, meat.
Fleischhauer, *m.*, butcher.
Fleischseite, *f.*, flesh-side.
Fleiß, *m.*, industry, diligence.
fleißig, industrious, diligent.
Flieder, or —baum, *m.*, lilac-bush.
Fliege, *f., pl.*, -n, fly.
fliegen, to fly.
fließen (sein), to flow, run.
flimmern, to glitter, sparkle.
flink, brisk, nimble, active.
Flittergold, *n.*, tinsel.
Flor, *m.*, gauze.
Flöte, *f., pl.*, -n, flute.
Flötenton, *m.*, sound of a flute.
Flucht, *f.*, flight.
Flüchtling, *m., pl.*, -e, fugitive.
Flug, *m., pl.*, ⁻e, flying, flight.
Flügel, *m., pl.*, —, wing.
Fluß, *m., pl.*, ⁻e, river.
Flüssigkeit, *f.*, fluid.
flüstern, to whisper.
folgen (sein), to follow, succeed, obey.
folgend, next, following.
foppen, to fool, deceive.
Form, *f., pl.*, -en, form, figure, shape, mould.
formen, to form, mould.
fort, on, away, gone.
fortfahren (sein), to go on, continue.
fortfliegen, to fly away.
fortgehen, to go away, depart.
fortkommen, to get or go away, get on, prosper.
fortreißen, to carry along.
fortschaffen, to remove, get rid of.

fortwährend, continual(ly).
Frage, *f., pl.*, -n, question.
fragen, to ask, inquire; *as noun*, questioning.
Frankreich, *n.*, France.
französisch, French.
Frau, *f., pl.*, -en, wife, lady, mis- [tress.
Fräulein, *n., pl.*, —, miss, young lady.
frei, free, unfettered, open.
Freie, *n.*, dat., -n, open air.
Freier, *m., pl.*, —, suitor, wooer.
Freiheit, *f., pl.*, -en, freedom, liberty.
freilich, certainly, of course, indeed.
Freiplatz, *m.*, free place, scholarship.
fremd, strange, foreign; *as noun*, stranger, foreigner.
Fremde, *f.*, foreign country.
fressen, to eat (*of animals*).
Freude, *f., pl.*, -n, joy, pleasure, delight.
freudig, glad, joyful.
freuen, to rejoice, please; *reflex.* to rejoice, be glad.
Freund, *m., pl.*, -e, friend.
freundlich, kind, friendly.
Frieden, *m.*, peace.
Friedhof, *m.*, churchyard.
frieren, to freeze.
frisch, fresh, green, vigorous.
froh, glad, joyful, happy.
fröhlich, joyful, cheerful, gay.
fromm, pious, honest, devout.
Frosch, *m., pl.*, ⁻e, frog.
Frost, *m., pl.*, ⁻e, frost, cold.

Froſtwetter, *n.*, frosty weather.
Frucht, *f., pl.*, ⁻e, fruit.
früh, frühe, early, soon.
Frühe, *f.*, early morning.
früher, sooner, before, formerly.
Frühjahr, *n.*, spring.
Frühling, *m.*, spring.
Frühſtück, *n.*, breakfast.
fügen, to submit; *reflex.*, to happen, come to pass.
fühlen, to feel.
fuhr, *past of* fahren.
führen, to carry, lead, guide, bring, wield, handle.
füllen, to fill.
fünf, five.
fünfundzwanzig, twenty-five.
fünft-, fifth.
fünfzig, fifty.
Funke *or* Funken, *m., pl.*, —, spark.
funkeln, to sparkle, glitter.
für, *prep. with acc.*, for.
furchtbar, fearful, terrible, exceeding.
fürchten, to fear; *reflex.*, be afraid.
fürchterlich, frightful, terrible.
Fuß, *m., pl.*, ⁻e, foot.
Fußboden, *m.*, floor.
Fußdecke, *f.*, carpet.
Fußtritt, *m.*, kick, footstep.
Futter, *n.*, food, feed.
füttern, to feed.

**G.**

gab, *past of* geben.
Gamaſchen, *pl.*, gaiters, leggings.
Gang, *m., pl.*, ⁻e, passage, corridor, errand.
gangbar, passable, accessible.
Gans, *f., pl.*, ⁻e, goose.
Gänſeblume, *f.*, or Gänſeblümchen, *n.*, daisy.
Gänſebraten, *m.*, roast-goose.
Gänſefamilie, *f.*, goose-family.
Gänſefeder, *f.*, goose-quill.
ganz, whole, entire; *adv.*, quite, altogether; — und gar, entirely.
Ganze, *n.*, whole, everything.
gar, quite, entirely, very, at all, even.
Gardine, *f., pl.*, -n, curtain.
garſtig, ugly, miserable.
Garten, *m., pl.*, ⁻, garden.
Gartenthür, *f.*, garden gate.
Gärtner, *m., pl.*, —, gardener.
Gaſt, *m., pl.*, ⁻e, guest, visitor.
Gaſtzimmer, *n.*, public room.
gebären, to bear, bring forth.
geben, to give, produce; es giebt, *with acc.* there is, there are.
Gebiet, *n., pl.*, -e, department, sphere.
Gebirge, *n., pl..* —, mountain range.
geboren, born (*past part. of* gebären).
gebrauchen, to use, employ.
Geburt, *f., pl.*, -en, birth.
Geburtsrecht, *n.*, birthright.
Gebüſch, *n., pl.*, -e, bush, thicket.
Gedanke, *m., gen.*, -n, *or* -ns, thought, idea.
Gedicht, *n., pl.*, -e, poem.
Gedränge, *n.*, throng, crowd.
Gefahr, *f., pl.*, -en, danger.

**gefallen,** to please.
**gefangen,** imprisoned (*past part. of* fangen).
**Gefieder,** *n.*, plumage, feathers.
**geflügelt,** winged.
**Gefühl,** *n., pl.*, -e, feeling, sensation.
**gegen,** *prep. with acc.*, against, for, towards, in comparison with.
**Gegend,** *f., pl.*, -en, region, country.
**Gegenstand,** *m., pl.*, ̈e, object.
**Gegenteil,** *n.*, contrary, opposite.
**gegenüber,** *prep. with dat., and adv.*, opposite.
**gehen** (fein), to go, walk, fare.
**gehören,** to belong.
**gehörig,** due, proper.
**gehorsam,** obedient.
**Gehorsam,** *m.*, obedience.
**Geist,** *m., pl.*, -er, ghost, spirit.
**geizig,** stingy, avaricious; *as noun,* miser.
**Gelächter,** *n.*, laughter, laughing.
**Geländer,** *n., pl.*, —, fence, railing.
**gelangen** (fein), to come, arrive.
**gelb,** yellow.
**Geld,** *n., pl.*, -er, money, cash.
**Geldbentel,** *m.*, purse.
**gelegen,** situated.
**Gelegenheit,** *f., pl.*, -en, occasion.
**gelehrt,** learned; *as noun,* learned man, scholar.
**geleiten,** to escort, accompany.
**gelingen** (fein), to succeed.
**gelten,** to pass, be worth.
**Gemahl,** *m., pl.*, -e, husband.

**Gemälde,** *n., pl.*, —, picture, painting.
**Gemüt,** *n., pl.*, -er, nature, disposition.
**gemütlich,** agreeable, comfortable.
**gen,** *for* gegen, towards.
**genau',** exactly, closely.
**General',** *m., pl.*, -e *or* ̈e, general.
**genießen,** to enjoy, taste, eat.
**Genius,** *m.*, genius, spirit.
**genug',** enough.
**Genüge,** *f.*, satisfaction; zur —, sufficiently.
**genügen,** to suffice, be enough.
**Geographie',** *f.*, geography.
**Gepräge,** *n.*, impression, stamp, coinage.
**gerade,** straight, right, direct; *adv.,* exactly, precisely, directly, just, just then.
**gerecht,** just, proper, suitable.
**Gerechtigkeit,** *f.*, justice.
**gereift,** ripe, ripened.
**gereimt,** rimed.
**gering,** little, mean, low, obscure; geringst, least.
**Gerippe,** *n., pl.*, —, bones, skeleton.
**gern, gerne,** willingly, cheerfully.
**Gesang,** *m., pl.*, ̈e, song, singing.
**geschehen** (fein), to happen, occur, take place, be done.
**Geschenk,** *n., pl.*, -e, present, gift.
**Geschichte,** *f., pl.*, -n, story, history, affair, business.
**Geschirr,** *n., pl.*, -e, trappings, harness.
**Geschmack,** *m.*, taste.

geschmeidig, pliant, flexible.
Geschöpf, n., pl., -e, creature.
geschwind, swift, quick.
Gesell, Geselle, m. pl., -en, fellow.
Gesellschaft, f., company, society.
Gesetz, n., pl., -e, law.
Gesicht, n., pl., -er, face.
Gespenst, n., pl., -er, ghost, spectre.
Gestade, n., pl., —, shore, bank.
Gestalt, n., pl., -en, form, shape, figure.
gestern, yesterday.
gestickt, embroidered.
gesund, sound, healthy, well.
Gesundheit, f., health.
geteert, tarred.
Getose, Getöse, n., noise, din.
Gewalt, f., power, might, force, violence.
gewaltig, mighty, adv., very, exceedingly, mightily.
Gewässer, n., pl., —, waters.
Geweih, n., pl., e, horns, antlers.
gewesen, past. part. of sein, to be.
Gewicht, n., pl., -e, weight, stress.
gewinnen, to win, gain, obtain.
gewiß, certain, sure.
Gewissen, n., pl., —, conscience.
Gewitter, n., pl., —, thunderstorm.
gewöhnen, to accustom, become accustomed.
gewöhnlich, common, ordinary.
gewohnt, accustomed.
(ge)worden, past part. of werden.
Gewürz, n., pl., -e, spice.
Gicht, f., gout.
Giebel, m., pl., —, gable.

giftig, poisonous.
ging, past of gehen.
Gipfel, m., pl., —, top. [lattice.
Gitter, n., pl., —, fence, railing,
Glanz, m., brightness, splendor.
glänzen, to shine, glitter.
glänzend, brilliant, glossy, shining.
glänzendweiß, brilliant white.
Glas, n., pl., "er, glass.
Glasauge, n., glass eye.
Glasglocke, f., glass bell.
Glasscheibe, f., pane of glass.
glatt, plain, smooth.
glätten, to smooth.
Glaube, Glauben, gen., -ns, faith, belief.
glauben, to believe.
gleich, like, similar, equal; adv., immediately, directly.
gleichgültig, indifferent.
gleichen, to resemble, be like.
gleichsam, as it were.
gleiten (sein), to glide, slide, slip.
Glied, n., pl., -er, limb, joint.
Glocke, f., pl., -n, bell.
Glockengeläute, n., bell-ringing.
Glockenklang, m., sound of bells.
Glockenschlag, m., stroke of a bell.
Glockenton, m., sound of a bell.
Glöckner, m., pl., —, bell-ringer.
Glück, luck, fortune, success, happiness; zum —, luckily.
glucken, to cackle.
glücklich, lucky, happy, successful.
Glückseligkeit, f., happiness, bliss.
glucksen, to cluck, hiccough.
Glücksschilling, m., lucky shilling.

**Glückwünschen,** *n.,* congratulating.
**glühen,** to glow.
**glühend,** glowing, red-hot, fiery.
**Gnade,** *f., pl.,* -n, favor.
**Gnaden,** *as title,* Grace.
**gnädig,** gracious, merciful.
**Gold,** *n.,* gold.
**Goldblume,** *f.,* gold-flower, marigold.
**golden,** gold, golden.
**Goldharfe,** *f.,* golden harp.
**Goldlampe,** *f.,* golden lamp.
**Goldmünze,** *f.,* gold coin.
**Goldmasse,** *f.,* mass of gold.
**Goldstoff,** *m.,* gold brocade.
**Goldstück,** *m.,* gold piece.
**Goldvogel,** *m.,* golden bird.
**Gott,** *m., pl.,* ⁻er, God.   [worship.
**Gottesdienst,** *m.,* divine service,
**Gottesfurcht,** *f.,* fear of God, piety.
**göttlich,** divine, godlike.
**Grab,** *n., pl.,* ⁻er, grave, tomb.
**Graben,** *m., pl.,* ⁻, ditch.
**graben,** to dig.
**Grad,** *m., pl.,* -e, degree.
**Granatapfel,** *m.,* pomegranate.
**Gras,** *n., pl.,* ⁻er, grass.
**Grashalm,** *m.,* blade of grass.
**gräßlich,** terrible, frightful.
**grau,** gray.
**grausam,** cruel, inhuman.
**Grenze,** *f., pl.,* -n, limit, border, boundary.
**griechisch,** Greek.
**Grille,** *f., pl.,* -n, whim, freak, caprice.
**Grimasse,** *f., pl.,* -n, grimace.

**grinsen,** to grin.
**grob,** rough, rude.
**groß,** great, large.
**Größe,** *f.,* size.
**Gruft,** *f., pl.,* ⁻e, vault, tomb.
**grün,** green.
**Grün,** *n.,* green, verdure.
**Grund,** *m., pl.,* ⁻e, ground, bottom, reason, cause.
**gründlich,** thoroughly.
**Gruß,** *m., pl.,* ⁻e, greeting.
**grüßen,** to greet, salute.
**gucken,** to look, peep.
**Guckloch,** *n.,* peephole.
**Guirlande,** *f., pl.,* -n, garland.
**Gürtel,** *m., pl.,* —, girdle, belt.
**Guß,** *m., pl.,* ⁻e, casting, metal.
**gut,** good, well.
**Gut,** *n., pl.,* ⁻er, good, blessing, estate.
**Güte,** *f.,* goodness, kindness.
**gütig,** good, kind.
**Gutmütigkeit,** *f.,* good-nature, simplicity.

**H.**

**Haar,** *n., pl.,* -e, hair, fur.
**haben,** to have.
**hacken,** to hack, chop, cut.
**Hafer,** *m.,* oats.
**Hagel,** *m.,* hail.
**Hagelkorn,** *n.,* hailstone.
**hageln,** to hail; *as noun,* hailing.
**hager,** lean, thin.
**Hahn,** *m., pl.,* ⁻e, cock.
**halb,** half.
**halbaufgetaut,** half-thawed.

halber, *prep. with gen.*, for the sake (of).
Hälfte, *f., pl.,* -n, half.
hallen, to sound, re-echo.
Hals, *m., pl.,* ⸚e, neck, throat.
Halsbinde, *f., pl.,* -n, necktie, cravat.
Halstuch, *n.*, necktie cravat.
halt, halt!
halten, to hold, keep, support, stop, celebrate, observe, consider, take, make.
Hand, *f., pl.,* ⸚e, hand.
Handgelenk, *n., pl.,* -e, wrist.
Handkuß, *m.*, hand-kiss.
Handschuh, *m.*, glove, mitten.
Handel, *m.*, trade, business.
Handelsmann, *m.*, merchant.
Hängebrücke, *f.*, suspension bridge.
hangen, hängen; to hang.
Harfe, *f., pl.,* -n, harp.
Harfenklang, *m.*, sound of a harp.
Harnisch, *m.*, armor.
Harpune, *f., pl.,* -n, harpoon.
hart, hard, severe, near.
Hase, *gen.,* -n, *pl.,* -n, hare.
häßlich, ugly, disagreeable.
Häßlichkeit, *f.*, ugliness.
hauchen, to breathe, blow.
hauen, to hew, cut.
Haufen, *m., pl.,* —, heap, pile.
häufig, frequent(ly).
Haupt, *n., pl.,* ⸚er, head.
Hauptstadt, *f.*, chief city, capital.
Haus, *n., pl.,* ⸚er, house; nach Haus, home; zu Haus, at home.
Häuschen, *n., pl.,* —, little house.
Hausflur, *f.*, hall.

Hausfrau, *f.*, housewife.
Haushälterin, *f.*, housekeeper.
Hausthür, *f.*, street-door.
heben, to lift, raise; *reflex.*, to rise.
Hecke, *f., pl.,* -n, hedge, bush, thicket.
heda, halloo!
Heer, *n., pl.,* -e, host, army.
Heerschar, *f.*, host, troop.
heilen, to heal cure.
heilig, holy, sacred
heim, home.
heimwärts, homeward.
Heimat, *f., pl.,* -en, home, native land.
heimlich, secret(ly).
heiraten, to marry.
heiser, hoarse.
heiß, hot, ardent.
heißen, to call; (sein), to be called; das heißt, that is; es heißt, it is said.
heiter, cheerful.
helfen, to help, avail; es hilft nichts, it is useless.
hell, bright, distinct.
Hellebarde, *f., pl.,* -n, halberd, battle-ax.
henken, to hang.
Henne, *f., pl.,* -n, hen.
her, hither, since, ago, out, about, along; um . . . her, around.
herab', down.
herabfallen, to fall down.
herabhangen, to hang down.
herabstürzen, to throw, fall down.
heran', up, near.

herankommen, to come along.
herannahen (sein), to approach.
heranwachsen, to grow up.
herauf', up, upwards.
heraufkommen (sein), to come up.
heraufziehen (sein), to come up, approach.
heraus', out.
herausbekommen, to get out.
herausbringen, to get out, utter.
herausfallen, to fall out.
herauskommen, to come out, result.
herauslaufen, to run out.
herausnehmen, to take out.
herausquellen (sein), to gush, ooze out.
herausschauen, to look out.
herausschlagen, to flash forth.
herausschneiden, to cut out.
heraussingen, to sing out, express.
herausstrecken, to stick out.
herbringen, to bring (hither).
Herbst, m., pl., -e, autumn.
Herbstwind, m., autumn wind.
Herd, m., pl., -e, hearth, fire-place.
herein', in.
hereinbringen, to bring in.
hereinkommen, to come in.
hereinlassen, to let in.
hereinreiten, to ride in.
hereintreten, to come in.
hergeben, to give, furnish.
herkommen, to come, originate.
herlaufen, to run along.
hernieder, down.
herniederlaufen, to run down.

Herr, m., gen., -n, pl., -en, master, gentleman, Lord.
Herrenhaus, n., master's house.
herrlich, grand, splendid, magnificent.
Herrlichkeit, f., beauty, glory, magnificence.
Herrschaft, f., pl., -en, government, ruling powers, master or mistress.
herrschen, to rule, reign, prevail.
Herrscher, m., pl., —, ruler, lord.
hertreiben, to drive along.
herüber, over, across.
herüberschicken, to send over.
herübertragen, to carry over.
herum, around, about; rings —, round about, all around.
herumfliegen, to fly about.
herumlaufen, to run around.
herumtragen, to carry about.
herumschleichen, to creep, steal about.
herumsitzen, to sit about.
herumwandern, to wander, walk about.
herunter, down, off.
herunterfallen, to fall down.
herunterhängen, to hang down.
herunterlaufen, to run down.
herunterreißen, to tear, pull off.
herunterspringen, to jump down.
hervor', forth, out.
hervorbringen, to bring forth, out.
hervorheben, to emphasize.
hervorkommen, to come forth.
hervorkriechen, to creep out.
hervorragen, to project.
hervorsehen, to look out, project.

**hervorspringen,** to project.
**hervorstehen,** to stand out, project.
**hervorziehen,** to pull out.
**Herz,** *n., gen.* -ens, *pl.,* -en, heart.
**herzlich,** hearty, cordial, sincere.
**Heu,** *n.,* hay.
**Heuschober,** *m., pl.,* —, hay-cock.
**Heuschrecke,** *f., pl.,* -n, grasshopper.
**heute,** to-day; — **Morgen,** this morning; — **Abend,** this evening.
**heutig,** of this day; der heutige Abend, this evening.
**Hexe,** *f., pl.,* -n, witch.
**hexen,** to conjure.
**Hieb,** *m., pl.,* -e, stroke, blow, [cut.
**hielt,** *past of* halten.
**hienieden,** here below, in this life.
**hier,** here.
**hierinnen,** in here.
**Hilfe,** *f.,* help.
**hilflos,** helpless.
**Himalaya,** Himalaya (mountains).
**Himbeere,** *f.,* raspberry.
**Himmel,** *m., pl.,* —, heaven, heavens, sky; unter freiem —, in the open air.
**himmelblau,** skyblue.
**Himmelskörper,** *m.,* heavenly body.
**himmlisch,** celestial, heavenly.
**hin,** there, along, away, down; hin und her, to and fro.
**hinab,** down.
**hinabbringen,** to force (its way) down, to penetrate, go down.
**hinabreißen,** to break or tear down.
**hinaufkommen,** to come up.

**hinauflaufen,** to go up.
**hinaufreichen,** to reach up.
**hinaufsehen,** to look up.
**hinaufsteigen,** to climb up.
**hinaus,** out.
**hinausfliegen,** to fly out.
**hinausgehen,** to go out.
**hinauskommen,** to come out.
**hinaustönen,** to ring out.
**hinauswandern,** to go out.
**hinauswerfen,** to cast out.
**hinblasen,** to blow along).
**hinbringen,** to bring (there).
**Hinde,** *f., pl.,* -n, hind, deer.
**hindern,** to hinder.
**Hindu,** *m., pl.,* -s, Hindoo.
**hindurch,** through, during.
**hindurchfliegen,** to fly through.
**hinein,** in, into.
**hineinbringen,** to bring or get in.
**hineinfallen,** to fall in.
**hineingehen,** to go in.
**hineingehören,** to belong (in).
**hineingelangen,** to get in.
**hineinkommen,** to come or get in.
**hineinlegen,** to lay in.
**hineinpressen,** to press in.
**hineinscheinen,** to shine in.
**hineinschlüpfen,** to creep in.
**hineinsetzen,** to set or put in.
**hineinsteigen,** to get in.
**hineinstoßen,** to push in.
**hineinthun,** to put in.
**hineinwachsen,** to grow into.
**hinfahren** (sein), to go (along).
**hinfallen,** to fall down.
**hinfliegen,** to fly (to).

hing, *past of* hängen.
hingeben, to give away, to give up.
hingegen, on the contrary.
hingleiten, to glide along.
hinhalten, to hold, hold up.
hinkommen, to come to, get to, [arrive.
hinlaufen, to run along.
hinschreiten, to walk along.
hinsegeln, to sail along.
hinsetzen, to set down; *reflex.*, to sit down.
hinspringen, to jump away.
hinspritzen, to spurt out.
hinsinken, to sink or fall down.
hinstellen, to put or place, set down.
hinstrecken, to stretch out.
hinter, *prep. with dat. or acc.*, behind.
Hinterbein, *n.*, hind leg.
Hintergrund, *m.*, background.
hinterher, along, behind.
hinüber, over, across.
hinüberfliegen, to fly over.
hinübermarschieren (sein), to walk over.
hinüberschicken, to send over.
hinunter, down, under.
hinunterfallen, to fall down.
hinuntersinken, to sink down.
hinwerfen, to throw down, reject.
hinziehen, to draw to, towards; (sein), to move, march to or along.
hinzu, to, towards, to it, to that.
hinzufügen, to add.
hinzukommen, to come to, come up, arrive.

hinzusetzen, to add.
Hirsch, *m.*, *pl.*, -e, stag, deer.
Hirt, *m.*, *gen.*, -en, *pl.*, -en, herdsman, shepherd.
Hitze, *f.*, heat.
hob, *past of* heben.
hoch, *inflected* hoh-, höher, höchst, high, tall; *interj.*, hurrah.
höchst, *adv.*, at the most, extremely.
höchstens, at the most, at best.
Hochzeit, *f.*, *pl.*, -en, wedding, marriage.
Hof, *m.*, *pl.*, ⁿe, yard, court, courtyard.
Hoffest, *n.*, court festival.
Hofköchin, *f.*, court cook.
Hofleute (*pl.*, *of* Hofmann), courtiers.
Hofmarschall, *m.*, seneschal, steward.
Hofprediger, *m.*, court chaplain.
Hofstaat, *m.*, court.
Hoffnung, *f.*, *pl.*, -en, hope.
höflich, polite.
Höfling, *m.*, *pl.*, -e, courtier.
Höhe, *f.*, *pl.*, -n, height, elevation; in die —, on high, up.
höher, *comp. of* hoch.
hohl, hollow.
Höhle, *f.*, *pl.*, -n, hole, cave.
hoho, ho, oh.
holen, to fetch, bring, draw.
hollaho, halloo.
Holz, *n.*, *pl.*, ⁿer, wood, forest.
Holzhauer, *m.*, wood-cutter.
Holzpuppe, *f.*, wooden figure, puppet.
Holzschuh, *m.*, wooden shoe.
hölzern, wooden.

Homer', m., Homer.
Honig, m., honey.
Honigkuchen, m., honey-cake.
horchen, to hearken, listen.
hören, to hear.
Hose, f., pl., -n, trousers, breeches.
Hottentot, m., pl., -en, Hottentot.
hu, whew, oh.
hübsch, pretty, handsome.
Hügel, n., pl., -n, hill.
Huhn, n., pl., "er, fowl, hen.
Hühnerhof, m., poultry-yard.
hui, whew, oh, ah.
Humor', m., humor.
Hund, m., pl., -e, dog.
hundert, hundred; *as noun, n.,*
   *pl.,* -e, hundred.
hundertmal, a hundred times.
hundertst-, hundredth.
Hunger, m., hunger.
hurrah', hurrah.
Hut, m., pl., "e, hat.
hüten, to watch, guard, tend.
Hütte, f., pl., -n, hut, house, kennel.

## J.

ich, I.
Ideal', n., pl., -e, ideal.
ihm, *dat. of* er, es, him, to him, to it.
ihn, *acc. of* er, him, it.
ihnen, *dat.,* them, to them; Ihnen, you, to you.
ihr, *nom. pl.,* you; *dat. of* sie, her, to her; *poss.,* her, hers, their, theirs; Ihr, your.

ihren, *poss. pro., acc., masc.,* her, their.
ihrer, *gen. sing. of* sie, of her; *gen. pl.,* them; *poss.,* of her, of their.
ihrig-, theirs.
Ihro, your.
immer, always, ever.
immerfort, continually.
in, *prep. with dat. and acc.,* in, to, into.
indem', while, as, because.
indeß', indessen, meanwhile nevertheless, however.
inmitten, in the midst (of).
Innere, n. (decl. as adj.), inside, heart.
innerlich, inward(ly).
innerst, inmost.
innig, ardent, devout.
ins, *for* in das.
Inschrift, f., pl., -en, inscription.
Insekt, n., pl., -en, insect.
Insel, f., pl., -n, island.
Instrument, n., pl., -e, instrument.
interessant', interesting.
in'wendig, inside.
irdisch, earthly, perishable.
irgend, at all, soever.
irgendwo, somewhere, anywhere.
irren, *reflex.,* to err, be mistaken.
Irrlicht, n., will-o'-the-wisp.
ist, *pres. of* sein.
italie'nisch, Italien.

## J.

ja, yes, indeed, certainly; — nicht, on no account, by no means.

## VOCABULARY.

**Jacke,** *f., pl.,* –n, jacket, waistcoat.
**Jagd,** *f., pl.,*–en, chase, hunt, hunting.
**Jagdhorn,** *n.,* hunting horn, bugle.
**Jagdhund,** *m.,* hunting dog, hound.
**jagen,** to drive, chase, ride, gallop.
**Jäger,** *m pl.,* —, hunter.
**Jahr,** *n., pl.,* –e, year.
**Jahrhundert,** *n.,* century.
**Jahrmarkt,** *m.,* fair.
**Jahrzahl,** *f.,* date.
**Jakob,** *m.,* Jacob.
**Ja'pan,** *n.,* Japan.
**jäten,** to weed.
**je,** ever; *before a compar.,* the.
**jeder, jede, jedes,** each, every, every-one.
**jedermann,** every one.
**jedesmal,** every time, always.
**jedoch,** yet, however, nevertheless.
**jemals,** ever.
**jemand,** some one, any one, one.
**jener, jene, jenes,** that, that one.
**jetzt,** now.
**Jo'hann, Johan'nes,** John.
**Jubel,** *m.,* rejoicing.
**Jubelgeschrei,** *n.,* shouts of joy.
**jubeln,** to rejoice, exult.
**Jugend,** *f.,* youth.
**jugendlich,** youthful.
**Juli,** July; –tag, July day.
**jung,** young.
**Junge,** *m., gen.,* –n, *pl.,* –n, boy, lad; *pl.,* youths, young ones.
**Jungfrau,** *f.,* maiden.
**Jüngling,** *m., pl.,* –e, youth, young man.
**Juwel',** *m., pl.,* –en, jewel.

### K.

**Käfig,** *m., pl.,* –e, cage.
**Kaiser,** *m., pl.,* —, emperor.
**Kaiserreich,** *n.,* empire.
**kaiserlich,** imperial.
**Kalikut,** Calcutta fowl.
**kalikutisch,** *adj.,* Calcutta.
**Kalikutenei,** *n.,* Calcutta egg.
**Kalk,** *m.,* lime, plaster.
**kalt,** cold.
**kam,** *past of* kommen.
**Kamel',** *n., pl.,* –e, camel.
**Kameltreiber,** *m.,* camel-driver.
**Kamerad',** *gen.,* –en, *pl.,* –en, comrade.
**Kamm,** *m., pl.,* ̎e, comb.
**kämmen,** to comb. [room.
**Kammer,** *f., pl.,* –n, chamber, bed-
**Kammerdiener,** *m.,* valet de chambre.
**Kammermädchen,** *n.,* chambermaid.
**Kampf,** *m., pl.,* ̎e, struggle, battle.
**Kanal',** *m., pl.,* ̎e, canal, ditch.
**Kano'ne,** *f., pl.,* –n, cannon.
**Kapel'le,** *f., pl.,* –n, chapel.
**Karavane,** *f., pl.,* –n, caravan.
**Karte,** *f., pl.,* –n, card.
**Kartoffel,** *f., pl.,* –n, potato.
**Kartoffelfeld,** *n.,* potato-field.
**Käse,** *f., pl.,* —, cheese.
**Kasta'nie** *(4 syl.) f.,* chestnut.
**Kastanienbaum,** *m.,* chestnut-tree.
**Kasten,** *m., pl.,* —, chest, box.
**Katze,** *f., pl.,* –n, cat.
**kaufen,** to buy.
**Kaufmann,** *m., pl.,*–leute, merchant.

kaum, scarcely, hardly.
Kegel, *m.*, *pl.*, —, ninepin.
Kegelspiel, *n.*, playing ninepins.
Kehle, *f.*, *pl.*, -n, throat.
kehren, to turn.
kein, keine, kein, *adj.*, no, none.
keiner, keine, keines, *pron.*, no one.
Kelch, *m.*, *pl.*, -e, cup, calyx.
Keller, *m.*, *pl.*, —, cellar.
Kellerwohnung, *f.*, basement.
kennen, to know, recognize, be acquainted with; — lernen, to become acquainted with.
Kenntnis, *f.*, *pl.*, -sse, knowledge, information.
Kerl, *m.*, *pl.*, -e, fellow.
Kette, *f.*, *pl.*, -n, chain.
Kettenhund, *m.*, chain-dog, mastiff.
Keule, *f.*, *pl.*, -n, club, stick.
Kind, *n.*, *pl.*, -er, child.
Kindtaufe, *f.*, christening, baptism.
Kinderauge, *n.*, child's eye.
Kinderfrau, *f.*, nurse.
Kinderseele, *f.*, child's soul.
Kindheit, *f.*, childhood.
kindlich, childlike.
Kirche, *f.*, *pl.*, -n, church.
Kirchenglocke, *f.*, church bell.
Kirchenlied, *n.*, hymn.
Kirchenmauer, *f.*, church wall.
Kirchenthür, *f.*, church door.
Kirchhof, *m.*, church-yard.
Kirchthür, *f.*, church door.
Kirchturm, *m.*, church steeple.
Kissen, *n.*, *pl.*, —, cushion, pillow.
Kiste, *f.*, *pl.*, -n, chest, box.
kitten, to cement, paste.

klagen, to complain, mourn, lament.
kläglich, pitiful(ly).
Klang, *m.*, *pl.*, ⁻e, sound, ring.
klappern, to clatter, rattle.
klar, clear, bright.
klatschen, to clap.
Klavier', *n.*, *pl.*, -e, piano.
Kleid, *n.*, garment, dress; *pl.*, -er, clothing.
kleiden, to dress, clothe.
klein, little, small.
Kleinod, *n.*, *pl.*, -e, jewel, treasure.
klemmen, to pinch, squeeze.
Klette, *f.*, *pl.*, -n, burdock.
Klettenblatt, *n.*, burdock leaf.
klettern (sein), to climb.
klingeln, to jingle, ring.
klingen, to ring, sound.
Klippe, *f.*, *pl.*, -n, cliff, rock.
klopfen, to knock.
klug, wise, good, knowing.
Klugheit, *f.*, prudence, wisdom cunning.
Knabe, *gen.*, -n, *pl.*, -n, boy.
Knäblein, *n.*, little boy.
Knack, crack!
knacken, to crack, snap, break.
Knall, *m.*, *pl.*, -e, crack, report.
Knallbüchse, *f.*, pop-gun.
knallen, to crack, sound.
knarren, to jar, rattle.
Knebel, *m.*, *pl.*, —, clapper.
Knecht, *m.*, *pl.*, -e, servant.
Knick, crack!
Knie, *n.*, *pl.*, -e, knee.
Kniehosen, *f.*, *pl.*, knee-breeches.
knistern, to crackle.

Knochen, *m., pl.,* —, bone.
knöchern, bone, made of bone.
Knopf, *m., pl.,* ᵘe, knob, button.
Knospe, *f., pl*-n, bud.
knüpfen, to tie.
Kobold, *m., pl.,* -e, goblin.
kochen, to cook, boil.
Köchin, *f., pl.,* -nen, cook.
Kohl, *m.,* cabbage.
Kohlgarten, *m.,* cabbage-garden.
Kohlkopf, *m.,* cabbage-head.
Kohle, *f., pl.,* -n, coal.
kohlschwarz, coal-black.
komisch, comical, ludicrous.
kommen (sein), to come, arrive, get.
Komödiant, *m., gen.,* -en, *pl.,* -en, comedian, actor.
Komö'die *(4 syl.), f., pl.,* -n, comedy, play.
König, *m., pl.,* -e, king.
Königreich, *n.,* kingdom.
Königssohn, *m.,* king's son.
Königin, *f., pl.,* -nen, queen.
königlich, royal.
können, to be able, can, may.
Konzert, *n., pl.,* -e, concert.
Kopf, *m., pl.,* ᵘe, head.
köpfen, to behead.
Kopfschmerzen, *pl.,* headache.
Koralle, *f., pl.,* -n, coral.
Korn, *n., pl.,* ᵘer, grain, rye, seed.
Kornfeld, *n.,* grain-field.
Körper, *n., pl.,* —, body.
Kosack, *m., pl.,* -en, Cossack.
Kostbarkeit, *f.,* jewel, trinket.
kosten, to cost.
kosten, to taste, feel, experience.

krachen, to crack, roar; *as noun,* crash, crashing.
Kraft, *f., pl.,* ᵘe, force, strength, power.
kräftig, strong, powerful, vigorous.
krampfhaft, convulsive(ly).
krank, sick, ill.
Krankheit, *f., pl.,* -en, disease, malady.
Kranz, *m., pl.,* ᵘe, wreath, garland.
Kraut, *n., pl.,* ᵘer, plant, herb.
Kreide, *f.,* chalk.
kreideweiß, white as chalk.
Kreis, *m., pl.,* -e, circle, company.
Kreuz, *n.,* -e, cross.
kriechen (sein), to creep, crawl.
Krieg, *m., pl.,* -e, war.
kriegen, to get, obtain.
Krone, *f., pl.,* -n, crown.
Kröte, *f., pl.,* -n, toad.
Krücke, *f., pl.,* -n, crutch.
krumm, crooked, curved, bent.
Krüppel, *m., pl.,* —, cripple.
Küche, *f., pl.,* -n, kitchen.
Kuchen, *m., pl.,* —, cake.
Kuchenfrau, *f.,* cake-woman.
Küchenmädchen, *n.,* kitchen-maid.
Küchlein, *n., pl.,* —, chick.
Kuckuck, *m., pl.,* -e, cuckoo.
Kuh, *f., pl.,* ᵘe, cow.
kühl, cool, fresh.
Kühle, *f.,* coolness, freshness.
Kummer, *m.,* sorrow, grief, trouble.
kummervoll, sorrowful.
kümmern, *reflex.,* to care for, concern.
Kunst, *f., pl.,* ᵘe, art.

**Künstler,** *m., pl.,* —, artist.
**künstlich,** artificial, artistic, skillful.
**Kunstvogel,** *m.,* artificial bird.
**Kunstwerk,** *n.,* work of art.
**Kupfer,** *n.,* copper.
**Kuppel,** *f., pl.,* -n, cupola, dome.
**kurios,** curious, odd.
**kurz,** short; *adv.,* in short.
**Kurzbein,** *n.,* short-leg.
**Kuß,** *m., pl.,* ⁻e, kiss.
**küssen,** to kiss.
**Kußhändchen,** *n.,* kissing the hand.
**Küste,** *f., pl.,* -n, coast, shore.
**Kutsche,** *f., pl.,* -n, coach, carriage.
**Kutscher,** *m., pl.,* —, coachman.

### L.

**lächeln,** to smile.
**lachen,** to laugh.
**lag,** *past of* liegen.
**lahm,** lame.
**Lampe,** *f., pl.,* -n, lamp.
**Land,** *n., pl.,* ⁻er, land, country.
**Landesherr,** *m.,* ruler, sovereign.
**Landesmünze,** *f.,* coin of the country.
**Landgut,** *n.,* farm, estate.
**Landhaus,** *n.,* villa, country house.
**Landkarte,** *f.,* map.
**Landschaft,** *f., pl.,* -en, landscape.
**Landsee,** *m.,* lake.
**Landsleute,** *pl.,* persons from the (same) country, fellow countrymen.
**Landstraße,** *f.,* road, highway.
**lang,** long, tall.

**langweilig,** tedious, tiresome.
**längs,** *prep. with gen. or dat.,* along.
**langsam,** slow.
**Lappen,** *m., pl.,* —, rag, cloth.
**Lärm,** *m.,* noise, racket.
**lärmen,** to rattle, make a noise.
**las,** *past of* lesen.
**lassen,** to let, permit, allow.
**Lauf,** *m., pl.,* ⁻e, run, course, race.
**laufen** (sein), to run, move; *as noun,* running.
**Laune,** *f., pl.,* -n, humor.
**Laut,** *m., pl.,* -e, sound, tone.
**laut,** loud, aloud.
**lauten,** to sound.
**läuten,** to ring, toll, proclaim.
**lauter,** pure, mere, nothing but.
**leben,** to live; lebe wohl, farewell.
**Leben,** *n., pl.,* —, life.
**lebendig,** living, alive.
**Lebensaufgabe,** *f.,* life-work.
**Lebensbeschreibung,** *f.,* life, biography.
**Lebewohl,** *n.,* farewell.
**lecken,** to lick.
**ledern,** leather, made of leather.
**legen,** to lay, put, place.
**Legende,** *f., pl.,* -n, legend.
**Legendenbuch,** *n.,* book of legends.
**lehnen,** to lean, recline.
**Lehnstuhl,** m., arm-chair.
**lehren,** to teach.
**Leib,** *m., pl.,* -er, body; aus Leibes Kräften, with all one's might.
**Leibarzt,** *m.,* private physician.
**Leichnam,** *m., pl.,* -e, body, corpse.
**leicht,** light, easy.

## VOCABULARY.

leid thun, to be sorry for.
Leid, *n.*, wrong, harm.
leiden, to suffer, endure, tolerate.
leider, unfortunately.
leihen, to lend, borrow.
Leine, *f., pl.*, -n, line, cord, rope.
Leiter, *f., pl.*, -n, ladder.
Lerche, *f., pl.*, -n, lark.
lernen, to learn; kennen —, to become acquainted with.
lesen, to read.
letzt, last; letztere, latter.
leuchten, to shine, beam.
Leute, *pl.*, people, persons, folks.
licht, light, bright.
Licht, *n., pl.*, -er, light, candle.
lieb, dear, beloved, good, pleasant; — haben, to love.
Liebe, *f.*, love.
lieben, to love, like.
lieber (compar. of gern), rather.
Liebesgeschichte, *f.*, love-affair.
Liebesweh, *n.*, pangs of love.
Liebhaber, *m.*, lover, suitor.
lieblich, lovely, pleasant.
Lied, *n., pl.*, -er, song, poem, hymn.
Liedchen, *n.*, little song, tune.
liegen (sein), to lie, to be.
ließ, *past of* lassen.
Li'lie (*3 syl.*), *f., pl.*, -n, lily.
Linde, *f.*, Lindenbaum, *m.*, linden-tree.
link, left.
Lippe, *f., pl.*, -n, lip.
List, *f., pl.*, -en, cunning, stratagem, artfulness.
litt, *past of* leiden.
Lob, *n.*, praise.
Loch, *n., pl.*, "er, hole.

Locke, *f., pl.*, -n, lock (of hair), curl.
Locomotive, *f., pl.*, -n, locomotive.
Lohn, *m., pl.*, "e, reward, wages.
lohnen, to reward.
Los, *n., pl.*, -e, lot, fate, (lottery) ticket.
los, loose, free; — werden, to get loose.
löschen, to extinguish.
lösen, to loose, undo.
losgehen, to start, go.
losschießen, to start, rush.
Lotterie, *f., pl.*, -n, lottery.
Löwe, *m., gen.*, -n, *pl.*, -n, lion.
Löwenjagd, *f.*, lion-hunt.
Luft, *f., pl.*, "e, air, atmosphere.
luftig, airy, breezy.
Lüge, *f., pl.*, -n, lie, falsehood.
Lust, *f., pl.*, "e, joy, desire, delight.
Lustgarten, *m.*, pleasure-garden.
lustig, gay, jolly, merry, cheerful.

### M.

machen, to make, form, produce; sich davon —, to run away.
Macht, *f., pl.*, "e, might, power, strength.
mächtig, mighty, powerful.
Madame, *f.*, madam.
Mädchen, *n., pl.*, —, maiden, girl.
mag, *pres. of* mögen, may.
Magd, *f., pl.*, "e, maid, servant.
mager, lean, thin.
Mähne, *f., pl.*, -n, mane.
Majestät, *f., pl.*, -en, majesty.

**Mal,** *n., pl.,* –e, time.
**malen,** to paint.
**man,** *indef. pron.,* one, some one, they.
**mancher, manche, manches,** many, many a, many things, much.
**manchmal,** sometimes.
**Mangel,** *m.,* want.
**Mann,** *m., pl.,* "er, man, husband.
**Männchen,** *n.,* little man, husband.
**Männerstimme,** *f.,* man's voice.
**Männlein,** *n.,* little man.
**Mannsperson,** *f.,* man.
**Mantel,** *m., pl.,* ", mantle, cloak.
**Märchen,** *n., pl.,* —, tale, story.
**Marie,** Mary.
**Markt,** *m., pl.,* "e, market, market-place.
**Marktweib,** *n.,* market-woman.
**Marmor,** *m., pl.,* –e, marble.
**Marmorschloß,** *n.,* marble palace.
**marsch,** *interj.,* march.
**Marsch,** *m., pl.,* "e, march.
**marschieren,** to march, walk.
**Maß,** *n., pl.,* –e, measure.
**Masse,** *f., pl.,* –n, measure; über die Massen, beyond measure.
**Mast,** *m., pl.,* –en, mast; —baum, *m.,* mast.
**matt,** faint, feeble.
**Mauer,** *f., pl.,* –n, wall.
**Maul,** *n., pl.,* "er, mouth.
**Maulesel,** *m., pl.,* —, mule.
**Maus,** *f., pl.,* "e, mouse.
**Mäuschen,** *n.,* little mouse.
**Medaillon,** *n.,* medallion.
**Meer,** *n., pl.,* –e, sea, ocean.

**Mehl,** *n.,* meal, flour.
**Mehlfaß,** *n.,* flour-barrel.
**mehr,** more.
**mehrere,** several.
**Meile,** *f., pl.,* –n, mile. *(A German mile is nearly 5 times as long as an English one).*
**mein,** my, mine.
**meinen,** to mean, think, suppose.
**meinig–,** mine.
**Meinung,** *f., pl.,* –en, thought, opinion.
**Meister,** *m., pl.,* —, master.
**Melodie',** *f., pl.,* –en, melody.
**Menge,** *f., pl.,* –n, multitude, quantity.
**Mensch,** *m., pl.,* –en, man, human being.
**Menschengeschlecht,** *n.,* human race, mankind.
**Menschenherz,** *n.,* human heart.
**Menschenknochen,** *m.,* human bones.
**Menschenleben,** *n.,* human life, generation.
**menschlich,** human, humane.
**merken,** to mark, notice, observe.
**merkwürdig,** remarkable, curious.
**Messer,** *n., pl.,* —, knife.
**Messing,** *n.,* brass; –knopf, *m.,* brass button.
**messingen,** brass, brazen.
**Meteor,** *m., pl.,* –e, meteor.
**mich,** me *(acc. of* ich*).*
**Milch,** *f.,* milk; –napf, *m.,* milkpan.
**milchweiß,** milk-white.
**mild,** mild, soft, gentle.

## VOCABULARY. 215

Militärschule, f., military school.
Million', f., pl., -en, million.
Mini'ster, m., pl., —, minister.
Minute, f., pl., -n, minute.
mir me, to me (dat., of ich).
mischen, to mix, mingle.
mit, prep. with dat., with, along.
mitten, in the midst, middle.
Mitglied, n., member.
mithaben, to have with or along.
mitkommen (sein), to come, go along, accompany.
Mitleid, n., sympathy, compassion.
mitmachen, to make along.
mitnehmen, to take along.
mitsingen, to sing along.
mitspielen, to play along.
mitstimmen, to vote (along with others).
Mittag, m., midday, noon.
Mittagsbrod, n., dinner.
mittanzen, to dance along.
Mittel, n, pl., —, means, property.
mitten, in the midst, middle.
Mitternacht, f., midnight.
mitunter, sometimes, occasionally.
Möbel, n., furniture.
möchte, past subj. of mögen.
Moder, m., mould.
mögen, to be able, be allowed, may, can, wish, desire.
möglich, possible.
Monat, m., pl., -e, month.
Mond, m., pl., -en, moon; -schein, m., moonlight.
Montag, m., Monday.

Moor, n., pl., -e, moor, bog; -wasser, n., bog-water.
Moos, n., pl., -e, moss.
Morgen, m., pl., —, morning; heute —, this morning.
morgen, adv., to-morrow.
Morgenland, n., orient, Levant.
morgenländisch, oriental.
Morgenröte, f., dawn.
Morgensonne, f., morning sun.
Morgenstern, m., morning star.
Mörser, m., pl., —, mortar.
müde, tired, weary.
Müdigkeit, f. weariness, fatigue.
Mu'mie (3 syl.), f., pl., -n, mummy.
Mund, m., pl., ⁼e, mouth.
Mundharmonika, f., mouth-organ.
munter, lively, cheerful.
Münze, f., pl., -n, coin, mint.
münzen, to coin stamp.
Musik', f., music.
muß, pres. of müssen, must.
müssen, to be obliged, must.
Mut, m., courage, heart, feeling.
mutwillig, malicious, naughty.
Mutter, f., pl., ⁼, mother.
Mütze, f., pl., -n, cap.

## N.

nach, prep. with dat., after, to, at about; — vorn, forward.
Nachbar, m., pl., -n, neighbor.
Nachbarhaus, n., adjoining house.
Nachbarsfrau, f., neighbor's wife.
nachdem, after, afterwards, after that.

## VOCABULARY.

**nachdenken,** to meditate, reflect.
**nachdenklich,** meditative, thoughtful.
**nachher,** afterwards.
**nachkommen,** to come after, follow.
**nachmachen,** to imitate.
**nachsehen,** to look at, examine; *as noun,* examining.
**nächst,** next, nearest.
**Nacht,** *f., pl.,* ⁿe, night.
**Nachtgebet,** *n.,* evening prayer.
**Nachtlampe,** *f.,* night-lamp.
**Nachtigall,** *f., pl.,* -en, nightingale; — **bringer,** *m.,* nightingale bringer.
**nächtlich,** nightly, nocturnal.
**nachts,** by night.
**nachwerfen,** to throw at, after.
**Nacken,** *m., pl.,* —, neck, nape.
**nackt,** naked, bare.
**nagen,** to gnaw.
**nah, nahe,** near, close.
**nahebei,** near, close by.
**Nähe,** *f.,* nearness, vicinity; in der —, near by.
**nahen** (sein), to approach, draw
**nahm,** *past of* nehmen.        [near.
**nähren,** to support, nourish.
**Nahrung,** *f.,* food, nourishment, sustenance.
**Name,** *gen.,* -ns, *pl.,* -n, name.
**nämlich,** namely.
**Narr,** *gen.,* -en, *pl.,* -en, fool.
**närrisch,** foolish, droll, strange.
**Nase,** *f., pl.,* -n, nose.
**naß,** wet, moist.
**Natur',** *f., pl.,* -n, nature.
**Naturkraft,** *f.,* forces of nature.

**natürlich,** natural(ly).
**Nebel,** *m., pl.,* —, fog, mist.
**neben,** *prep. with dat.* by, near, beside.
**nebenan,** close by.
**nebeneinander,** beside each other.
**Neckar,** *m.,* Neckar.
**nehmen,** to take.
**neigen,** to bend, incline, bow.
**nein,** no.
**nennen,** to name, call, mention.
**Nessel,** *f., pl.,* -n, nettle.
**Nest,** *n., pl.,* -er, nest.
**nett,** neat, pretty, fine.
**Netz,** *n., pl.,* -e, net.
**neu,** new.
**neugierig,** curious, inquisitive.
**neulich,** lately, recently.
**neun,** nine.
**neunt-,** ninth.
**nicht,** not; — einmal, not even; — mehr, no longer.
**nichts,** nothing; — desto weniger, nevertheless.
**nicken,** to nod.
**nie,** never.
**nieder,** low; *adv.,* down.
**niederbiegen,** to bend down.
**niederbrennen,** to burn down.
**niederfallen,** to fall down.
**niederlassen,** to let down; sich —, to descend, sit down.
**niederlegen,** to lay, put down.
**niederreißen,** to tear down.
**niederschreiben,** to write down.
**niedersetzen,** to set, put down.
**niedersinken,** to sink, fall down.
**niedlich,** neat, nice, pretty.

niedrig, low, lowly, mean.
niemals, never.
niemand, nobody, no one.
nimmer, never.
nirgends, nowhere.
noch, yet, still; — nicht, not yet; — jetzt, even now; weder ... —, neither ... nor.
Nord, m., north.
Nordcap, n., North Cape.
Nordlicht, n., aurora borealis.
Nordwind, m., north wind.
Norden, m., north.
Not, f., need, trouble, distress.
nötig, necessary.
November, m., November; —tag, November day.
Nummer, f., pl., -n, number.
nun, now, well, well then.
nur, only; was —, whatever.
Nuß, f., pl., ⸚e, nut.
nutzen, to be useful, profit.
Nutzen, m., use, advantage, benefit, interest, utility.
nützlich, useful.

O.

O, O, oh.
ob, whether, if.
oben, above, upstairs, on high.
obenher, above.
oberhalb, prep. with gen., above.
oberst, highest, uppermost.
obgleich', although.
obwohl', although.
Ochs, Ochse, m., gen., -en, pl., -en, ox.

Ochsentreiber, m., drover.
oder, or.
Ofen, m., pl., ⸚, stove.
Ofenkrankheit, f., stove-sickness.
Ofenkratzer, m., stove-rake.
Ofenreinigen, n., stove-cleaning.
offen, open.
offenbar, manifest.
öffnen, to open.
Öffnung, f., pl., -en, opening, hole.
oft, often, frequently.
öfters, often, frequently.
oftmals, often.
oh, oh.
ohne, prep, with acc., without.
ohnehin, without that, anyhow.
Ohnmacht, f., fainting fit, swoon, faintness.
ohnmächtig, weak, fainting.
Ohr, n., pl. -en, ear.
Öl, n., pl., -e, oil.
Ölbaum, m., olive-tree.
Oli've, f., pl., -n, olive.
Orange, f., pl., -n, orange.
ordentlich, orderly, regular, downright.
Ordnung, f., order.
Orgel, f., pl., -n, organ.
Orgelpfeife, f., organ-pipe.
Ort, m., pl., er, place, town.
Ost, Osten, m., east.
Ostwind, m., eastwind.

P.

Paar, n., pl., -e, pair, couple; ein paar, a few.

packen, to pack, seize, catch.
Packet', n., pl., -e, package, parcel.
Palast', m., pl., -äste, palace.
Palmbaum, m., palm-tree.
Palmblatt, n., palm-leaf.
Palme, f., pl., -n, palm.
Pantof'fel, m., pl., -n, slipper.
Papier', n., pl., -e, paper.
Para'bel, f., pl., -n, parable, apologue.
Paradies', n., Paradise, Eden.
Paradiesgarten, Garden of Eden.
passen, to fit, suit, go.
passieren (sein), to happen.
Peitsche, f., pl., -n, whip.
Peitschengeknall, n., cracking of whips.
peitschen, to whip, scourge.
Perle, f., pl., -n, pearl.
Perlmutter, f., mother of pearl.
Perpendi'kel, m., pl., —, pendulum.
Perücke, f., pl., -n, wig.
Person, f., pl., -en, person, personage.
Pfahl, m., pl., ⁺e, pale, post, stake.
Pfarrer, m., pl., —, parson, minister.
Pfau, m., pl., -e, or en, peacock.
Pfauenschweif, m., peacock's tail.
pfeifen, to whistle.
Pfeil, m., pl., -e, arrow.
Pfeiler, m., pl., —, pillar.
Pfennig, m., pl., -e, penny.
Pferd, n., pl., -e, horse.
Pferdegerippe, n., skeleton of a horse.

Pferdehändler, m., horse-dealer.
Pfingstrose, f., peony.
Pflanze, f., pl., -n, plant.
pflanzen, to plant.
pflegen, *with acc. or gen.*, to tend, take care of, use, be accustomed.
pflücken, to pluck, gather.
Pforte, f., pl., -n, gate, door.
Pfote, f., pl., -n, paw.
pfui, fie, oh.
Pfund, n., pound.
Phönix, m., phœnix.
piff paff, bang!
Pilger, m., pl., —, pilgrim.
Pilgerfahrt, f., pilgrimage.
plappern, to babble, chatter.
Plata'ne, f., pl., -n, plane-tree.
platsch, splash, dash.
Platz, m., pl., ⁺e, place, room, square.
platzen, to burst, break.
plaudern, to chatter, gossip.
plötzlich, sudden(ly).
plump, heavy, awkward.
plumpen, to tumble.
plündern, to plunder, rob.
Poesie', f., poetry.
Polarmeer, n., polar sea.
polieren, to polish.
Porzellan', n., porcelain, china.
Porzellanturm, m., porcelain tower.
Post, f., pl., -en, post, post-office.
Posttasche, f., mail-bag, pouch.
Pracht, f., pomp, splendor, magnificence.
prachtvoll, elegant, gorgeous.

**prächtig,** magnificent, splendid.
**prahlen,** to boast, vaunt, show off.
**Prasseln,** *n.,* crash, crashing.
**Prediger,** *m., pl.,* —, preacher.
**Predigt,** *f., pl.,* -en, sermon.
**Preis,** *m., pl.,* -e, price, cost, prize, praise, glory.
**Preisverteilung,** *f.,* distribution of prizes.
**pressen,** to press, squeeze.
**Priester,** *m., pl.,* —, priest.
**Prinz,** *gen.,* -en, *pl.,* -en, prince.
**Prinzessin,** *f., pl.,* -en, princess.
**Probe,** *f., pl.,* -n, trial.
**probieren,** to try.
**prüfen,** to prove, test, examine.
**Prüfung,** *f., pl.,* -en, trial, temptation.
**prügeln,** to beat, cudgel.
**Psalm,** *m., pl.,* -en, psalm.
**pst,** hist, hush.
**Puder,** *m.,* powder.
**pudern,** to powder.
**Puls,** *m., pl.,* -e, pulse.
**Punkt,** *m., pl.,* -e, point, dot.
**Punsch,** *m.,* punch.
**Puppe,** *f., pl.,* -n, puppet, doll.
**Puppenkomödie,** *f.,* puppet show.
**Puppenthea'ter,** *n.,* puppet theater.
**Purpur, purpurrot,** purple.
**Purzelbaum,** *m.,* somersert; einen — schlagen *or* machen, to turn a somerset.
**Putz,** *m.,* dress, attire, finery.
**putzen,** to adorn, clean, polish.
**Pyrami'de,** *f., pl.,* -n, pyramid.

**Q.**

**quacken,** to croak.
**Quell,** *m., pl.,* -e, well, spring.
**Quellwasser,** *n.,* spring water.
**quellen,** to spring, gush.
**quirrevirrevit, quivit,** chirp of a bird.

**R.**

**Rabe,** *m., gen.,* -n, *pl.,* -n, raven.
**rabenschwarz,** black as a raven.
**Rachen,** *m., pl.,* —, throat, jaws.
**rächen,** to avenge, revenge.
**Rad,** *n., pl.,* ⁿer, wheel.
**ragen,** to reach, project, stick out.
**Rake'te,** *f., pl.,* -n, rocket.
**Rand,** *m., pl.,* ⁿer, edge, side, margin.
**Rang,** *m., pl.,* ⁿe, rank, order.
**Ranke,** *f., pl.,* -n, vine.
**Ränzel,** *n., pl.,* —, bag, knapsack.
**rapp,** quack!
**rasch,** quick, swift.
**Rasen,** *m.,* turf, sod.
**Rasenstück,** *n.,* piece of sod.
**rasseln,** to rattle, rustle; *as noun,* rattling, rustling.
**Rast,** *f.,* rest, repose.
**Rat,** *m., pl.,* ⁿe, advice, counsel, counsellor, senator.
**raten,** to advise, suggest, guess.
**Rätsel,** *n., pl.,* —, riddle.
**Ratte,** *f., pl.,* -n, rat.
**Rauch,** *m.,* smoke.
**Raum,** *m., pl.,* ⁿe, room, space, place

räumen, to remove, clear up *or* away.
rauschen, to rush, rustle, roar.
Rebe, *f., pl.*, -n, vine.
Rechen, *m., pl.*,—, rake.
Rechenschaft, *f.*, account.
rechnen, to calculate, cipher.
Rechnung, *f., pl.*, -en, calculation, account.
Rechnungskunst, *f.*, arithmetic.
recht, right, just, straight, *adv.*, very, rightly, properly, quite.
Recht, *n., pl.*, -e, right, justice, due.
Rechte, *f., gen.*, -n, right hand.
Rede, *f., pl.*, -n, speech, talk, oration.
reden, to speak, talk, make a speech.
regen, to stir, move.
Regen, *m.*, rain.
Regenbogen, *m.*, rainbow.
Regenbogenfarbe, *f.*, rainbow color.
Regenguß, *m.*, shower of rain.
Regenwasser, *n.*, rain-water.
Regenwurm, *m.*, earth-worm.
regieren, to rule, govern.
Regiment', *n., pl.*, -er, regiment.
regnen, to rain.
reiben, to rub.
reich, rich, wealthy.
Reich, *n., pl.*, -e, empire, realm, kingdom.
reichen, to reach, give, present.
Reichsapfel, *m.*, imperial globe.
Reichtum, *m., pl.*, ̈er, riches, wealth.
Reif, *m., pl.*, -e, frost.
Reihe, *f., pl.*, -n, row, file, order,
reihen, to string. [turn, succession.

reimen, to rime.
rein, clean, pure.
reinigen, to clean, wipe.
Reise, *f., pl.*, -n, journey.
Reisegefährte, Reisekamerad, *m.*, fellow-traveller.
reisen (sein), to travel, journey.
Reisend-, *participle used as noun*, traveler.
reißen, to tear, pull.
reißend, rapid, wild.
reiten, to ride.
Reitkleid, *n.*, riding habit.
reizend, charming(ly).
Rettig, *m., pl.*, -e, radish.
Rhein, *m.*, Rhine.
richten, to direct, turn.
Richter, *m., pl.*, —, judge.
richtig, right, correct, real, just.
rief, *past of* rufen.
Riegel, *m., pl.*, —, rail, bar, bolt.
Riese, *gen.*, -n, *pl.*, -n, giant.
riesengroß, gigantic. [maggots.
Riesenmaden, large worms or
riesig, gigantic.
Ringel, *m., pl.*, -n, ring, circle.
rings, round, around; — herum, — um, umher, around, about.
Rinne, *f., pl.*, -n, gutter, spout.
riß, *past of* reißen.
Riß, *m., pl.*, -sse, rent, chink, crack, crevice, tear, scratch.
Ritter, *m., pl.*, —, knight.
Ritterbild, *n.*, picture of a knight.
Ritze, *f., pl.*, -n, crack, crevice.
Rock, *m., pl.*, ̈e, coat.
roh, rough, rude.

rollen, to roll, move.
romantisch, romantic.
Rose, f., pl., -n, rose.
Rosenbusch, m., rosebush.
Rosenhecke, f., rosebush.
Rosenknospe, f., rosebud.
rosenrot, rose-red.
Rosi'ne, f., pl., -n, raisin.
Roß, n., pl., -sse, horse, steed.
rostig, rusty.
rot, red; as noun, n., redness, blush.
rotgelb, reddish yellow.
rötlich, reddish.
Rubin', m., pl., -e, ruby.
Rücken, m., pl., —, back.
Rücksicht, f., pl., -en, respect, regard; —nehmen, to have regard for.
rückwärts, backwards.
rufen, to call, cry; as noun, calling, shouting.
Ruhe, f., rest, quiet, peace, calm.
ruhen, to rest, repose.
ruhig, quiet, calm, peaceful.
Ruhm, m., glory, renown, fame.
rühren, to stir, move, touch, affect.
rund, round; — herum, around.
russisch, Russian.
Rüstung, f., pl., -en, armor.
Rute, f., -n, rod, switch.

S.

Saal, m., pl., Säle, room, hall.
Säbel, m., pl., —, sword, sabre.

Sache, f., pl., -n, thing, matter, affair, business.
Sack, f., pl., "e, sack, bag, pocket.
Saft, m., pl., "e, sap, juice.
saftig, sappy, juicy, luxuriant.
Sage, f., pl., -n, story, legend.
sagen, to say, tell.
Saite, f., pl., -n, string.
Salbe, f., pl., -n, salve.
salben, to salve, anoint, rub.
Säle, pl., of Saal. [water.
Salz, n., salt; —wasser, n., salt
sammeln, to collect, gather.
Sammet, m., velvet.
Sammetdecke, f., velvet carpet.
sämtlich, all.
Sand, m., sand.
sanft, soft, mild, easy, gentle.
Sang, m., pl., "e, song.
Sänger, m., pl., —, singer, poet.
Sängerherz, n., singer's heart.
Sängerin, f., pl., -en, singer.
Sarg, m., pl., "e, coffin.
satt, satiated, full, weary, tired.
Säule, f., pl., -n, column, pillar.
säumen, to tarry, delay.
säuseln, to rustle.
Scepter, n., pl., —, scepter.
Schar, f., pl., -en, troop, band.
Schachtel, f., pl., -n, box.
Schade, gen., -ns, or Schaden, gen., -s, pl., Schäden, loss, damage, harm.
Schädel, m., pl., —, skull.
schaden, to harm, damage.
Schaf, n., pl., -e, sheep.
schaffen, to create, work, do.

Schale, *f.*, *pl.*, -n, shell, husk.
Schall, *m.*, *pl.*, ue, sound.
schallen, to sound, resound.
Schande, *f.* shame, disgrace.
Schar, *f.*, *pl.*, -en, troop, band.
scharf, sharp, keen. [severity.
Schärfe, *f.*, sharpness, keenness,
Schatten, *m.*, *pl.*, —, shadow, shade.
Schatz, *m.*, *pl.*, ue, treasure.
schaudern, to shudder, shiver.
schauen, to look, see.
Schaufel, *f.*, *pl.*, -n, shovel, shovel-full.
schaukeln, to rock, swing.
Schaukelstuhl, *m.*, rocking-chair.
Schaum, *m.*, *pl.*, ue, scum, froth, foam.
schäumen, to froth, foam.
Scheffel, *m.*, *pl.*, —, bushel.
Scheibe, *f.*, *pl.*, -n, pane.
scheiden (sein), to part, depart.
Schein, *m.*, *pl.*, -e, shine, show, appearance.
scheinen, to shine, appear, seem.
Schelle, *f.*, *pl.*, -n, bell.
Schellengeläut, *n.*, tinkling of bells.
Schelm, *m.*, *pl.*, -e, rogue.
schelmisch, roguish, mischievous.
schelten, to scold.
scheuken, to give, present, pour.
Schere, *f.*, *pl.*, -n, shears, scissors.
Scherz, *m.*, *pl.*, -e, jest, joke.
scherzen, to jest, joke.
scherzend, playful(ly).
scheu, shy, wary.
schicken, to send.
Schicksal, *n.*, *pl.*, -e, fate, destiny.

schieben, to shove, push.
schief, crooked, warped, awry.
schier, almost.
schießen, to shoot.
Schiff, *n.*, *pl.*, -e, ship, vessel.
Schiffssegel, *n.*, sail of a ship.
Schilderung, *f.*, picture, description, representation.
Schilf, *n.*, *pl.*, -e, sedge, reed, rush.
Schilling, *m.*, *pl.*, -e, shilling.
Schimmer, *m.*, *pl.*, —, gleam, glimmer.
schimmern, to glitter, sparkle.
Schinken, *m.*, *pl.*, —, ham.
Schlacht, *f.*, *pl.*, -en, battle, fight.
schlachten, to kill, slay.
Schlaf, *m.*, sleep.
schlafen, to sleep.
Schlafgemach, *n.*, bed-room.
schläfrig, sleepy, drowsy.
Schlafrock, *m.*, dressing-gown.
Schlafzimmer, *n.*, bed-room.
Schlag, *m.*, *pl.*, ue, blow, stroke, shock, clap, hit.
schlagen, to beat, strike.
Schlange, *f.*, *pl.*, -n, serpent, snake.
schlank, thin, slender.
schlecht, bad, mean, miserable.
schleichen (sein), to sneak, crawl.
Schleppe, *f.*, *pl.*, -n, train, trail.
schleppen, to trail, drag. [flood-gate.
Schleuse, *f.*, *pl.*, -n, sluice, drain,
schlief, *past of* schlafen.
schließen, to shut, lock, close.
schlimm, bad, evil.
schlingen, to wind, twist, entwine.
Schlitten, *m.*, *pl.*, —, sled, sleigh.

Schloß, *n., pl.,* ⸚er, lock, castle, palace.
Schloßfenster, *n.,* castle window.
Schloßhof, *m.,* castle yard.
Schloßtreppe, *f.,* castle steps or stairs.
Schlummer, *m.,* slumber, nap.
schlüpfen (sein), to slip, creep.
Schlüssel, *m., pl.,* —, key.
Schlüsselbein, *n.,* collar-bone.
schmal, narrow.
schmecken, to taste, smack.
Schmelzofen, *m.,* melting furnace.
schmelzen, to melt, dissolve.
Schmerz, *m., gen.,* -ens, *pl.,* -en, pain, ache, grief, sorrow.
schmerzen, to pain, ache.
schmerzlich, grievous, painful.
Schmetterling, *m., pl.,* -e, butterfly.
Schmetterlingsflügel, *m.,* butterfly's wing.
Schmuck, *m.,* ornament, finery, attire, dress.
schmücken, to adorn, dress, trim; *as noun,* decorating.
Schnabel, *m., pl.,* ⸚, bill, beak.
schnauben, to snort, pant.
Schnauze, *f., pl.,* -n, snout, nose.
Schnecke, *f., pl.,* -n, snail.
Schnee, *m.,* snow.
schneebedeckt, snow-covered.
Schneedecke, *f.,* covering of snow.
Schneeflocke, *f.,* snowflake.
Schneeglöckchen, *n.,* snow-drop.
Schneemann, *m.,* snow-man.
Schneeteppich, *m.,* carpet of snow.

schneeweiß, snow-white.
schneiden, to cut.
Schneider, *m., pl.,* —, tailor.
schnell, quick, swift, rapid, fleet.
Schnelllaufen, *n.,* running, racing.
Schnellläufer, *m.,* runner, racer.
Schnelligkeit, *f.,* swiftness, velocity.
schnitzen, schnitzeln, to cut, carve.
Schnur, *f., pl.,* ⸚e, string, cord.
Schnurrbart, *m.,* mustache.
schnurren, to hum, purr.
Schober, *m., pl.,* —, heap, cock, stack.
schon, already, even, indeed, certainly.
schön, beautiful, handsome, fine fair.
Schöne (das), the beautiful.
schonen, to spare, save.
Schönheit, *f.,* beauty.
schöpfen, to draw, take, scoop.
Schöpfer, *m.,* creator, maker.
Schöpfung, *f.,* creation, universe.
Schornstein, *m.,* chimney.
Schoß, *m., pl.,* ⸚e, lap.
schoß, past of schießen. [fet.
Schrank, *m., pl.,* ⸚e, cupboard, bufSchreck, *m.,* terror, fright.
schrecklich, frightful, dreadful.
Schreckniß, *f., pl.,* -sse, horror, terror.
Schrei, *m., pl.,* -e, cry, shriek, scream.
Schreibart, *f.,* style, orthography.
schreiben, to write.
schreien, to cry, scream; *as noun,* screamimg, shouting.

schreiten (sein), to stride, step.
Schritt, *m.*, *pl.*, -e, step, pace.
Schuh, *m.*, *pl.*, -e, shoe.
Schuhmacher, *m.*, *pl.*, —, shoemaker.
Schuld, *f.*, *pl.*, -en, fault, cause, debt.
schuldig, guilty, indebted; — sein, to owe.
Schule, *f.*, *pl.*, -n, school.
Schulmeister, *m.*, schoolmaster.
Schulwand, *f.*, walls of a schoolroom.
Schulter, *f.*, *pl.*, -n, shoulder.
Schürze, *f.*, *pl.*, -n, apron.
Schuß, *m.*, *pl.*, ̈e, shot.
Schutt, *m.*, rubbish.
schütteln, to shake.
Schutz, *m.*, protection, shelter.
schützen, to guard, protect, shelter.
schwach, weak, feeble.
Schwalbe, *f.*, *pl.*, -n, swallow.
Schwan, *m.*, *pl.*, ̈e, swan.
Schwanenflügel, *m.*, swan's wing.
Schwanz, *m.*, *pl.*, ̈e, tail.
Schwarm, *m.*, *pl.*, ̈e, swarm, flock.
schwarz, black.
schwarzgrün, dark green.
schwatzen, to talk, chatter.
Schwätzer, *m.*, *pl.*, —, babbler, chatterer.
schweben, to swing, hover, hang.
schwebend, lithe, graceful.
Schweif, *m.*, *pl.*, -e, tail.
schweigen, to be silent, keep silence.
schweigend, silent, quiet.
Schwein, *n.*, *pl.*, -e, swine, hog.
Schweinskopf, *m.*, swine's head.

Schweinsleder, *n.*, swine's leather.
schweinsledern, of swine's leather.
Schweiz, *f.*, Switzerland.
schwellen (sein), to swell, heave.
schwenken, to swing, wave.
schwer, heavy, hard, difficult, grievous.
schwerbeladen, heavily laden.
Schwert, *n.*, *pl.*, -er, sword.
Schwester, *f.*, *pl.*, -n, sister.
schwimmen (sein), to swim.
Schwinge, *f.*, *pl.*, -n, wing, pinion.
schwingen, to swing, rise, wave, flourish.
schwül, sultry, close.
sechs, six.
See, *m.*, *pl.*, -n, lake.
See, *f.*, *pl.*, -n, sea, ocean.
Seehund, *m.*, seal.
Seehundsfell, *n.*, sealskin.
Seerosenblatt, *n.*, leaf of the water-lily.
Seele, *f.*, *pl.*, -n, soul.
Segel, *n.*, *pl.*, —, sail.
segeln, to sail.
Segen, *m.*, *pl.*, —, blessing, riches, abundance.
segnen, to bless.
sehen, to see, perceive, look.
sehnen, to long, yearn.
Sehnen, *n.*, longing, desire.
sehnlich, ardent(ly).
Sehnsucht, *f.*, longing, ardent desire.
sehr, very, much, very much.
sei, *pres. subj. of* sein.

Seide, *f., pl.,* -n, silk.
seiden, silken, of silk.
Seidenband, *n.,* silk ribbon.
Seidenkissen, *n.,* silk cushion.
Seife, *f., pl.,* -n, soap.
Seifenblase, *f.,* soap-bubble.
sein, to be.
sein, *poss. pron.,* his, its.
seinethalben, on his account.
seit, since.
seitdem, since, since then. [tion.
Seite, *f., pl.,* -n, side, page, direc-
Seitenweg, *m.,* side-road, by-way.
seitwärts, aside, sideways.
selber, self; selbst, self, *adv.,* even.
selig, blessed, happy, sweet.
selten, seldom.
seltsam, strange, odd.
senden, to send.
senken, to sink.
Sense, *f., pl.,* -n, scythe.
Serenade, *f., pl.,* -n, serenade.
setzen, to set, put, place; sich —, to sit down.
seufzen, to sigh, groan; *as noun,* groaning.
Seufzer, *m., pl.,* —, sigh, groan.
sich, *reflex. pron., dat. or acc.* himself, herself, itself, themselves.
sicher, certain, sure.
sie, *pron., nom. and acc.,* she, her, they, them.
Sie, you.
sieben, seven; — mal, seven times.
siebenzehn, seventeen.
siebenzig, seventy.
siedeln, to settle.

Sieg, *m., pl.,* -e, victory.
siegen, to vanquish, conquer, pre-
sieh, sieht, *pres. of* sehen. [vail.
Silber, *n.,* silver.
Silberglocke, *f.,* silver bell.
Silberschilling, *m.,* silver shilling.
Silberwolke, *f.,* silver cloud.
silbern, silvery, of silver.
singen, to sing.
sinken (sein), to sink, fall.
Sinn, *m., pl.,* -e, sense, mind.
Sitte, *f., pl.,* -n, custom, manner.
sitzen, to sit, be situated.
Skandal, *m.,* scandal, disgrace.
Sklave, *m., pl.,* -n, slave.
so, so, thus, such; — etwas, such a thing.
sobald, as soon as.
Sofa, *m., pl.,* -s, sofa.
sofort, instantly, forthwith, at once.
sogar, even.
sogleich, immediately.
Sohle, *f., pl.,* -n, sole.
Sohn, *m., pl.,* "e, son.
Söhnchen, *n., pl.,* —, little son, "sonny".
solch, such.
Soldat, *m., gen.,* -en, *pl.,* -en, soldier.
sollen, shall, ought, must.
Sommer, *m., pl.,* —, summer.
Sommernarr, *m.,* -närrin, summer fool.
Sommersprossen, *pl.,* freckles.
Sommerzeit, *f.,* summer time.
sonderbar, strange, singular.
sondern, but.

Sonne, *f.*, *pl.*, -n, sun.
Sonnenblume, *f.*, sunflower.
Sonnenlicht, *n.*, sunlight.
Sonnenschein, *m.*, sunshine.
Sonnenstich, *m.*, sunstroke.
Sonnenstrahl, *m.*, sunbeam.
sonnig, sunny.
Sonntag, *m.*, Sunday.
sonst, else, otherwise, besides, usually, at other times.
Sopha, *m. or n.*, sofa.
Sorge, *f.*, *pl.*, -n, care, sorrow, solicitude, uneasiness.
soviel, as much.
sowie, as soon as, just as.
sowohl, as well.
Spalt, *m.*, *pl.*, ⁿe, slit, chink, crevice.
spanisch, Spanish.
spät, late; später, *adv.*, afterwards.
spazieren gehen, to take a walk.
Speck, *m.*, bacon, fat.
Speise, *f.*, *pl.*, -n, food.
Speisekammer, *f.*, pantry, larder.
speisen, to eat, dine.
Sperling, *m.*, *pl.*, -e, sparrow.
Sphäre, *f.*, *pl.*, -n, sphere.
Sphinx, *f.*, *pl.*, -e, sphinx.
Spiegel, *m.*, *pl.*, —, mirror.
Spiegelbild, *n.*, picture reflected in a mirror.
Spiel, *m.*, *pl.*, -e, play, playing, game, sport.
Spielmeister, *m.*, music master.
Spielzeug, *n.*, toys, playthings.
spielen, to play.
Spieler, *m.*, *pl.*, —, player, performer.

Spieß, *m.*, *pl.*, -e, spear, pike, spit.
Spinne, *f.*, *pl.*, -n, spider.
Spinngewebe, *n.*, spider-web.
spinnen, to spin, purr.
spitz, sharp, pointed.
Spitze, *f.*, *pl.*, -n, point, top.
Spitzen, *pl.*, lace; —gewebe, lace-work.
spitzig, sharp, pointed.
Sporn, *m.*, *pl.*, -e, -en, *or* Sporen, spur.
Sprache, *f.*, *pl.*, -n, speech, language.
sprachlos, speechless, stunned, amazed.
sprechen, to speak, talk.
Springbrunnen, *m.*, fountain.
springen, to spring, jump, skip, burst, crack.
spritzen, to spout, spurt, splash.
spröde, brittle.
Spruch, *m.*, *pl.*, ⁿe, speech, saying, sentence.
sprühen, to scatter, dart, throw out.
Sprung, *m.*, *pl.*, ⁿe, spring, leap, crack, break.
Staat, *m.*, *pl.*, -en, state, show, parade.
Stadt, *f.*, *pl.*, ⁿe, town, city.
Städten, *n.*, village.
Stahl, *m.*, steel.
Stahlfeder, *f.*, steel-pen.
Stall, *m.*, *pl.*, ⁿe, stall, stable.
Stamm, *m.*, *pl.*, ⁿe, stem, trunk.
Stand, *m.*, *pl.*, ⁿe, stand, standing, position, state, condition; im stande sein, to be able.

Standbild, *n.*, statue.
stark, strong, loud, hard.
stärken, to strengthen, comfort.
starren, to stare; *as noun,* staring.
statt, *prep. with gen.,* instead.
stattfinden, to take place.
stattlich, stately, superb, magnificent.
Statue, *f., pl.,* -n, statue.
Staub, *m.,* dust.
Staubfaden, *m.,* stamen.
stäuben, to dust, to make a dust or spray.
staubig, dusty.
stechen, to sting, pierce, stick.
stecken, to stick, put, set, be, remain.
stehen (sein), to stand, be.
steif, stiff, rigid.
steigen (sein), to rise, mount, ascend, step.
Stein, *m., pl.,* -e, stone, rock.
Steinblock, *m.,* stone, boulder.
steinern, stony, of stone.
Stelle, *f., pl.,* -n, place, spot.
stellen, to put, place, set.
Stengel, *m., pl.,* —, stalk, stem.
sterben, (sein), to die; *as noun,* death, dying.
Stern, *m., pl.,* -e, star.
Sternennacht, *f.,* starry night.
Sternschnuppe, *f.,* meteor.
stets, always, continually.
Steuer, *n., pl.,* —, rudder, helm.
sticken, to embroider.
Stiefel, *m., pl.,* — *or* -n, boot.
stieren, to stare.
stieß, *past of* stoßen.
still, stille, still, silent, quiet.
Stimme, *f., pl.,* -n, voice, vote.

stimmen, to vote, agree.
Stirn, Stirne, *f., pl.,* -en, forehead.
Stock, *m., pl.,* ᵘe, stick, staff, cane.
Stockwerk, *n.,* story, floor.
stöhnen, to groan.
stolz, proud, haughty, stately.
Stolz, *m.,* pride.
Storch, *m., pl.,* ᵘe, stork; —nest, *n.,* stork's nest.
stören, to trouble, disturb, hinder.
störrisch, stubborn, obstinate.
Stoß, *m., pl.,* ᵘe, thrust, push.
stoßen, to thrust, push, strike, pound, bruise.
Strafe, *f., pl.,* -n, punishment.
strafen, to punish.
Strahl, *m., pl.,* -en, beam, ray.
strahlen, to beam, shine.
strahlend, shining, radiant, bright, brilliant.
Strand, *m.,* strand, beach, shore.
Straße, *f., pl.,* -n, street, road.
Straßenbube, *m.,* street-boy, "gamin."
Strauß, *m., pl.,* ᵘe, bunch, bouquet, ostrich.
streben, to strive, struggle; *as noun,* striving, struggle.
strecken, to stretch, extend.
streicheln, to stroke, caress.
streichen, to stroke, rub, smooth.
Streif, *m., pl.,* -e, stripe, streak.
Streit, *m., pl.,* -e, fight, war, dispute.
streiten, to fight, dispute, wrangle.
streuen, to strew, scatter.
strich, *past of* streichen.
Stroh, *n.,* straw.
Strohdach, *n.,* straw roof.

Strohhalm, *m.*, *pl.*, -e, straw.
Strom, *m.*, *pl.*, ⁿe, stream, flood, current.
strömen, to stream, flow, rush.
strotzen, to be swelled, puffed up.
Strumpf, *m.*, *pl.*, ⁿe, stocking.
Stube, *f.*, *pl.*, -n, room.
Stubenhund, *m.*, house dog, pet dog.
Stubenmädchen, *n.*, chambermaid.
Stubenthür, *f.*, chamber door.
Stück, *n.*, *pl.*, -e, piece, part, tune, distance.
Stückchen, *n.*, small piece, bit.
studieren, to study.
Stuhl, *m.*, *pl.*, ⁿe, stool, chair.
stumm, dumb, mute, silent.
Stunde, *f.*, *pl.*, -n, hour, league.
Sturm, *m.*, *pl.*, ⁿe, storm.
Sturmvogel, *m.*, storm-bird, stormy petrel.
Sturmwind, *m.*, storm, tempest.
stürzen, to throw; (sein), to fall, rush, gush.
stützen, to prop, support.
suchen, to seek, search, hunt.
Süden, *m.*, South.
südlich, south, southward.
Südwind, *m.*, southwind.
sühnen, to atone for, expiate.
summen, to hum, buzz.
Sumpf, *m.*, *pl.*, ⁿe, swamp, marsh.
Sünde, *f.*, *pl.*, -n, sin.
sündigen, to sin.
süß, sweet.

## T.

Takt, *m.*, time, measure, step.
taktfest, correct (in time).
Tag, *m.*, *pl.*, -e, day.
Talg, *m.*, tallow; -licht, *n.*, tallow candle.
Tanne, *f.*, *pl.*, -n, fir-tree.
Tannenbaum, *m.*, fir-tree.
Tannengeruch, *m.*, odor of fir-wood.
Tannenwald, *m.*, forest of firs.
Tanz, *m.*, *pl.*, ⁿe, dance.
tanzen, to dance; *as noun*, dancing.
Tape'te, *f.*, *pl.*, -n, tapestry, hangings.
tapfer, valiant, gallant, brave.
Tasche, *f.*, *pl.*, -n, pocket.
Taschentuch, *n.*, handkerchief.
Tau, *m.*, dew.
Tautropfen, *m.*, dewdrop.
Tauwerk, *n.*, cordage, tackling.
Tauwetter, *n.*, thaw, thawing weather.
Taube, *f.*, *pl.*, -n, dove, pigeon.
tauchen, to dive, dip, plunge.
Taufe, *f.*, baptism.
taufen, to baptize.
taugen, to be good for, worth.
Tausch, *m.*, exchange, trade.
tauschen, to exchange, trade.
täuschen, to deceive, cheat.
Tausend, *n.*, *pl.*, -e, thousand.
tausendjährig, a thousand years old.
tausendst, thousandth.
teeren, to tar.
Teich, *m.*, *pl.*, -e, pond.

Teil, *m., pl.*, -e, part, share, portion.
teilen, to divide, share.
Teller, *m., pl.*, —, plate.
Teppich, *m., pl.*, -e, carpet, rug.
Thal, *n., pl.*, ⁿer, dale, vale, valley.
Thaler, *m., pl.*, —, dollar.
that, *past of* thun.
That, *f., pl.*, -en, deed, act, fact;
thätig, active. [in ber —, indeed.
Thea'ter, *n., pl.*, —, theatre, stage.
Theatermann, *m.*, showman.
Thee, *m.*, tea, tea-party.
Theegesellschaft, *f.*, tea-party.
Thon, *m.*, clay.
Thor, *n., pl.*, -e, door, gate.
thöricht, foolish, silly.
Thräne, *f., pl.*, -n, tear.
Thron, *m., pl.*, -e *or* -en, throne.
thun, to do, make, put; bas thut
nichts, that doesn't matter.
Thun, *n.*, conduct, action.
Thür, Thüre, *f., pl.*, -en, door.
Thürschwelle, *f.*, door-sill.
tief, deep, low, profound, far.
Tier, *n., pl.*, -e, animal, beast.
Tiger, *m., pl.*, —, tiger.
Tinte, *f.*, ink.
Tintenfaß, *n.*, inkstand.
Tisch, *m., pl.*, -e, table.
Titel, *m., pl.*, —, title.
toben, to storm, rage, bluster.
Tochter, *f., pl.*, ⁿ, daughter.
Tod, *m.*, death.
Todeskälte, *f.*, deathlike chill.
toll, mad, crazy.
Ton, *m., pl.*, ⁿe, tone, sound, note.
tönen, to sound, ring.

Tonne, *f., pl.*, -n, ton.
Topf, *m., pl.*, ⁿe, pot.
tot, dead.
totenblaß, deadly pale.
töten, to kill.
totschlagen, to kill.
traben (sein), to trot, run.
Tracht, *f., pl.*, -en, costume, dress.
tragen, to bear, carry, wear.
trampeln, to trample, stamp.
Traube, *f., pl.*, -n, grapes.
trauen, to trust, confide.
Trauer, *f.*, mourning, sorrow.
Trauerflor, *m.*, crape.
trauern, to mourn, lament.
träufeln, to drop, drip.
Traum, *m., pl.*, ⁿe, dream.
träumen, to dream.
traurig, sad, sorrowful.
Traurigkeit, *f.*, sadness, melancholy.
treffen, to hit, strike, find, meet.
trefflich, excellent, admirable.
treiben, to drive, move, drift, carry on, act, do.
Treppe, *f., pl.*, -n, stairs, steps.
Treppengeländer, *n.*, banister.
treten, to tread, trample, step, enter, come,
treu, faithful, trusty.
treuherzig, simple, unsophisticated.
treulich, faithfully, honestly.
triefen, to drop, drip.
trinken, to drink.
Trinkwasser, *n.*, drinking-water.
trocken, dry.
trocknen, to dry.

Tröbler, *m.*, *pl.*, —, dealer in second-hand goods.
Trommel, *f.*, *pl.*, -n, drum.
Trompe'te, *f.*, *pl.*, -n, trumpet.
Trompe'ter, *m.*, *pl.*, —, trumpeter.
tröpfeln, to drip, trickle.
Tropfen, *m.*, *pl.*, —, drop.
Trost, *m.*, consolation, comfort.
trösten, to console, comfort.
trotzdem, nevertheless.
trübe, gloomy, dull, dark, sad.
Trug, *m.*, deceit, fraud.
trug, *past of* tragen.
Trunk, *m.*, drink.
Tuch, *n.*, *pl.*, "er, cloth. [prosperous.
tüchtig, solid, great, good, strong,
Tulpe, *f.*, *pl.*, -n, tulip.
Tulpenblatt, *n.*, tulip leaf or petal.
Turban, *m.*, *pl.*, -e, turban.
Turm, *m.*, *pl.*, "e, tower, steeple.
Turmglocke, *f.*, church (or tower) bell.
Tyran', *m.*, *pl.*, -en, tyrant.

## U.

übel, evil, ill, bad, wrong, amiss;
— nehmen, to take amiss.
über, over, above, at, about.
überall, everywhere.
überaus, extremely.
überdecken, to cover.
überdies, besides, moreover.
übereinstimmen, to agree.
überfliegen, to fly over, overspread.
überhaupt, in general, at all.

überkommen, to overcome, come upon.
überleben, to survive, outlive.
Überlebende, *m.*, or *f.*, survivor.
Überlegung, *f.*, consideration, deliberation.
Übermut, *m.*, pride, arrogance.
übermütig, proud, haughty, insolent.
überragen, to overtop, rise above.
überraschen, to surprise, overtake.
übersiedeln, to emigrate, remove.
überstehen, to overcome, survive.
überziehen, to cover, deck.
übrig, left, over, other, remaining; alles übrige, all the rest; die übrigen, the rest.
übrigens, besides, moreover.
Uhr, *f.*, *pl.*, -en, clock, watch.
Uhrmacher, *m.*, watch-maker.
Uhrwerk, *n.*, machinery, mechanism.
um, *prep. with acc.*, about, around, for, at; um ... willen, *with gen.*, for the sake; um so, *(before compar.)* the, so much the; *before infin.*, to, in order to; *adv.*, at an end, over, about, out, up.
um'armen, to embrace.
um'drehen, to turn, turn around.
um'fallen, to fall down.
umge'ben, to surround, enclose.
um'gehen, to go round, associate.
umher', around, about.
umherfliegen, to fly about.
umherlaufen, to run, go about.
umherschwimmen, to swim about.
umherwandern, to wander about.

um'kehren, *tr. and intr.* to turn around, turn back, return.
umknüpfen, to tie on or around.
umsau'sen, to howl or roar around.
um'schlagen, to turn over.
umschwe'ben, to hover or float around.
umschwimmen, to swim or float around.
um'sehen, to look back, look about.
Umstand, *m., pl.*, -stände, ceremony, formality.
um'stürzen, to throw down, overturn.
um'werfen, to overthrow, upset.
unangenehm, unpleasant, disagreeable.
Unannehmlichkeiten, *pl.*, disagreeable things or words.
unartig, rude, naughty.
unbegreiflich, incomprehensible, inconceivable.
unbekannt, unknown.
unbemerkt, unobserved.
unbeweglich, fixed, immovable, motionless.
und, and.
undankbar, ungrateful, unthankful.
unendlich, infinite, very great, endless.
unentbehrlich, indispensable.
unermeßlich, immeasurable, immense, boundless, vast.
ungemein, uncommonly, exceedingly.
ungern, unwillingly, reluctantly, with displeasure.

Ungeziefer, *n.*, vermin, insects.
unglaublich, incredible.
Unglück, *n., pl.*, -e, misfortune, accident, distress.
unglücklich, unlucky, unhappy, unfortunate.
Universität, *f., pl.*, -en, university.
unmöglich, impossible.
unnötig, unnecessary, superfluous.
unrecht, wrong, unfair, unjust.
Unrecht, *n.*, wrong, injustice.
uns, *pron. dat. and acc.*, us, to us.
unsanft, rough, rude.
unschuldig, innocent, guiltless, harmless.
unser, *poss. pron.*, our, ours.
unsichtbar, invisible.
unsterblich, immortal.
unten, below, beneath, under.
unter, *prep. with dat. and acc.*, under, below, among, in the midst of; *in composition*, down.
unterdessen, meanwhile, in the meantime.
untergehen, to go down, sink, set, perish.
unterhalten, to entertain, amuse.
unterlassen, to leave off, forbear, fail, neglect.
unternehmen, to undertake.
unternehmend, bold, enterprising.
unterrichten, to instruct, teach.
untersinken, to sink down.
untertauchen, to dive, plunge.
unterwegs, on the way.

unverdrossen, unwearied, cheerful, undismayed.
unvergleichlich, incomparable, inimitable.
Unwahrheit, f., untruth, falsehood.
unzählig, innumerable, countless.
üppig, luxuriant, vigorous.
uralt, very old, primeval.
Ursache, f., pl., -n, cause.
Ursprung, m., pl., ⁿe, origin.
Urwald, n., primitive forest.

**V.**

Vase, f., pl., -n, vase.
Vater, m., pl., ⁿ father.
Vaterland, n., fatherland.
Vaterlandsliebe, f., patriotism.
väterlich, fatherly, paternal.
Vaterunser, n., Lord's prayer, paternoster.
verachten, to despise, scorn.
verändern, to change, alter.
Veränderung, f., change.
verbergen, to hide, conceal.
verbeugen, to bow.
verbieten, to forbid, prohibit.
verblichen, faded.
verboten, forbidden; das -e, what is forbidden.
verbrennen, to burn, consume.
verdecken, to cover, hide.
verderben, to decay, spoil, mar.
verdienen, to earn, deserve.
verfließen, to go by, pass.
verfolgen, to pursue, persecute.
verführen, to mislead, lead astray.

vergehen, to pass away, vanish, disappear.
vergessen, to forget, neglect.
Vergnügen, n., pl., —, pleasure, delight.
vergnügt, delighted, pleased, merry.
vergolden, to gild, cover with gold.
Vergoldung, f., gilding.
verheiraten, *reflex.*, to marry.
verhindern, to hinder, prevent.
verhöhnen, to mock, insult.
verirren, *reflex.*, to lose one's self, go astray.
verjagen, to drive away, turn out.
verkaufen, to sell.
verkleiden, to disguise.
verklingen, to die away, expire.
verkrüppelt, stunted, imperfect, knotty.
verkünden, to announce, foretell.
verlangen, to desire, wish.
Verlangen, n., desire, wish, longing.
verlassen, to leave, abandon.
verlaufen, to run away, go astray.
verleben, to spend, pass.
verlieren, to lose.
verlocken, to mislead, deceive.
verloren, lost, — gehen, to be lost.
vermögen, to be able.
vernehmen, to hear, perceive, understand.
verneigen, to bow.
Vernunft, f., reason.
vernünftig, reasonable, sensible.
verrückt, crazy, mad.
Vers, m., pl., -e, verse, stanza.
versammeln, to assemble, meet.

verschaffen, to procure.
verschämt, ashamed, bashful.
verschlafen, to sleep through, to pass in sleeping.
verschmachten, to faint, languish.
Verschwendung, f., waste, extravagance.
verschwinden (sein), to vanish, disappear.
versetzen, to reply, answer.
versichern, to assure, protest, assert.
versinken (sein), to sink, disappear, be swallowed up.
versorgen, to provide for.
verspotten, to deride, ridicule.
versprechen, to promise.
Versprechen, n., Versprechung, f., promise.
Verstand, m., sense, understanding.
verständig, sensible, intelligent.
verständlich, intelligible.
verstecken, to conceal, hide.
verstehen, to understand, comprehend.
Versuch, m., pl., -e, trial, attempt.
versuchen, to try, attempt.
Versuchung, f., temptation.
vertauschen, to exchange, trade.
Verteilung, f., distribution.
vertieft, absorbed.
vertragen, to bear, suffer, endure.
vertrauen, to confide, trust, rely.
vertreiben, to drive away, expel.
verwandeln, to change, turn.
Verwandten, pl., relatives.
verwechseln, to confound, mix.

verweisen, to banish.
verwelken, to fade, wither.
verwenden, to use, apply, bestow.
verwildert, wild, tangled.
Vieh, n., cattle, beasts.
viel, much, many.
vielerlei, of many kinds.
vielgeliebt, much-loved.
vielleicht, perhaps.
vielmals, often, many times.
vielmehr, rather.
vier, four; viert -, fourth.
Viereck, n., square.
Viertel, n., pl., —, fourth, quarter.
vierunddreißigst-, thirty-fourth.
Violine, f., pl., -n, violin.
Violinspieler, m., violin-player.
Vogel, m., pl., ⸚, bird.
Vögelchen, n., little bird.
Vogelnest, n., bird's nest.
Volk, n., pl., ⸚er, people, nation.
voll, full, filled.
vollgestopft, stuffed, crammed.
Vollmond, m., full moon.
vollständig, full, entire.
vollkommen, perfect, full, entire.
vom, for von dem.
von prep. with dat., of, from, by.
vor, prep. with dat. and acc., before, from, with.
voran, before, ahead.
voraus, adv., before, in advance.
voraussehen, to foresee, foretell.
vorbei, by, over, past.
vorbeifliegen, to fly past.
vorbeigehen, to pass by.
vorbeikommen, to come by, along.

vorbeilaufen, to run by.
vorbeisegeln, to sail by, along.
vorbeiziehen, to pass by.
vorbringen (sein), to advance.
vorfahren, to drive up.
Vorgänger, m., predecessor.
vorgehen, to go on, happen, pass.
vorhanden, at hand, present.
Vorhang, m., pl., -hänge, curtain.
vorher, before, previously.
vorhergehend, foregoing, preceding.
vorhersagen, to foretell, predict.
vorhin, recently, just now.
vorig, former, last, preceding.
vorkommen, to seem, appear.
vorlesen, to read aloud; as noun, reading (aloud).
Vor'mittag, m., forenoon.
vorn, before, in front; nach — forward.
vornehm, distinguished, proud, noble, eminent.
Vorschein, m., appearance; zum — kommen, to appear, make an appearance.
vorschlagen, to propose.
vorsingen, to sing to.
vorstehen, to stand before, superintend.
vorstellen, to present, introduce, represent.
Vorstellung, f., idea, conception.
vortrefflich, excellent, exquisite.
vorüber, past, gone, finished.
vorübergleiten, to glide by.
vorüberziehen, to pass by.

vorwärts, forward, ahead.
vorwitzig, inquisitive, impertinent.
Vulkan', m., pl., -e, volcano.

## W.

wach, awake.
Wache, f., pl., -n, watch, guard.
wachsen (sein), to grow.
wagen, to venture, dare, attempt.
Wagen, m., pl., —, wagon, carriage.
wählen, to choose, elect.
wahr, true, real, genuine.
während, prep. with gen., during, while.
wahrhaftig, positive, true, real.
Wahrheit, f., pl., -en, truth.
wahrlich, truly, surely, really.
wahrscheinlich, likely, probable.
Wald, m., pl., "er, forest, wood.
Waldhorn, n., hunting-horn, bugle.
Waldlilie, f., honeysuckle.
Waldstrecke, f., stretch of forest.
Waldtaube, f., wood-pigeon.
Wallroß, n., walrus.
Wallroßfänger, m., walrus hunter.
Wallroßhaut, f., walrus hide.
walten, to reign, prevail.
Walze, f., pl., -n, roller, cylinder.
wälzen, to roll, move.
Wand, f., pl., "e, wall.
wandern (sein), to wander, travel, go.
Wange, f., pl., -n, cheek.
wann, when.
war, past of sein.
warm, warm.

warnen, to warn, caution.
warten, to wait.
warum, why.
was, what, that, that which, (*for* etwas) something; — für, what kind of, what; — nur, whatever.
Waschbecken, n., basin.
waschen, to wash.
Wasser, n., pl., ״, water.
Wasserpflanze, f., water-plant.
Wasserschlange, f., water-snake.
Wassertropfen, m., drop of water.
weben, to weave.
weder, neither; — ... noch, neither [... nor.
weg, away, gone.
Weg, m., pl., -e, way, road, path.
wegen, *prep. with gen.*, for the sake of, on account of.
wegführen, to take or carry away.
weggehen, to go away.
wegjagen, to drive away.
wegschaffen, to put away, remove.
wegschenken, to give away.
wegsegeln, to sail, away.
wegsetzen, to put away, set aside.
wegsingen, to sing away, drive away by singing.
wegsterben, to die away.
wegstoßen, to push or kick away.
wegtragen, to carry off.
weh(e) thun, to hurt, grieve.
wehen, to blow, wave.
wehmütig, sad, doleful.
Weib, n., pl., -er, wife, woman.
weiblich, female, feminine.
weich, soft, tender.

weichen (sein), to yield, retreat, depart, go.
Weide, f., pl., -n, meadow, pasture.
Weide, f., pl., -n, willow.
Weidenbaum, m., willow-tree.
Weidenholz, n., willow-wood.
Weihnachten, pl., Christmas.
Weihnachtsbaum, m., Christmas-tree.
weil, because, since.
Weile, f., while.
Wein, m., pl., -e, wine.
Weinberg, m., vineyard.
Weinlaub, n., grape-leaf.
Weinranke, f., grape-vine.
weinen, to cry, weep; *as noun*, weeping.
weise, wise.
Weise, f., pl., -n, way, manner.
Weisheit, f., wisdom.
Weisheitseule, wisdom-owl.
Weisheitsquelle, f., fountain of wisdom.
weiß, *pres of* wissen.
weiß, white.
weißgrün, light green.
weißlich, whitish.
weit, far, wide; bei weitem, by far.
weiter, farther, else.
weitläufig, long, tedious.
welch, who, which, what, that.
Welt, f., pl., -en, world, earth; die feine —, polite society.
Welt-Glöckner, m., world's bell-ringer.
Weltmeer, n., ocean.
Weltteil, m., continent, country.
wenden, to turn.

wenig, little, few.
wenigstens, at least.
wenn, when, if.
wer, who, whoever.
werben, to sue, apply, petition.
werden (sein), to become, grow, be.
werfen, to throw, cast.
Werft, n., pl., -e, wharf, dock.
Werk, n., pl., -e, work, deed.
wert, worthy, worth.
Wert, m., worth, value.
Wesen, n., pl., —, being.
weßhalb, why.
Westen, m., west.
Westwind, m., west-wind.
Wette, f., pl., -n, bet, wager.
wetten, to bet.
Wetter, n., pl., —, weather, storm.
Wetterleuchten, n., lightning.
wetzen, to whet, rub, sharpen.
wichtig, weighty, important.
wickeln, to wrap.
widerstehen, to resist, withstand.
wie, adv., how; conj., as, like, as if.
wieder, again.
wiederholen, to repeat.
wiederkehren, to return.
wiedersehen, to see again.
wiederum, again.
Wiese, f., pl., -n, meadow.
wild, wild; der Wilde, savage.
Wille or Willen, m., will, intention; um ... willen, for the sake of.
willkommen, welcome.
Wind, m., pl., -e, wind.
Windstoß, m., gust of wind.

Winkel, m., pl., —, corner.
winken, to beckon, nod.
Winter, m., pl., —, winter.
Winterzeit, f., winter season.
Wipfel, m., pl., —, top.
wir, we.
wirbeln, to whirl.
wird, 3d per.; wirst, 2d per. sing. of werden.
wirklich, actual, real.
Wirt, m., pl., -e, host, landlord, innkeeper.
Wirtshaus, inn, tavern.
wischen, to wipe.
wissen, to know.
Wissenschaft, f., pl., -en, science.
wo, where, when.
Woche, f., pl., -n, week.
Woge, f., pl., -n, billow, wave.
wogen, to wave.
woher, whence, where from.
wohin, whither, where.
wohl, adv., well, perhaps, probably, indeed; adj., well, good.
Wohlstand, m., prosperity, abundance.
Wohlthäter, m., benefactor.
wohlthun, to do good, benefit.
wohlthuend, beneficial.
wohnen, to live, dwell, reside.
Wolke, f., pl., -n, cloud.
Wolle, f., wool.
wollen, woollen.
wollen, to will, be willing, wish, desire, pretend.
womit, wherewith, with or by which.

**woran,** whereon, of what, of which.
**worauf,** whereupon, on *or* of which.
**woraus,** from what, out of which.
**(ge)worden,** *past. part. of* werden.
**worin,** wherein, in which.
**Wort,** *n.*, *pl.*, ⁻er, word.
**wozu,** whereto, wherefore, for what.
**wuchs,** *past of* wachsen. [acle.
**Wunder,** *n.*, *pl.*, —, wonder, mir-
**wunderschön,** very beautiful.
**wunderbar,** wonderful, marvellous.
**wunderlich,** strange, wonderful.
**Wunsch,** *m.*, *pl.*, ⁻e, wish, desire.
**wünschen,** to wish, desire.
**wurde,** *past of* werden.
**Wurm,** *m.*, *pl.*, ⁻er, worm.
**Wurzel,** *f.*, *pl.*, -n, root.
**würzig,** spicy, aromatic.
**wußte,** *past of* wissen.
**Wüste,** *f.*, *pl.*, -n, desert.
**Wut,** *f.*, rage, fury.
**wüten,** to rage.

### 3.

**Zahl,** *f.*, *pl.*, -en, number.
**zahlen,** to pay.
**zählen,** to count.
**zahm,** tame, gentle.
**Zahn,** *m.*, *pl.*, ⁻e, tooth.
**Zapfen,** *m.*, *pl.*, —, pin, peg.
**zappeln,** to kick, struggle.
**zart,** tender, frail.
**zärtlich,** tender, fond.

**Zauber,** *m.*, spell, witchcraft, enchantment.
**Zauberkunst,** *f.*, magic trick.
**Zauberer,** *m.*, *pl.*, —, wizard, magician.
**Zaun,** *m.*, *pl.*, ⁻e, hedge, fence.
**Zaunpfahl,** *m.*, pale, picket (of a fence).
**zehn,** ten; **zehnt-,** tenth.
**Zeichen,** *n.*, *pl.*, —, sign, token, mark.
**zeichnen,** to draw, delineate.
**Zeigefinger,** *m.*, forefinger.
**zeigen,** to show, point out.
**Zeiger,** *m.*, *pl.*, —, pointer, hand (of a watch).
**Zeit,** *f.*, *pl.*, -en, time; bei —, in time.
**zeitig,** early, timely, in good time.
**Zelt,** *n.*, *pl.*, -e, tent.
**Zephyr,** *m.*, zephyr.
**zerbrechen,** to shatter, break.
**zerfallen,** to fall to pieces.
**zerreißen,** to rend, tear.
**zerren,** to pull, worry, tease.
**zerschmettern,** to crack.
**zerspringen,** to crack, break, burst.
**Zeuge,** *m.*, *pl.*, -n, witness.
**Ziegel,** *m.*, *pl.*, —, tile.
**Ziegelstück,** *n.*, piece of a tile.
**ziehen,** *tr. and intr.*, to draw, pull, march, go, move.
**ziemlich,** tolerably, rather.
**Zimmer,** *n.*, *pl.*, —, room, chamber.
**Zinn,** *n.*, tin, pewter.
**Zinnsoldat,** *m.*, tin soldier.
**zittern,** to tremble, shake.

Zögling, *m.*, *pl.*, -e, pupil.
Zorn, *m.*, anger, wrath.
zornig, angry, violent.
zu, *prep. with dat.*, to, at, by, for, in, on; *adv.*, too, towards.
Zucker, *m.*, sugar.
Zuckerherz, *n.*, sugar heart.
Zuckerwerk, *n.*, sweetmeats, candy.
zuckern, sugar, made of sugar.
zuerst, first, firstly, at first.
zufallen, to shut, close.
zufrieden, contented, happy.
Zufriedenheit, *f.*, contentment, satisfaction.
zufrieren, to freeze up *or* over; *as noun*, freezing up.
Zug, *m.*, *pl.*, ⸚e, procession, train.
Zugabe, *f.*, addition; als —, into the bargain.
zugehen, to go on, happen, come to pass.
zugleich, at the same time.
zuhören, to listen.
zukitten, to cement, paste up.
Zukunft, *f.*, future.
zuletzt, last, at last, finally.
zum, *for* zu dem.
zumachen, to shut, close.
zünden, to kindle.
zunehmen, to grow, increase.
Zunge, *f.*, *pl.*, -n, tongue, language.
zunicken, to nod at *or* to.
zupfen, to pull.
zur, *for* zu der.
zurecht, aright, straight.
zurechtlegen, to lay *or* place aright.
zurück, back, backwards, behind.

zurückbleiben, to remain behind.
zurückgeben, to give back, return.
zurückkehren (sein), to return.
zurückreisen, to travel back, return.
zurückstoßen, to push back, reject.
zurufen, to call (to).
zusammen, together.
zusammenbiegen, to double up.
zusammenbinden, to tie together.
zusammenbrechen, to break down.
zusammenfalten, to fold up.
zusammenfließen, to flow together, mingle.
zusammenschlagen, to strike together.
zusammenstürzen, to fall down.
zusammenziehen, to draw together.
zuschlagen, to beat or strike (hard or continuously).
zuschreiten, to stride on, step forward.
zusehen, to see, take heed, look out.
zuteilen, to allot, assign.
Zutritt, *m.*, access, admittance.
Zuversicht, *f.*, confidence, trust.
zuvor, before, formerly.
zuweilen, sometimes.
zuwerfen, to throw to.
zuwinken, to nod at, wave (the hand).
zuziehen, to admit, consult, invite.
zwängen, to press, force.
zwar, it is true, indeed.
zwei, two.

zweimal, twice.
zweifeln, to doubt, question.
Zweig, *m.*, *pl.*, -e, twig, branch.
zweit-, second.
Zwieback, *m.*, biscuit.
Zwiebel, *f.*, *pl.* n-, bulb, onion.

zwingen, to force, compel.
zwischen, *prep. with dat. and acc.*, between, among.
zwitschern, to twitter, chirp.
zwölf, twelve.

# ALPHABETICAL LIST

OF

# STRONG AND IRREGULAR VERBS.

Compounds have the same irregularities as the simple verbs. No compounds are given unless the simple verb is not in use. Some of the least common forms are put in parentheses.

| Present Infinitive. | Imperfect Indicative. | Past Participle. | Second and third persons singular Pres. Indicative when stem vowel changes. | Second pers. sing. Imperative when stem vowel changes. | Imperf. Subjunct. when stem vowel of the Imperf. Indicative is changed. |
|---|---|---|---|---|---|
| Backen, bake | buk | gebacken | bäckst, bäckt | | büke |
| *Also weak and regular, except the past participle gebacken.* | | | | | |
| Befehlen, command | befahl | befohlen | befiehlst, befiehlt | befiehl | befähle, beföhle |
| Befleißen (sich), apply one's self | befliß | beflissen | | | |
| Beginnen, begin | begann | begonnen | | | begänne, begönne |
| Beißen, bite | biß | gebissen | | | |
| Bergen, hide | barg | geborgen | birgst, birgt | birg | bärge, bürge |
| Bersten, burst | barst | geborsten | birstest, birst | birst | bärste, börste |
| Bewegen, induce | bewog | bewogen | | | bewöge |
| *When meaning move it is weak and regular.* | | | | | |
| Biegen, bend | bog | gebogen | | | böge |
| Bieten, offer | bot | geboten | | | böte |
| Binden, bind | band | gebunden | | | bände |
| Bitten, beg | bat | gebeten | | | bäte |
| Blasen, blow | blies | geblasen | bläsest, bläst | | |
| Bleiben, remain | blieb | geblieben | | | |
| Bleichen, bleach | blich | geblichen | | | |
| *Sometimes weak and regular, always so when transitive.* | | | | | |

## ALPHABETICAL LIST OF

| Present Infinitive. | Imperfect Indicative. | Past Participle. | Second and third persons singular Pres. Indicative when stem vowel changes. | Second pers. sing. Imperative when stem vowel changes. | Imperf. Subjunct. when stem vowel of the Imperf. Indicative is changed. |
|---|---|---|---|---|---|
| Braten, roast | briet | gebraten | brätst, brät | | |
| Brechen, break | brach | gebrochen | brichst, bricht | brich | bräche |
| Brennen, burn | brannte | gebrannt | | | brennte |
| Bringen, bring | brachte | gebracht | | | brächte |
| Denken, think | dachte | gedacht | | | dächte |
| Dingen, engage | bingte(bang, dung) | gebungen (gebingt) | | | |
| Dreschen, thresh | drosch (drasch) | gedroschen | drischest, drischt | drisch | brösche (bräsche) |

Sometimes weak and regular, except in the past participle.

| | | | | | |
|---|---|---|---|---|---|
| Dringen, press | drang | gebrungen | | | dränge |
| Dürfen, be allowed | durfte | geburft | darfst, darf | | dürfte |
| Empfehlen, recommend | empfahl | empfohlen | empfiehlst, empfiehlt | empfiehl | empfähle, empföhle |
| Essen, eat | aß | gegessen | issest, ißt | iß | äße |
| Fahren, drive | fuhr | gefahren | fährst, fährt | | führe |
| Fallen, fall | fiel | gefallen | fällst, fällt | | |

Falten, fold, is weak and regular, but a past participle gefalten also occurs.

| | | | | | |
|---|---|---|---|---|---|
| Fangen, catch | fing (fieng) | gefangen | fängst, fängt | | |
| Fechten, fight | focht | gefochten | fichtst, ficht | ficht | föchte |
| Finden, find | fand | gefunden | | | fände |
| Flechten, twine | flocht | geflochten | flichtst, flicht | flicht | flöchte |
| Fliegen, fly | flog | geflogen | | | flöge |
| Fliehen, flee | floh | geflohen | | | flöhe |
| Fließen, flow | floß | geflossen | | | flösse |
| Fragen, ask | fragte or frug | gefragt | fragst, fragt, or frägst, frägt | | fragte or früge |
| Fressen, devour | fraß | gefressen | frissest, frißt | friß | fräße |
| Frieren, freeze | fror | gefroren | | | fröre |
| Gä(h)ren, ferment | go(h)r | gego(h)ren | | | gö(h)re |
| Gebären, bear | gebar | geboren | gebierst, gebiert | gebier | gebäre |
| Geben, give | gab | gegeben | giebst, giebt, or gibst, gibt | gieb or gib | gäbe |
| Gedeihen, thrive | gedieh | gediehen | | | |
| Gehen, go | ging | gegangen | | | |
| Gelingen, succeed | gelang | gelungen | | | gelänge |
| Gelten, be worth | galt | gegolten | giltst, gilt | gilt | gälte or gölte |

## STRONG AND IRREGULAR VERBS.

| Present Infinitive. | Imperfect Indicative. | Past Participle. | Second and third persons singular Pres. Indicative when stem vowel changes. | Second pers. sing. Imperative when stem vowel changes. | Imperf. Subjunct. when stem vowel of the Imperf. Indicative is changed. |
|---|---|---|---|---|---|
| Genesen, recover | genas | genesen | | | genäse |
| Genießen, enjoy | genoß | genossen | | | genösse |
| Geschehen, happen | geschah | geschehen | geschieht | | geschähe |
| | | Only used in the third person. | | | |
| Gewinnen, gain | gewann | gewonnen | | | gewänne or gewönne |
| Gießen, pour | goß | gegossen | | | gösse |
| Gleichen, resemble | glich | geglichen | | | |
| | | When transitive usually weak and regular. | | | |
| Gleiten, glide | glitt | geglitten | | | |
| | | Sometimes also weak and regular. | | | |
| Glimmen, gleam | glomm | geglommen | | | glömme |
| Graben, dig | grub | gegraben | gräbst, gräbt | | grübe |
| Greifen, seize | griff | gegriffen | | | |
| Haben, have | hatte | gehabt | hast, hat | | hätte |
| Halten, hold | hielt | gehalten | hältst, hält | | |
| Hangen, hang | hing (hieng) | gehangen | hängst, hängt | | |
| | Properly only intransitive, but often confounded with the transitive hängen, weak and regular. | | | | |
| Hauen, hew | hieb | gehauen | | | |
| Heben, lift | hob, hub | gehoben | | | höbe, hübe |
| Heißen, bid, call | hieß | geheißen | | | |
| Helfen, help | half | geholfen | hilfst, hilft | hilf | hälfe, hülfe |
| Keifen, chide | (kiff) | (gekiffen) | | | |
| | | Usually weak and regular. | | | |
| Kennen, know | kannte | gekannt | | | kennte |
| Klieben, cleave | klob | gekloben | | | klöbe |
| | | Sometimes weak and regular. | | | |
| Klimmen, climb | klomm | geklommen | | | klömme |
| | | Also weak and regular. | | | |
| Klingen, sound | klang | geklungen | | | klänge (klünge) |
| | | Rarely weak and regular. | | | |
| Kneifen, pinch | kniff | gekniffen | | | |
| | | Also sometimes weak and regular. | | | |
| Kneipen, pinch | (knipp) | (geknippen) | | | |
| | | Usually weak and regular; same word as kneifen. | | | |

## ALPHABETICAL LIST OF 243

| Present Infinitive. | Imperfect Indicative. | Past Participle. | Second and third persons singular Pres. Indicative when stem vowel changes. | Second pers. sing. Imperative when stem vowel changes. | Imperf. Subjunct. when stem vowel of the Imperf. Indicative is changed. |
|---|---|---|---|---|---|
| Kommen, come | kam | gekommen | regular (also kömmst, kömmt) | | käme |
| Können, can | konnte | gekonnt | kannst, kann | | könnte |
| Kriechen, creep | kroch | gekrochen | | | kröche |
| Küren, choose | kor | gekoren | | | köre |
| Laben, load, invite | lub | gelaben | läbst, läbt | | lübe |

Also weak and regular, except in past participle gelaben.

| Lassen, let | ließ | gelassen | lässest, läßt | | |
| Laufen, run | lief | gelaufen | läufst, läuft | | |
| Leiden, suffer | litt | gelitten | | | |
| Leihen, lend | lieh | geliehen | | | |
| Lesen, read | las | gelesen | liesest, liest | lies | läse |
| Liegen, lie | lag | gelegen | | | läge |
| Löschen, go out | losch | geloschen | lischest, lischt | lisch | lösche |

When transitive, *extinguish*; weak and regular.

| Lügen, lie | log | gelogen | | | löge |

Mahlen, grind, is weak and regular, except the past participle gemahlen.

| Meiden, shun | mied | gemieden | | | |
| Melken, milk | molk | gemolken | (milkst, milkt) | (milk) | mölke |

Also weak and regular.

| Messen, measure | maß | gemessen | missest, mißt | miß | mäße |
| Mißlingen, fail | mißlang | mißlungen | | | mißlänge |

Only used in third person.

| Mögen, like, may | mochte | gemocht | magst, mag | | möchte |
| Müssen, must | mußte | gemußt | mußt, muß | | müßte |
| Nehmen, take | nahm | genommen | nimmst, nimmt | nimm | nähme |
| Nennen, name | nannte | genannt | | | nennte |
| Pfeifen, whistle | pfiff | gepfiffen | | | |
| Pflegen, cherish | pflog | gepflogen | | | pflöge |

Also weak and regular; so always when meaning *be wont*.

| Preisen, praise | pries | gepriesen | | | |

Occasionally weak and regular.

| Quellen, gush | quoll | gequollen | quillst, quillt | quill | quölle |

Weak and regular when transitive, *soak*.

| Rächen, avenge | (roch) | gerochen | | | (röche) |

Almost always weak and regular.

## STRONG AND IRREGULAR VERBS.

| Present Infinitive. | Imperfect Indicative. | Past Participle. | Second and third persons singular Pres. Indicative when stem vowel changes. | Second pers. sing. Imperative when stem vowel changes. | Imperf. Subjunct. when stem vowel of the Imperf. Indicative is changed. |
|---|---|---|---|---|---|
| Rathen, advise | rieth | gerathen | räthſt, räth | | |
| Reiben, rub | rieb | gerieben | | | |
| Reißen, tear | riß | geriſſen | | | |
| Reiten, ride | ritt | geritten | | | |
| Rennen, run | rannte | gerannt | | | rennte |
| | Sometimes regular. | | | | |
| Riechen, smell | roch | gerochen | | | röche |
| Ringen, wring | rang | gerungen | | | ränge |
| Rinnen, run | rann | geronnen | | | ränne, rönne |
| Rufen, call | rief | gerufen | | | |
| Saufen, drink | ſoff | geſoffen | ſäufſt, ſäuft | | ſöffe |
| Saugen, suck | ſog | geſogen | | | ſöge |
| Schaffen, create | ſchuf | geſchaffen | | | ſchüfe |
| | In other meanings, weak and regular. | | | | |
| Schallen, sound | ſcholl | geſchollen | | | ſchölle |
| | Also weak and regular. | | | | |
| Scheiben, part | ſchieb | geſchieben | | | |
| Scheinen, appear | ſchien | geſchienen | | | |
| Schelten, scold | ſchalt | geſcholten | ſchiltſt, ſchilt | ſchilt | ſchälte, ſchölte |
| Scheren, shear | ſchor | geſchoren | ſchierſt, ſchiert | ſchier | ſchöre |
| Schieben, shove | ſchob | geſchoben | | | ſchöbe |
| Schießen, shoot | ſchoß | geſchoſſen | | | ſchöſſe |
| Schinden, flay | ſchund | geſchunden | | | ſchünde |
| Schlafen, sleep | ſchlief | geſchlafen | ſchläfſt, ſchläft | | |
| Schlagen, strike | ſchlug | geſchlagen | ſchlägſt, ſchlägt | | ſchlüge |
| Schleichen, sneak | ſchlich | geſchlichen | | | |
| Schleifen, whet | ſchliff | geſchliffen | | | |
| | In other meanings, weak and regular. | | | | |
| Schleißen, slit | ſchliß | geſchliſſen | | | |
| (Schliefen), slip | (ſchloff) | (geſchloffen) | | | (ſchlöffe) |
| | The usual word is ſchlüpfen, weak and regular. | | | | |
| Schließen, shut | ſchloß | geſchloſſen | | | ſchlöſſe |
| Schlingen, sling | ſchlang | geſchlungen | | | ſchlänge |
| Schmeißen, smite | ſchmiß | geſchmiſſen | | | |
| Schmelzen, melt | ſchmolz | geſchmolzen | ſchmilzeſt, ſchmilzt | ſchmilz | ſchmölze |
| | When transitive, usually weak and regular. | | | | |

## ALPHABETICAL LIST OF

| Present Infinitive. | Imperfect Indicative. | Past Participle. | Second and third persons singular Pres. Indicative when stem vowel changes. | Second pers. sing. Imperative when stem vowel changes. | Imperf. Subjunct. when stem vowel of the Imperf. Indicative is changed. |
|---|---|---|---|---|---|
| Schnauben, snort | schnob | geschnoben | | | schnöbe |
| | *Also weak and regular.* | | | | |
| Schneiden, cut | schnitt | geschnitten | | | |
| Schrauben, screw | schrob | geschroben | | | schröbe |
| | *Also weak and regular.* | | | | |
| Schrecken, be afraid | schrak | geschrocken | schrickst, schrickt | schrick | schräke |
| | *When transitive, weak and regular.* | | | | |
| Schreiben, write | schrieb | geschrieben | | | |
| Schreien, cry | schrie | geschrieen | | | |
| Schreiten, stride | schritt | geschritten | | | |
| Schwären, ulcerate | schwor | geschworen | schwierst, schwiert | | schwöre |
| Schweigen, be silent | schwieg | geschwiegen | | | |
| Schwellen, swell | schwoll | geschwollen | schwillst, schwillt | schwill | schwölle |
| | *When transitive, weak and regular.* | | | | |
| Schwimmen, swim | schwamm | geschwommen | | | schwämme or schwömme |
| Schwinden, vanish | schwand | geschwunden | | | schwände |
| Schwingen, swing | schwang | geschwungen | | | schwänge |
| Schwören, swear | schwor or schwur | geschworen | | | schwöre or schwüre |
| Sehen, see | sah | gesehen | siehst, sieht | sieh | sähe |
| Sein, be | war | gewesen | bist, ist | sei | wäre |
| Senden, send | sandte | gesandt | | | sendete |
| | *Also regular.* | | | | |
| Sieden, boil | sott | gesotten | | | siedete |
| | *Also weak and regular, but past participle usually gesotten.* | | | | |
| Singen, sing | sang | gesungen | | | sänge |
| Sinken, sink | sank | gesunken | | | sänke |
| Sinnen, think | sann | gesonnen | | | sänne or sönne |
| | *The past participle is sometimes gesinnt.* | | | | |
| Sitzen, sit | saß | gesessen | | | säße |
| Sollen, shall | sollte | gesollt | sollst, soll | | |
| Speien, spit | spie | gespieen | | | |
| Spinnen, spin | spann | gesponnen | | | spänne or spönne |

## STRONG AND IRREGULAR VERBS.

| Present Infinitive. | Imperfect Indicative. | Past Participle. | Second and third persons singular Pres. Indicative when stem vowel changes. | Second pers. sing. Imperative when stem vowel changes. | Imperf. Subjunc when stem vowel the Imperf. Indi ative is changed |
|---|---|---|---|---|---|
| Spleißen, split | spliß | gespliffen | | | |
| Sprechen, speak | sprach | gesprochen | sprichst, spricht | sprich | spräche |
| Sprießen, sprout | sproß | gesproffen | | | sprösse |
| | *Cf.* sproffen, weak and regular. | | | | |
| Springen, spring | sprang | gesprungen | | | spränge |
| Stechen, prick | stach | gestochen | stichst, sticht | stich | stäche |
| Stecken, stick | (staf) | (gestocken) | (stickst, stickt) | | (stäke) |
| | Usually weak and regular; always so when transitive. | | | | |
| Stehen, stand | stand (or stund) | gestanden | | | stände or stünde |
| Stehlen, steal | stahl | gestohlen | stiehlst, stiehlt | stiehl | stähle or stöhle |
| Steigen, ascend | stieg | gestiegen | | | |
| Sterben, die | starb | gestorben | stirbst, stirbt | stirb | stärbe or stürbe |
| Stieben, disperse | stob | gestoben | | | stöbe |
| Stinken, stink | stank | gestunken | | | stänke |
| Stoßen, push | stieß | gestoßen | stößest, stößt | | |
| Streichen, stroke | strich | gestrichen | | | |
| Streiten, strive | stritt | gestritten | | | |
| Thun, do | that | gethan | | | thäte |
| Tragen, carry | trug | getragen | trägst, trägt | | trüge |
| Treffen, hit | traf | getroffen | triffst, trifft | triff | träfe |
| Treiben, drive | trieb | getrieben | | | |
| Treten, tread | trat | getreten | trittst, tritt | tritt | träte |
| Triefen, drip | troff | (getroffen) | | | tröffe |
| | Also weak and regular, especially in past participle getrieft. | | | | |
| Trinken, drink | trank | getrunken | | | tränke |
| Trügen, deceive | trog | getrogen | | | tröge |
| Verberben, spoil | verbarb | verborben | verbirbst, verbirbt | verbirb | verbärbe or verbürbe |
| | When transitive, weak and regular. | | | | |
| Verbrießen, vex | verbroß | verbroffen | | | verbrösse |
| Vergessen, forget | vergaß | vergessen | vergissest, vergißt | vergiß | vergäße |
| Verlieren, lose | verlor | verloren | | | verlöre |
| Wachsen, grow | wuchs | gewachsen | wächsest, wächst | | wüchse |
| Wägen, weigh | wog | gewogen | | | wöge |
| Waschen, wash | wusch | gewaschen | wäschest, wäscht | | wüsche |
| Weben, weave | wob | gewoben | | | wöbe |
| | Also weak and regular. | | | | |

# ALPHABETICAL LIST OF STRONG AND IRREGULAR VERBS.

| Present Infinitive. | Imperfect Indicative. | Past Participle. | Second and third persons singular Pres. Indicative when stem vowel changes. | Second pers. sing. Imperative when stem vowel changes. | Imperf. Subjunct. when stem vowel of the Imperf. Indicative is changed. |
|---|---|---|---|---|---|
| Weichen, yield | wich | gewichen | | | |
| | | When meaning *soften*, weak and regular. | | | |
| Weisen, show | wies | gewiesen | | | |
| Wenden, turn | wandte | gewándt | | | wendete |
| | | Also regular. | | | |
| Werben, sue | warb | geworben | wirbst, wirbt | wirb | wärbe or würbe |
| Werben, become | warb or wurbe | geworben | wirst, wird | | würbe |
| Werfen, throw | warf | geworfen | wirfst, wirft | wirf | wärfe or würfe |
| Wiegen, weigh | wog | gewogen | | | wöge |
| | Cf. wägen. Wiegen, *rock*, is weak and regular. | | | | |
| Winden, wind | wand | gewunden | | | wände |
| Wissen, know | wußte | gewußt | weißt, weiß | | wüßte |
| Wollen, will | wollte | gewollt | willst, will | | |
| Zeihen, accuse | zieh | geziehen | | | |
| Ziehen, draw | zog | gezogen | | | zöge |
| Zwingen, force | zwang | gezwungen | | | zwänge |

# Reprint Publishing

FÜR MENSCHEN, DIE AUF ORIGINALE STEHEN.

Bei diesem Buch handelt es sich um einen Faksimile-Nachdruck der Originalausgabe. Unter einem Faksimile versteht man die mit einem Original in Größe und Ausführung genau übereinstimmende Nachbildung als fotografische oder gescannte Reproduktion.

Faksimile-Ausgaben eröffnen uns die Möglichkeit, in die Bibliothek der geschichtlichen, kulturellen und wissenschaftlichen Vergangenheit der Menschheit einzutreten und neu zu entdecken.

Die Bücher der Faksimile-Edition können Gebrauchsspuren, Anmerkungen, Marginalien und andere Randbemerkungen aufweisen sowie fehlerhafte Seiten, die im Originalband enthalten sind. Diese Spuren der Vergangenheit verweisen auf die historische Reise, die das Buch zurückgelegt hat.

ISBN 978-3-95940-096-1

Faksimile-Nachdruck der Originalausgabe
Copyright © 2015 Reprint Publishing
Alle Rechte vorbehalten.

www.reprintpublishing.com

www.ingramcontent.com/pod-product-compliance
Lightning Source LLC
Chambersburg PA
CBHW071706160426
43195CB00012B/1592